JOUR J

JOUR J

LE GRAND ATLAS DU DÉBARQUEMENT

Stephen Badsey

Avant-propos : Vicomte Montgomery of Alamein
Préface : John S.D. Eisenhower

Glénat

DÉDICACE
À Charles Percival (1904-1991) qui combattit pour ses deux patries lors de la bataille de Normandie en tant que chef d'escadron de la R.A.F Czeslaw Tadeusz Perzenowski.

Éditions Glénat
Couvent Sainte-Cécile
37, rue Servan
38000 Grenoble
www.glenat.com

Traduction adaptation : Chatover Éditions
Prépresse et fabrication : Glénat Production

Achevé d'imprimer en Pologne par Dimograf en août 2023
Dépôt légal : avril 2024
ISBN : 978-2-344-06067-4

AVANT-PROPOS DU
VICOMTE MONTGOMERY of ALAMEIN CBE

Si la bataille d'Alamein fut, selon le mot de Winston Churchill, la fin du commencement, le Jour-J fut véritablement le commencement de la fin. L'assaut contre la « Forteresse Europe » commence le Jour-J, mais sa préparation a duré plusieurs mois et a demandé un effort sans précédent de planification, de coordination, un grand sens du commandement et du devoir. Le débarquement marque le début de la dernière phase de la guerre qui conduit à la libération de la France et du Bénélux. C'est la plus importante opération de toute l'histoire militaire.

Sous le commandement suprême du général Eisenhower, les forces armées terrestres alliées composées d'Américains, de Canadiens, de Britanniques et d'autres nationalités mélangées conjuguent leurs forces sous les ordres de mon père. Le choix fut judicieux car il s'est montré maître dans l'art de la bataille. Début 1944, déployant une activité sans bornes, il s'adresse personnellement à chaque combattant, homme de troupe ou officier désireux de participer à la bataille. Chacun savait où était son devoir et quelle serait l'issue finale. Un bon entraînement et un moral d'acier furent les clés de cet effort important.

Nous devons profondément remercier pour leur courage et leur sacrifice ceux qui donnèrent leur vie pour que nous puissions goûter les fruits de la paix, et ceux qui rendirent la victoire possible par la qualité de leur commandement. L'étude de ces événements historiques ne glorifie pas la guerre mais nous rappelle au contraire son vrai visage et nous incite à être vigilants pour assurer une paix durable.

Montgomery of Alamein
fils du maréchal Montgomery

PRÉFACE DE
JOHN S. D. EISENHOWER

Plus d'un demi-siècle s'est écoulé depuis ce 6 juin 1944 que nous nommons encore le Jour-J. Ce jour restera longtemps dans nos mémoires comme celui où fut lancée l'Opération Overlord, le débarquement allié en France contre l'occupation allemande. Pour ceux d'entre nous qui sont assez âgés pour avoir vécu cette période, ce simple mot « Jour-J » suffit à évoquer des souvenirs impérissables. Au cours de ce long printemps de 1944, le monde entier attendait anxieusement, et chacun savait que le jour du débarquement était proche. C'était particulièrement évident si on considérait les tonnes de matériel et de ravitaillement acheminés vers la Grande-Bretagne et le nombre d'unités américaines, canadiennes et britanniques qui campaient dans la campagne anglaise. Bien qu'attendu d'un jour à l'autre, la date du Jour-J et le lieu du débarquement n'étaient connus que de quelques hauts responsables.

La préparation logistique avait commencé un an plus tôt, mais la date ne fut définitivement arrêtée qu'au cours de la rencontre qui eut lieu entre Churchill, Roosevelt et Staline à Téhéran en novembre 1943. Ensemble ils fixent provisoirement la date du débarquement à mai ou début juin. La météorologie prévoit des conditions de lune et de marée satisfaisantes pour les 5, 6 et 7 juin 1944. Le Jour-J est alors fixé au 5 juin, mais finalement la charge de donner l'ordre ultime incombe au commandant suprême, le général Dwight Eisenhower.

Le 4 juin 1944, de très bonne heure, Eisenhower quitte son camp en Jeep et se rend, par un petit chemin de terre, jusqu'à Southwick House où est hébergée l'École navale britannique. Les étoiles brillent et laissent à penser que les conditions prévues pour le lendemain 5 juin sont idéales. Mais lorsque les commandants alliés se retrouvent devant l'immense carte du théâtre des opérations, les experts de la météo leur annoncent une mauvaise nouvelle : une violente tempête est prévue en Manche pour le lendemain. Déchiré, Eisenhower doit décider un report de vingt-quatre heures pour le débarquement.

Le 5 juin, la même scène se répète au milieu de la tempête annoncée la veille. Mais les experts promettent des conditions acceptables pour le lendemain. Eisenhower consulte ses commandants puis décide de lancer l'opération dans la nuit même. Les convois atteindront les plages normandes le lendemain matin. Décision difficile car les conséquences d'un échec signifient un désastre pour la cause alliée.

L'histoire montre à quel point l'aventure sera une réussite. Paris est libéré onze semaines seulement après les premiers assauts des soldats alliés contre les plages normandes. Début septembre 1944, les forces alliées frappent au mur ouest de l'Allemagne nazie.

Les angoisses et les souffrances s'effacent peu à peu. Nos anciens ennemis sont devenus nos amis, nos partenaires commerciaux et, depuis près de quarante ans, nos alliés contre un autre type de tyrannie. Mais n'oublions pas que les Alliés ont embarqué, le Jour-J comme des partenaires égaux. L'héritage de ces efforts et de ces sacrifices communs pour la victoire finale est quelque chose que nous pouvons partager. J'espère que ce livre aidera le lecteur à comprendre pourquoi cet héritage est si précieux.

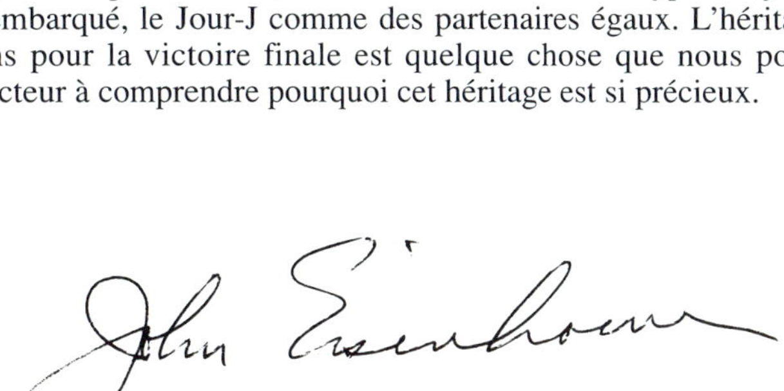

John S. D. Eisenhower,
fils du président Dwight Eisenhower

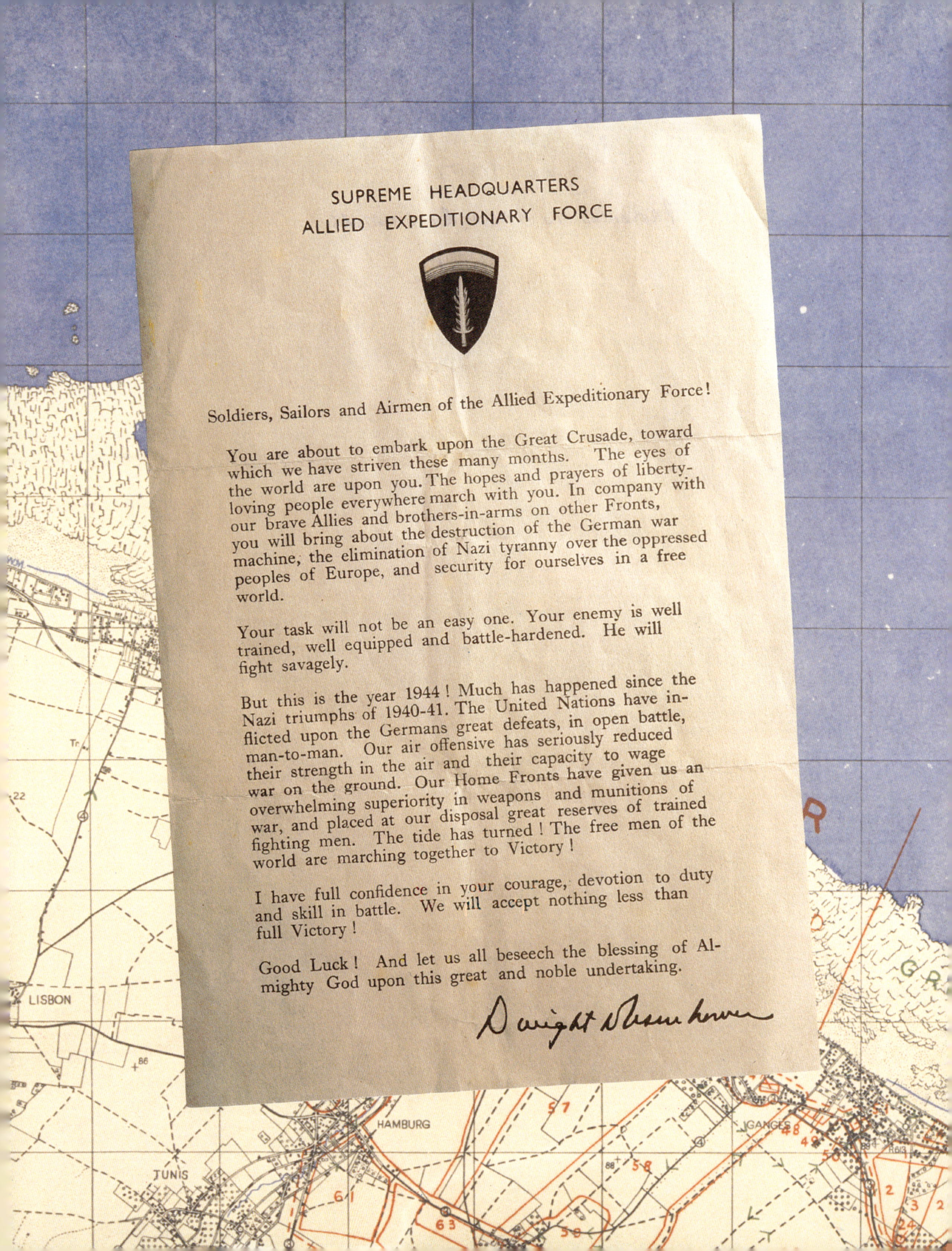
SUPREME HEADQUARTERS
ALLIED EXPEDITIONARY FORCE

Soldiers, Sailors and Airmen of the Allied Expeditionary Force!

You are about to embark upon the Great Crusade, toward which we have striven these many months. The eyes of the world are upon you. The hopes and prayers of liberty-loving people everywhere march with you. In company with our brave Allies and brothers-in-arms on other Fronts, you will bring about the destruction of the German war machine, the elimination of Nazi tyranny over the oppressed peoples of Europe, and security for ourselves in a free world.

Your task will not be an easy one. Your enemy is well trained, well equipped and battle-hardened. He will fight savagely.

But this is the year 1944! Much has happened since the Nazi triumphs of 1940-41. The United Nations have inflicted upon the Germans great defeats, in open battle, man-to-man. Our air offensive has seriously reduced their strength in the air and their capacity to wage war on the ground. Our Home Fronts have given us an overwhelming superiority in weapons and munitions of war, and placed at our disposal great reserves of trained fighting men. The tide has turned! The free men of the world are marching together to Victory!

I have full confidence in your courage, devotion to duty and skill in battle. We will accept nothing less than full Victory!

Good Luck! And let us all beseech the blessing of Almighty God upon this great and noble undertaking.

Dwight Eisenhower

Traduction de la proclamation du général Dwight Eisenhower figurant en page 8.

COMMANDEMENT SUPRÊME DES FORCES EXPÉDITIONNAIRES ALLIÉES

Aviateurs, marins, soldats des forces armées de débarquement !

Vous embarquez aujourd'hui pour une grande croisade, celle pour laquelle vous vous êtes préparés depuis de longs mois. Les yeux du monde entier sont fixés sur vous. Les espoirs et les prières des hommes épris de liberté vous accompagnent. Avec nos courageux Alliés et nos frères d'armes qui combattent sur les autres fronts, vous allez briser la machine de guerre allemande, balayer la tyrannie nazie qui pèse sur les peuples opprimés d'Europe et assurer notre sécurité dans un monde libre.

Votre tâche ne sera pas facile. L'ennemi est bien préparé, bien équipé et endurci à la guerre. Il se battra sauvagement.

Mais aujourd'hui nous sommes en 1944 ! Il s'est passé bien des choses depuis les victoires nazies de 1940-1941. Face à face, au cours d'affrontements directs, les Nations unies ont infligé de sévères défaites aux Allemands. Les raids de notre aviation ont considérablement réduit leurs forces aériennes et leur capacité à combattre au sol. À l'arrière, nos civils nous fournissent en armes et en munitions qui nous donnent une supériorité écrasante ; ils constituent également une vaste réserve de combattants parfaitement entraînés. Le vent a tourné ! Les hommes libres du monde entier marchent ensemble vers la victoire !

J'ai pleine confiance en votre courage, votre sens du devoir, votre aptitude au combat. Nous n'accepterons rien d'autre qu'une victoire complète.

Bonne chance à tous et implorons la bénédiction de Dieu tout-puissant pour cette grande et noble entreprise.

Dwight D. Eisenhower

SOMMAIRE

The Detroit Free Press

EXTRA

On Guard for Over a Century

TUESDAY, JUNE 6, 1944

WEATHER

INVASION!

SUPREME HEADQUARTERS, Allied Expeditionary Force—(AP)—Gen. Dwight D. Eisenhower's headquarters announced Tuesday that Allied troops began landing on the northern coast of France Tuesday morning strongly supported by naval and air forces

Under the command of Gen. Eisenhower Allied naval forces supported by strong air forces began landing Allied armies this morning on the northern coast of France.

The Germans said the landings extended between Le Havre and Cherbourg along the south side of the bay of the Seine and along the Northern Normandy coast.

Parachute troops descended in Normandy, Berlin said.

Berlin first announced the landings in a series of flashes that began about 6:30 a. m. (12:30 a. m. Eastern War Time).

The Allied communique was read over a trans-Atlantic hookup direct from General Eisenhower's headquarters at 3:32 E. W. T., designated "Communique No. 1."

A second announcement by Shaef said that "it is announced that Gen. B. L. Montgomery is in command of the army group carrying out the assault. This army group includes British, Canadian and U. S. forces.

Berlin Says Landing Is at Seine River

Murphy Says He Will Return Bribe Money

Allies Cross Tiber; Chase Routed Foe

Rome Hails Liberators in Wild Joy

F.D.R. Hails Fall of Rome

All Warned to Quit Belt 20-Mi. Deep

Victor Quits as Ruler; Umberto to Control Italy

Report from Dover

Le Jour-J et la bataille de Normandie constituent un événement bien trop important pour qu'un seul livre puisse en épuiser le sujet. J'ai donc choisi de raconter l'histoire de la bataille sous différents angles, depuis le haut commandement jusqu'aux troupes sur le front, en espérant faire passer ainsi quelques éléments sur la nature de cette bataille très âprement disputée. Inutile d'ajouter que je prends l'entière responsabilité de ce choix, ainsi que de toute erreur dans les faits et leur interprétation.

Bien qu'entièrement responsable des opinions émises dans ce livre, j'ai néanmoins bénéficié d'un large échange de vues avec mes collègues du Department of War Studies de la Royal Military Academy de Sandhurst. J'aimerais remercier tout particulièrement le commandant en retraite R. d'A Ryan qui le premier m'a dirigé vers la bataille de Normandie, le docteur Andrew Lambert qui a fait de son mieux, ce n'est pas peu dire, pour m'aider à comprendre ce qu'est la puissance maritime, et G. D. Sheffield pour sa tolérance. Les principaux sites de la bataille de Normandie sont extrêmement bien conservés, et j'ai eu la chance de les visiter en compagnie d'experts, en particulier de Nigel et Martine de Lee des Sandhurst Staff Rides, et du lieutenant-colonel en retraite Michael Chilcott de l'Airborne Assault Normandy Trust, qui m'ont apporté gentillesse, connaissances et hospitalité. Je dois également remercier le professeur Brian Bond et les participants à la visite du champ de bataille organisée par la commission britannique d'histoire militaire qui s'est transformée en un véritable séminaire ambulant. En Angleterre, le bibliothécaire de la bibliothèque centrale de Sandhurst, Andrew Orgill, et son personnel ont été comme toujours efficaces et polis. Grâce à Andrew Preston enfin, qui le premier m'en a donné l'idée, la réalisation de ce livre s'est faite sans à-coups.

Ma famille, qui me soutient fidèlement depuis toujours, m'apporte également les critiques les plus pointues et les plus franches ; j'espère que ce dernier effort est à la hauteur de leur exigence. Ma femme Phylomena a su tirer parti de sa condition, a priori défavorisée de femme d'historien, pour mettre à profit mon obsession pour la Normandie et devenir un cordon bleu de la cuisine normande. Qu'elle en soit remerciée, ainsi que Sean et Susan McKnight qui ont goûté au résultat, et m'ont initié à quelques bonnes bouteilles.

Stephen Badsey
Hampton

L'EUROPE EN GUERRE

Aux heures blêmes qui précèdent l'aube, en ce 6 juin 1944, les premières troupes d'assaut descendent accrochées à des filets au flanc des navires qui les ont amenées devant la côte normande. Américains, Britanniques et Canadiens entament, dans de frêles péniches de débarquement, le long et incertain voyage jusqu'au rivage. Lorsqu'ils débarquent enfin, la bataille fait rage.

Depuis minuit, planeurs et parachutistes se battent pour prendre pied à l'intérieur des terres tandis que les mouvements de Résistance multiplient les sabotages de lignes téléphoniques, font sauter des ponts et dérailler les trains pour gêner les troupes allemandes. Au large, les grands bâtiments de guerre envoient de puissantes salves de canons qui ponctuent l'eau grise de panaches de fumée, tandis que chasseurs et bombardiers alliés à la poursuite de l'ennemi criblent le ciel qui s'éclaircit de nuages de fumée. Le Jour-J, celui de la libération de la France par les Alliés, est enfin arrivé.

Page précédente : *Des chars américains sont stationnés dans une rue au milieu d'immeubles détruits, Saint-Lô.*

2 *Les raids des Halifax anglais sur Calais, renforcent la conviction allemande d'un débarquement dans ce secteur.* (Keystone)

2

1

1 *Soldat gardant le mur de l'Atlantique. La ligne de défense côtière allemande se déploie du Cap Nord, en Norvège, jusqu'aux Pyrénées. Renforcée dans le Pas-de-Calais, où Hitler s'attend à une invasion, elle lui sert d'argument pour se parer du titre de « plus grand bâtisseur de forteresse de tous les temps ». Soupçonnant, à juste titre, que le débarquement se ferait en Normandie, le maréchal Rommel, démontra les faiblesses du mur.* (Bundesarchiv)

3 *Gravement endommagé lors de l'attaque japonaise sur Pearl Harbor en 1941, le cuirassé vétéran USS* Nevada *réparé sert, le Jour-J, de vaisseau amiral à la marine américaine, appuyant le bombardement de la côte normande du poids de ses canons de 356.* (US National Archives)

3

Pour les 70 000 soldats alliés, trempés, souffrant du mal de mer, malades de peur, sur le point de débarquer, la plage balayée par les balles paraît accueillante après les affres du voyage.

Ce jour-là ils seront 156 000 venus du ciel ou de la mer, conscients d'assister à la plus grande invasion amphibie jamais organisée, mais peu ont le temps d'y penser. C'est du ressort des généraux et des amiraux qui suivent anxieusement le déroulement des opérations depuis le pont des navires ancrés au large, ou sur les cartes dans leur QG en Angleterre. Les hommes se contenteront de se retrouver à terre et encore en vie à la fin de la journée.

Jamais, de toute l'histoire militaire, pareille invasion n'avait été tentée. Certes, neuf mois plus tôt, le débarquement allié à Salerne en Italie peut lui être comparé et même à certains égards considéré comme supérieur, mais le Jour-J en Normandie est différent. Pour la première fois une forteresse côtière stratégique (le fameux mur de l'Atlantique) est attaquée directement par la mer. Au cours des deux mois qui suivent, les Alliés font débarquer 2 millions d'hommes, 500 000 véhicules et 3 millions de tonnes de matériel, ce qui fera de cette opération la plus grande invasion de l'histoire. En l'espace d'un an, les Allemands seront refoulés de toutes les zones qu'ils occupaient en Europe occidentale. Déjà largement affaiblie, la puissance de guerre allemande recevra un coup fatal en Normandie. Au cours de la bataille des plages se joue la survie du Reich hitlérien.

5

5 *« À plat ventre ! » - réaction instantanée qui sauva la vie de plus d'un soldat soumis à une pluie d'obus sur les plages du débarquement.* (Keystone)

4

4 *Dans toute guerre, ce sont les jeunes qui se battent.* (US National Archives)

LA GUERRE HITLÉRIENNE

Le Jour-J intervient après cinq années de conflit et quatre années d'occupation. Au début, c'est la guerre éclair : de courtes campagnes agressives appuyées par la puissance aérienne et des forces mobiles, se soldera par des succès quasi inconcevables. L'invasion et l'occupation de la Pologne par les troupes du Reich en septembre 1939 conduiront l'Angleterre et la France à déclarer la guerre... mais trop tard pour sauver la Pologne. Durant l'hiver 1939, s'instaure la « drôle de guerre » : les belligérants se battent peu, et la majeure partie de l'Europe reste neutre. Seuls quelques incidents de frontière entre la Finlande et l'Union soviétique, le début de la campagne des sous-marins allemands contre la Grande-Bretagne, ou de rares raids aériens plutôt inefficaces troublent ce calme. En avril 1940, Anglais et Français tentent d'intervenir contre l'invasion allemande du Danemark et de la Norvège, restés neutres. Repoussés par la *Luftwaffe*, ils subiront de lourdes et humiliantes pertes. Cette défaite provoque la chute du gouvernement britannique. Le 10 mai, en vue d'une gestion plus efficace de la guerre, il laisse la place à une nouvelle coalition menée par Winston Churchill. Dans le même temps, l'attaque allemande tant attendue à l'ouest met fin à la « drôle de guerre ». Dans l'étonnement général, les troupes allemandes envahissent et occupent la Belgique qui est neutre et les Pays-Bas ; la France est vaincue en quelques jours. Une grande partie de l'armée britannique est évacuée par Dunkerque, et, le 22 juin, la France capitule et signe un armistice avec l'Allemagne.

6 *Cette manchette, annonçant le triomphe des armées allemandes en France en mai 1940, donne à réfléchir aux Américains qui ne sont pas encore engagés dans le conflit.*

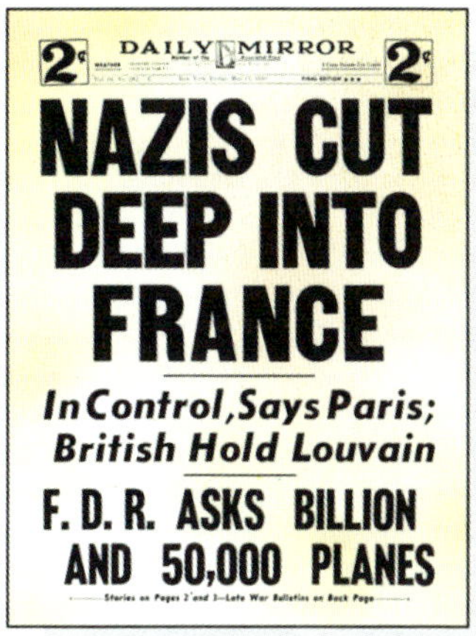
2¢ DAILY MIRROR 2¢

NAZIS CUT DEEP INTO FRANCE

In Control, Says Paris; British Hold Louvain

F. D. R. ASKS BILLION AND 50,000 PLANES

9 *En se lançant dans la guerre le 10 juin 1940, le dictateur fasciste italien Mussolini, engage son pays derrière Hitler.* (Keystone)

7 *Ici commence la Seconde Guerre mondiale. À la frontière polonaise, au matin du 1er septembre 1939, des fantassins allemands enlèvent une barrière portant l'aigle polonais. Des attaques aériennes massives avaient précédé de quelques heures l'assaut des troupes terrestres. La guerre éclair (avancées foudroyantes des blindés et de l'infanterie aéroportée, soutenues de près par l'aviation) écrase la Pologne en moins de trois semaines.* (Keystone)

10, 11 *Au cours de l'été 1940, Hitler n'offre qu'une alternative aux Anglais « se rendre ou mourir » ce qui fait la une du* Daily News *à New York. Le* Daily Mirror *londonien titrait déjà le 3 juin : « Nous ne nous rendrons jamais. »*

DAILY NEWS FINAL

YIELD OR DIE, HITLER ROARS AT BRITAIN

"One More Appeal to Reason."

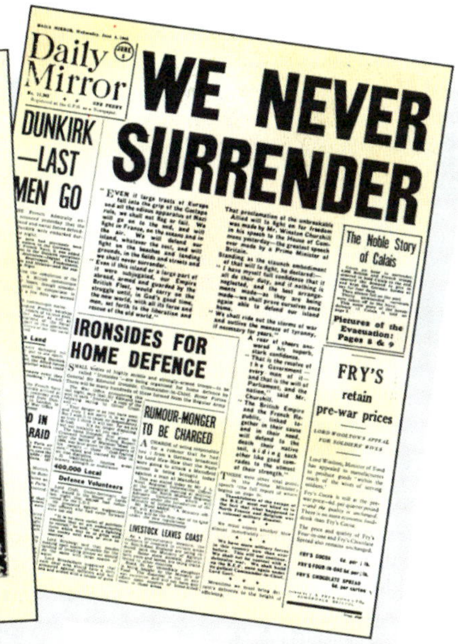
Daily Mirror

WE NEVER SURRENDER

DUNKIRK —LAST MEN GO

The Noble Story of Calais

IRONSIDES FOR HOME DEFENCE

RUMOUR-MONGER TO BE CHARGED

FRY'S retain pre-war prices

8 *Annonce officielle de la déclaration de guerre britannique, le 3 septembre 1939.* (Fox)

Difficile de contredire Churchill lorsqu'il qualifie les mois qui suivent comme « les plus belles heures » de l'histoire britannique. La bataille d'Angleterre qui se traduit par la défaite allemande met fin aux plans d'invasion de la Grande-Bretagne qui n'en demeure pas moins dans une situation désespérée. La France s'effondre, l'Italie de Mussolini entre en guerre. Hormis quelques pays neutres, toute l'Europe, dont l'état fantoche de Vichy, tombe sous la botte d'Hitler. Inutile de compter sur l'aide du dictateur de l'Union soviétique, Joseph Staline, qui félicite Hitler de sa victoire. Au printemps 1941, les

HITLER

Né le 20 avril 1889 à Braunau, Adolf Hitler est le second des fils vivants d'un petit fonctionnaire des douanes autrichiennes. En 1907, il mène à Vienne une vie précaire comme peintre et illustrateur. En 1913, il se rend à Munich et, au début de la Première Guerre, s'engage dans l'armée allemande. Envoyé sur le front occidental, il est promu caporal. Sérieusement gazé à deux reprises, il est décoré de la croix de fer.

En 1919, Hitler rallie le parti NSDAP d'extrême-droite (le parti nazi), dont il prend la tête un an plus tard. En novembre 1923, le putsch manqué de Munich, soutenu par le général Ludendorff, ancien commandant du premier conflit mondial, échoue, ce qui vaut à Hitler un bref séjour en prison. Libéré, il change de tactique, menant combats de rue et intrigues politiques. En 1932, Hitler est candidat à la présidence et, quoique battu, obtient un soutien suffisant pour faire du parti nazi le premier parti au sortir des élections qui eurent lieu la même année. En janvier 1933, le président von Hindenburg le nomme Chancelier ; à la mort de ce dernier en 1934, Hitler se proclame *Führer* (dictateur). En 1935, il occupe la Rhénanie, démilitarisée depuis la Première Guerre mondiale, et en 1936 noue une alliance avec l'Italie de Mussolini tout en développant ses propres forces armées. En mars 1938, à coups de bluff et de brutalités, Hitler occupe l'Autriche sans rencontrer d'opposition, inaugurant ainsi le troisième Reich, ou nouvel empire allemand, auquel il annexe le nord de la Tchécoslovaquie dès septembre 1938, et le reste du pays en mars 1939. L'attaque contre la Pologne en septembre 1939 conduit l'Angleterre et la France à lui déclarer la guerre : c'est le début de la Seconde Guerre mondiale.

1 *Ce portrait officiel d'Hitler traduit mal le génie démoniaque qui permit à l'ancien sous-officier (traité de « caporal traîneur de sabre » par certains généraux de l'aristocratie) d'entraîner l'Allemagne dans le conflit le plus meurtrier de l'Histoire.* (Keystone)

Des succès rapides et spectaculaires persuadent Hitler de son génie militaire et, en décembre 1941, il renvoie le commandant en chef de l'armée. Désormais, il dirige personnellement les combats depuis son état-major de la Tanière du Loup en Prusse orientale, qu'il ne quittera d'ailleurs pratiquement plus. Lorsque la situation lui devient défavorable, il s'isole de plus en plus, contre l'avis de la plupart de ses généraux, refusant de croire à la défaite. Le 30 avril 1945, à l'approche des forces soviétiques il épouse Eva Braun, sa maîtresse depuis 1936, puis, ensemble ils se suicident. Churchill le considérait comme un voyou sanguinaire.

DAILY MIRROR 2¢

BRITISH DOWN 175 RAIDERS

Nazis Attack London at 10-Minute Intervals—See Story on Page

Moving Target

2 *Lors de la bataille d'Angleterre, de juillet à septembre 1940, les raids aériens allemands cherchent à anéantir les capacités de résistance qu'oppose la Grande-Bretagne à l'invasion. Londres est dévasté par les bombes. Le* Daily Mirror *du 16 septembre 1940 montre Churchill inspectant un quartier de Londres après une attaque aérienne. Les pertes quotidiennes de la* Luftwaffe *n'ont bien entendu jamais atteint le chiffre record de 175 avions abattus annoncé ici, ce qui n'empêcha pas l'Allemagne d'abandonner ses tentatives d'invasion.*

Allemands envahissent la Yougoslavie, la Grèce et la Crète. L'Angleterre perd là ses derniers alliés en Europe. En Afrique du Nord, les forces allemandes et italiennes menacent de prendre le canal de Suez et de couper la Grande-Bretagne de son empire, seule source pour elle d'approvisionnement en matières premières et en main-d'œuvre.

3 *La guerre éclair (*Blitzkrieg*) menée par Hitler en Belgique, aux Pays-Bas, en France et en Scandinavie s'appuyait sur des unités aéroportées (parachutistes et troupes transportées par planeur) qui investissaient les points clés avant le début de l'invasion proprement dite. On le voit ici posant avec des parachutistes (*Fallschirmjäger*) à qui il vient de décerner la croix de fer pour le rôle qu'ils jouèrent pendant l'été 1940.* (Keystone)

4 *Hitler passait pour préférer ses bergers allemands, en particulier son favori Blondi, à toute autre créature.* (Keystone)

Face à une supériorité aussi écrasante, sans allié militaire, Winston Churchill s'efforcera avant tout d'éviter la défaite et la famine. Il recherchera l'aide des États-Unis grâce à un président Roosevelt profondément compatissant à son égard et qui viendra en aide à l'Angleterre en faisant voter la loi prêt-bail malgré la neutralité de son pays. Elle lui permet de fournir des navires et des armes, et de créer ce qu'il nommera « l'arsenal des démocraties » en mettant, après l'effondrement de la France et la débâcle, l'industrie américaine au régime de guerre.

Les Américains souhaitent profondément rester à l'écart du conflit, aussi Roosevelt n'est-il pas libre de déclarer la guerre à l'Allemagne. Seule, sans aide militaire directe, la Grande-Bretagne n'a aucune perspective de victoire.

En deux ans Hitler a conquis la majeure partie de l'Europe. Mais sa politique d'occupation brutale provoque inévitablement une résistance dans les pays occupés.

Incapable de conquérir l'Angleterre, Hitler laisse une base, proche du continent, propice à lancer une contre-attaque. Alors qu'il semble au faîte de sa puissance militaire, Hitler va préjuger de ses forces. En juillet 1941, s'attendant à la voir s'effondrer comme la France, il lance une attaque surprise contre l'Union soviétique. Mal lui en prend, la guerre éclair allemande s'enlise devant Leningrad et piétine devant Moscou.

L'hiver russe approche et l'étendue du front de l'Est rend la machine de guerre allemande totalement inefficace. Hitler poussera la présomption jusqu'à exaucer le vœu le plus cher de Churchill. En décembre 1941, après l'attaque japonaise contre Pearl Harbor, il tient sa promesse faite aux Nippons en déclarant la guerre aux États-Unis.

5

EXTRA!
WAR!
San Francisco Chronicle
JAPAN ATTACKS U.S.!
Hawaii and Manila Bombed;
Chute Troops Off Honolulu!

5 *L'attaque surprise du Japon à Pearl Harbor, le 7 décembre 1941, provoque l'entrée en guerre des États-Unis. Le 11 décembre, l'Allemagne et l'Italie déclarèrent à leur tour la guerre aux États-Unis.*

6

6 *L'un des aspects le plus abject du programme de guerre nazi prône l'asservissement ou l'extermination de populations entières de « sous-hommes » d'Europe de l'Est, telle cette femme juive et son enfant raflés en 1943 dans le ghetto de Varsovie, dont la population sera entièrement exterminée.*
(Keystone)

7

7 *L'attaque surprise allemande contre l'Union soviétique en juillet 1941 fut un succès, mais elle se révéla, à la longue, être la plus grosse erreur d'Hitler, tant elle exigeait de ressources militaires. Certaines populations soviétiques, anticommunistes, comme celle de l'Ukraine, étaient toutes disposées à accueillir les Allemands comme des libérateurs. Les brutalités nazies leur aliénèrent de nombreux partisans potentiels. Les opposants finissaient généralement comme on peut le voir sur cette photo-« souvenir » trouvée sur le cadavre d'un soldat allemand tué sur le front russe en 1943.*
(Keystone)

8

8 *En avril 1943, les quelque 60 000 survivants sur les 450 000 Juifs que comptait initialement le ghetto de Varsovie, se soulèvent. Bilan approximatif : 14 000 tués pendant les vingt-huit jours que durèrent les combats. Les survivants sont sommairement abattus dans les ruines du ghetto, comme on le voit ici, ou bien déportés dans les camps de la mort.*
(Keystone)

LE VENT TOURNE

Malgré quelques victoires allemandes au cours de l'année, il est clair, dès la fin de 1942, qu'Hitler a conduit l'Allemagne dans une impasse. L'Allemagne et les puissances de l'Axe avaient pu, face à une Grande-Bretagne seule avec son empire, remporter la bataille de l'Europe. Mais contre les États-Unis et l'Union soviétique unis, Hitler n'a guère de chances. À l'inverse des Alliés, l'Allemagne ne possède aucune réserve industrielle qui lui permette de fabriquer des bombardiers à grand rayon d'action ou de développer ses forces navales. Ses puissants navires tels que le *Graf Spee* ou le *Bismarck* ne tiendront pas longtemps la mer tandis que sa flotte de sous-marins subira une lourde défaite lors de la bataille de l'Atlantique en 1941.

En janvier 1943, à Casablanca, les Alliés s'entendent pour exiger une reddition sans condition de l'Allemagne.

Vers le milieu de la guerre, l'Allemagne alignait environ 10 millions de soldats, les États-Unis 12 millions, autant en Union soviétique, et 5 millions en Grande-Bretagne. Durant la guerre, l'Allemagne produira environ 23 000 chars et plus de 80 000 avions de combat. L'Angleterre en produira sensiblement autant, mais les États-Unis fourniront à eux seuls plus de 88 500 chars et 96 000 avions. Au moment du débarquement, les usines américaines tournent 24h/24 et produisent un avion toutes les cinq minutes. Pendant la guerre, la production allemande se trouvera dépassée dans des proportions de un à quatre.

DAILY NEWS FINAL

1250 PLANES RAID COLOGNE; CITY IN RUINS

1

1 *Dans le cadre des préparatifs à long terme du débarquement, l'aviation alliée mène une vaste offensive de bombardement stratégique contre l'Allemagne. Lors du premier raid auquel prennent part plus de mille bombardiers (1 046 pour être précis : cette manchette exagère un peu), de loin le plus important jamais entrepris jusque-là, la RAF détruisit à Cologne plus de 250 ha dans la nuit du 30 au 31 mai 1941.*

3

3 *Bel alignement de cuirassés anglais. En 1939, la* Royal Navy *privilégiait les actions groupées pour lesquelles elle était parfaitement entraînée. Les Allemands préféraient attaquer les navires marchands au moyen de puissantes unités isolées.*

2

2 *La bombe d'un avion anglais manque de peu un navire de guerre allemand lors de l'offensive du 11 au 13 février 1942. Quittant le port de Brest sous la menace des bombardiers anglais, le croiseur cuirassé* Scharnhorst *et 2 autres unités lourdes allemandes (2 endommagées toutefois) parviennent à remonter rapidement la Manche jusqu'à Wilhelmhaven en Allemagne.* (Keystone)

Transformer cette supériorité massive en succès militaire n'est pas aussi facile que cela pourrait sembler. En position de défense, Hitler garde les avantages de ses victoires rapides : position dominante au cœur de l'Europe, lignes de ravitaillement courtes et possibilité de transférer ses forces d'un front à l'autre. Par ailleurs, l'armée allemande et l'appareil d'État nazi tiennent la population de l'Europe en otage. Les Américains donnent priorité à la puissance maritime et aérienne. Confrontés à des lignes de ravitaillement qui, de San Francisco à Suez font littéralement la moitié du tour du globe, les Américains vont produire plus de 2 500 Liberty-ship. Ces navires marchands standardisés de 7 000 tonnes sortent au rythme moyen d'une unité par quinzaine. Ils produiront également plus de 46 000 navires et péniches de débarquement, dont le *landing ship tank* (LST) de 4 000 tonnes capable de transporter 20 chars. Cette grande flotte de transport va permettre, au prix d'énormes efforts et d'une planification sur plusieurs années, de concentrer des forces à peu près n'importe où dans le monde. La question n'est donc pas de savoir si les Alliés peuvent débarquer dans l'Europe dominée par Hitler, mais comment le faire efficacement si tant est qu'il faille le faire.

4 *Baïonnette au canon, un des « surhommes aryens » d'Hitler dans sa mission de « nazification » de l'Europe.*

4

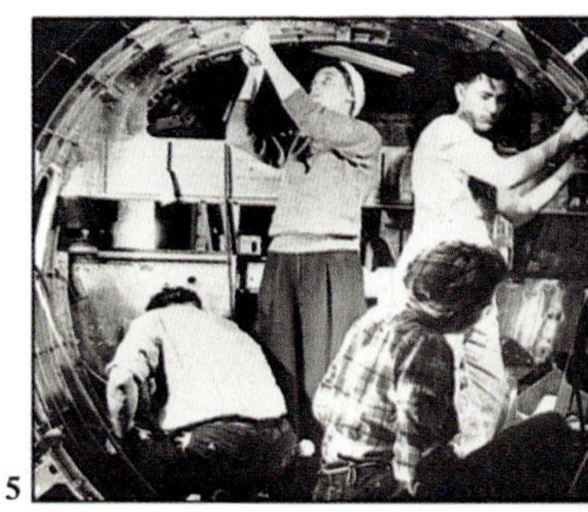

5

5 *Ouvriers américains travaillant sur un bombardier B-17 dans « l'arsenal de la démocratie ».* (US National Archives)

LA STRATÉGIE ALLIÉE

Un mois à peine après Pearl Harbor, au cours de leur première réunion à Washington sur la conduite de la guerre, Churchill et Roosevelt étaient convenus d'une stratégie donnant la priorité à l'Europe. L'Allemagne d'abord, le Japon ensuite. Un an sera nécessaire pour que l'industrie américaine produise assez de

CHURCHILL

Winston Leonard Spencer Churchill naît le 30 novembre 1874 au palais de Blenheim, en Angleterre, résidence de son grand-père, septième duc de Marlborough. Son père, lord Randolph Churchill, est un éminent parlementaire conservateur et Jennie, sa mère, la fille d'un riche homme d'affaires new-yorkais. Après des études médiocres à Harrow, il entre à l'école militaire de Sandhurst. En 1895, il s'engage dans l'armée anglaise, est promu officier de cavalerie et correspondant de guerre pour différents journaux londoniens en Afrique du Sud pendant la guerre des Boers. Dès son retour il est élu, comme son père, député dans les rangs des conservateurs, mais rallie le parti libéral en 1906. En 1908, il épouse Clementine, petite-fille du comte d'Airlie. Premier lord de l'Amirauté en 1911, il occupe trois portefeuilles ministériels dans le gouvernement libéral avant la Première Guerre mondiale.

En 1915, tenu pour responsable de l'échec des Dardanelles, Churchill doit démissionner. En 1916, il passe trois mois comme commandant d'un bataillon d'infanterie sur le front occidental. En juillet 1917, il est nommé ministre des Munitions, poste qu'il occupera jusqu'à la fin de la guerre. En 1919 il devient secrétaire d'État à la Guerre puis perd son siège de député lors de la chute du gouvernement en 1922. Changeant une nouvelle fois de camp, il devient chancelier de l'Échiquier du gouvernement conservateur de 1924 à 1929 jusqu'à une défaite électorale. Suivent dix années au cours desquelles il ne joue plus aucun rôle politique officiel.

En septembre 1939, Churchill est rappelé par le gouvernement conservateur et Neville Chamberlain le nomme une nouvelle fois Premier lord de l'Amirauté. En mai 1940, un gouvernement de coalition prend place, dirigé par Churchill qui mène désormais l'effort de guerre britannique avec beaucoup d'habileté et d'énergie. Après la défaite de l'Allemagne, Churchill provoque des élections remportées par les travaillistes en juillet 1945. Toujours à la tête du parti conservateur, il redevient Premier ministre de 1951 à 1955, avant de prendre sa retraite pour raisons de santé. Bien que fait chevalier en 1953, il refuse tout autre honneur et meurt d'une congestion cérébrale le 24 janvier 1965.

6

6 *Rendu populaire par Churchill, le V de la victoire, au moyen de deux doigts levés ou tracé sur les murs, sera le symbole de la résistance dans tous les pays occupés d'Europe.* (Keystone)

DAILY NEWS FINAL

BRITISH SINK SCHARNHORST

Nazi Battleship Destroyed In Sea Fight Off Norway

Her Raiding Days Are Over

7

7 *Le 26 décembre 1943, au large du Cap Nord en Norvège. Face à une force britannique supérieure, le* Scharnhorst *combattra jusqu'au bout.*

navires, d'avions, de chars et de canons, et envisager un assaut contre l'empire d'Hitler. L'Italie est considérée comme un simple appendice de l'Allemagne. Entre-temps, les Allemands seraient battus dans l'Atlantique et l'Allemagne bombardée. Cette décision prise, plusieurs des conseillers de Roosevelt, notamment le commandant des forces navales, l'amiral Ernest King, estiment que le principal de l'effort américain doit porter sur le premier attaquant, en l'occurrence le Japon et non l'Allemagne. Ils tentent de réorienter la stratégie américaine vers le Pacifique.

8

8 *Agonie du destroyer anglais* Glowworm *le 8 avril 1940. En proie aux flammes après avoir engagé le croiseur lourd* Admiral Hipper, *il éperonne l'ennemi avant de couler.* (Central Press)

9

9 *Les chefs de l'état-major anglo-américain assistent à une conférence entre Churchill et Roosevelt à Casablanca en janvier 1943. Contre l'avis de certains commandants américains, dont l'amiral Ernest King (à gauche), les deux dirigeants s'entendent pour que priorité soit donnée à la victoire sur l'Allemagne, avant celle sur le Japon.* (Keystone)

À leur entrée en guerre, les Américains avaient envisagé, pour 1942, un assaut direct contre la forteresse Europe. Les Anglais savaient que pour battre l'Allemagne il faudrait débarquer en France. Aussi, dès avant Pearl Harbor, avaient-ils commencé à faire des plans dans ce sens. Cependant Churchill et Roosevelt avaient compris que la décision ne dépendait pas de la seule logique militaire. D'autres enjeux intervenaient, au nombre desquels les ambitions divergentes des Alliés qui, pour s'être donné le nom de « nations unies », n'avaient pas nécessairement la même vision de l'Europe et du monde d'après-guerre. Autres inconnues, celle du nombre des victimes chez les Alliés et celle

Sunday Pictorial

ALLIES FIGHTING BACK AT THE JAPANESE

KNOCKED OUT!

Libya Tanks Speeding Up

We Got a Telegram

Strike Hard Now!

THANKS PALS!

10

10 *En Extrême-Orient, contrairement à ce qu'annonce le titre optimiste de ce journal, la progression des forces japonaises est importante entre 1941 et 1942.*

ROOSEVELT

Franklin Delano Roosevelt est né à Hyde Park, près de Poughkeepsie, État de New York, le 29 janvier 1882. Fils d'un riche propriétaire et lointain cousin de l'ex-président Theodore Roosevelt, il fait ses études à Harvard et Columbia. En 1905, il épouse Eleanor, nièce de Theodore Roosevelt. Avocat de formation, il se consacre à la politique dans les rangs démocrates. Sénateur de l'État de New York en 1910, puis secrétaire adjoint à la Marine dans l'administration Wilson en 1913, il conservera ce poste jusqu'à la fin de la Première Guerre mondiale. Candidat démocrate aux élections présidentielles en 1920, il est battu par Warren Harding. Un an plus tard, il est frappé par la poliomyélite, mais grâce à sa femme il reprend peu à peu la vie politique, devenant gouverneur de l'État de New York en 1928.

Élu 32e président des États-Unis en 1932, Roosevelt tient sa promesse de redresser l'économie et obtient un deuxième mandat en 1936, suivi d'un troisième en 1940, record absolu. De plus en plus hostile aux puissances de l'Axe, la défaite de la France l'amène, dès 1940, à lancer un programme de réarmement massif, créant un immense « arsenal de la démocratie » destiné à approvisionner les Alliés. En décembre 1941, après l'attaque japonaise sur Pearl Harbor et les Philippines, l'Italie et l'Allemagne déclarent la guerre aux États-Unis. Dorénavant Roosevelt va consacrer tous ses efforts à la guerre. En 1944, malgré son infirmité croissante, il est réélu une quatrième fois. Victime d'une attaque à Warm Springs en Géorgie, il meurt le 12 avril 1945, trois semaines à peine avant Hitler.

1 *Le président Roosevelt manifeste la même ténacité dans sa conduite du pays en temps de guerre que celle dont il fit jadis preuve dans la lutte contre la poliomyélite.* (Keystone)

Marines Crush Jap Attack
16 Pages of Comics + 16 Page Color Magazine
WALL ST. SPECIAL
Journal American
5¢
800,000 NAZIS MASSED AT STALINGRAD!
Jimmy Roosevelt In Thick of Fight At Solomon Base
Smash Attack By Japs on Solomons
Own Story —Typical Life Of Criminal
ALP to Name Third Party Ticket Today
Soviets Crush Enemy Force At Don River
Still Hot—if You Didn't Know
His Career in Crime Begins
Michel Fokine, 64, Dies: Ballet Artist

4 *Comme l'indique ce titre, le désir d'Hitler de prendre « la ville de Staline » confine à l'obsession. Fin 1942, il engage des forces énormes pour investir Stalingrad, dont les 60 000 hommes de la 6e armée du général Paulus.*

2 *Des années 1920 à sa mort en 1953, Joseph Staline détient le pouvoir suprême en Union soviétique. Pendant la Seconde Guerre mondiale à son image populaire de « petit père des peuples » en Union soviétique correspond celle de « l'oncle Joe » chez les Américains. L'histoire contemporaine retient davantage l'image du dictateur qui fait pendant à celle d'Hitler.* (Europan)

3 *En hiver, en Union soviétique comme dans toute l'Europe orientale, la guerre éclair allemande s'embourbe dans la glace et la neige.* (Keystone)

des destructions potentielles. L'issue dépendait également des problèmes posés par un débarquement massif. Entreprise dont ni les Anglais ni les Américains n'avaient l'expérience. Un échec ou une défaite aurait alors renforcé la position des tenants de l'offensive immédiate dans le Pacifique, ce que Churchill considérait comme désastreux pour l'Angleterre.

Les Américains souhaitent une invasion rapide de peur de voir l'Union soviétique s'effondrer face aux attaques allemandes, et chercher une paix séparée. De son côté Staline appelle régulièrement à la création d'un second front en Europe. Quant aux Anglais, ils se rappellent la longue et sanglante campagne qu'ils menèrent en France lors de la Première Guerre mondiale. Leur stratégie privilégie les attaques contre les remparts extérieurs de la forteresse hitlérienne jusqu'à ce que soient réunies toutes les chances de réussite. Position

5 *Depuis Napoléon et la retraite de Russie, le « général Hiver » est le meilleur allié des Russes. Les Allemands qui se ruent sur le front de l'Est, mal équipés contre le froid, souffriront terriblement.* (Keystone)

renforcée par le raid désastreux sur Dieppe d'août 1942. Opération-test sur les possibilités britanniques en matière de débarquement amphibie, le bilan avait été la perte de 3 500 des 6 000 hommes des troupes d'assaut. La plupart étaient des Canadiens envoyés par leur gouvernement aux côtés des Britanniques.

Les Anglais sont confrontés à un autre problème. Une grande partie de leurs forces en Afrique du Nord se voit menacée de défaite par les troupes allemandes et italiennes du maréchal Rommel. Devant l'impérieuse nécessité d'une victoire, Churchill convainc Roosevelt qu'il est plus important à court terme pour les Alliés de débarquer en Afrique du Nord française et italienne qu'en France. Aux termes de la capitulation française de 1940, seule la partie nord de la France était occupée, le gouvernement français de Vichy gardant le contrôle de la partie sud du pays ainsi que des colonies françaises, alliées malgré elles aux Allemands. Un débarquement par mer en Tunisie, en Algérie et au Maroc doit couper les voies d'approvisionnement de Rommel et rallier une partie au moins des forces de Vichy dans le camp allié. Baptisé *Opération Torch*, ce débarquement anglo-américain a lieu en novembre 1942, juste après la défaite des forces de Rommel en Égypte à la bataille d'El Alamein infligée par le nouveau commandant britannique, le général de corps d'armée sir Bernard Montgomery.

Le débarquement en Afrique du Nord se traduit par une victoire militaire écrasante des Alliés. Malgré la supériorité des effectifs et du matériel alliés, l'affrontement avec des troupes allemandes luttant pour sauver leur vie s'est révélé être à la hauteur des craintes britanniques et pire que ce qu'avaient escompté les

6

6 *Staline et Churchill à Yalta du 4 au 11 février 1945. Avec Roosevelt, ils tenteront de façonner l'Europe d'après-guerre. Pendant la guerre, les rapports entre les « trois Grands » se tendent lorsque Staline demande la création immédiate d'un second front.* (Keystone)

7

7 *Des péniches de débarquement contre le flanc d'un destroyer anglais au large de Dieppe le 19 août 1942. Selon Churchill, le raid contre Dieppe fut « une reconnaissance en force » pour tester les défenses côtières allemandes et essayer de nouvelles armes et méthodes d'assaut amphibie, en vue d'un débarquement massif.*

8

8 *Même si certains soutiennent que les leçons de Dieppe contribuèrent au succès du débarquement en Normandie, le raid lui-même fut un désastre, comme en témoigne de façon saisissante cette photo allemande prise après la bataille. Bien préparés pour ce genre d'assaut, les Allemands balayèrent la plage du feu de leur artillerie et de leurs armes légères. Sur 27 chars débarqués, 12 furent détruits au bord de l'eau. Des 6 000 hommes de troupe engagés, rares furent ceux qui dépassèrent la digue et on dénombra de lourdes pertes se montant à quelque 3 500 hommes.* (Bundesarchiv)

Daily Mirror

THEY ARE BACK

BIG HUN LOSSES IN 9-HR. DIEPPE BATTLE

Nazi version

9

9 *Pure propagande que la manchette du* Daily Mirror *qui annonce les lourdes pertes allemandes. En réalité celles-ci furent de 600 hommes et de 48 avions contre 3 500 soldats et 106 avions chez les Alliés.*

10

11

10 *Guetteur allemand sur le front de l'Est.*

11 *En visite sur le front de l'Est, le ministre allemand des Munitions, Albert Speer, porte le brassard de l'organisation Todt, qui sous sa conduite, eut largement recours au travail forcé pour la construction des ouvrages de défense des routes stratégiques.* (Keystone)

Américains inexpérimentés. Les derniers bastions allemands en Tunisie ne tomberont qu'en mai 1943. Et bien que la plupart des forces de Vichy en Afrique du Nord aient, comme prévu, rejoint les Alliés, la riposte de l'Allemagne qui occupe la France libre ôte tout espoir d'obtenir l'aide de Vichy.

En 1943, devant le désastre dieppois et les délais nécessairement longs pour réunir les navires et les péniches de débarquement, l'idée d'une attaque en Manche est remise en cause, d'autant qu'il paraît évident que l'Italie peut déserter l'Axe. En janvier, à la conférence de Casablanca, les Américains se rallient à contrecœur à la proposition britannique de poursuivre la stratégie méditerranéenne. Deux mois après le débarquement en Sicile en juillet 1943, les Alliés prennent pied à Salerne sur le sol italien.

La présence des troupes alliées en Italie provoque la chute du gouvernement de Mussolini. En octobre, le nouveau gouvernement italien déclare la guerre à l'Allemagne. À la fin de l'année les soldats italiens combattent aux côtés des

6

6 *Un char britannique se rend aux forces blindées de Rommel, qui remporta de grandes victoires, souvent inattendues, en Afrique du Nord, jusqu'à sa défaite à El Alamein fin 1942.* (Keystone)

1

SUNDAY NEWS

FINAL

U.S. INVADES FRENCH NO. AFRICA

F.D.R. CALLS ATTACK OUR SECOND FRONT

EXTRA

2

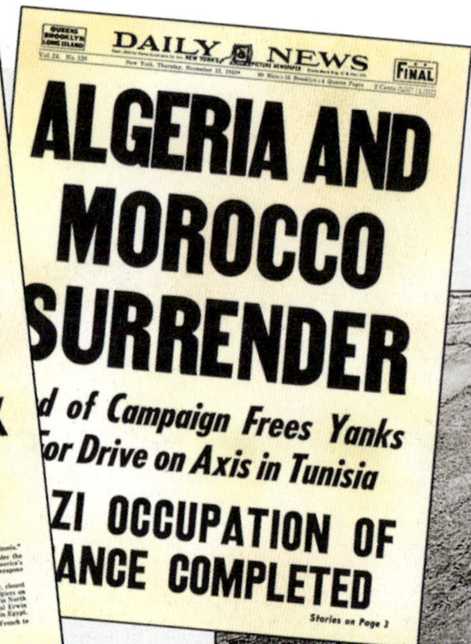

DAILY NEWS

FINAL

ALGERIA AND MOROCCO SURRENDER

d of Campaign Frees Yanks or Drive on Axis in Tunisia

ZI OCCUPATION OF ANCE COMPLETED

Stories on Page 3

3

4 *En Libye, Tobrouk, port stratégique en matière de ravitaillement, est le théâtre de violents combats de janvier 1941 à décembre 1942. Cette photo aérienne montre des emplacements de la DCA et une partie des défenses construites à Tobrouk par les forces de l'Axe de 1940 à 1941 et qui s'étendent sur 45 km.* (Keystone)

4

1 *Sapeurs militaires de l'armée américaine étudiant le terrain avec un officier de la 8ᵉ armée britannique en 1943, en Tunisie.* (Keystone)

2, 3 *Titres proclamant la conquête rapide de l'Algérie et du Maroc par les Alliés en novembre 1942.*

autres « nations unies ». Les forces allemandes se transforment alors en simple armée d'occupation et, au cours de l'hiver, stoppent l'avance alliée dans les montagnes au sud de Rome.

En 1943, la puissance militaire américaine atteint son apogée et Churchill rencontre des difficultés à imposer ses grandioses idées stratégiques à Roosevelt et à ses conseillers. Les Américains sont de plus en plus nombreux à se méfier de Churchill et de son état-major militaire qui semblent réticents à une campagne en France.

Staline commence à désespérer de voir se constituer un second front. En novembre 1943, à la conférence de Téhéran, il presse les Britanniques et les Américains de fixer la date du débarquement. Bien que préférant poursuivre sa stratégie méditerranéenne et bien que favorable à une invasion en Adriatique (qu'il nomme de façon quelque peu trompeuse « le ventre mou de l'Europe »), Churchill accepte de donner son accord. Le débarquement en France est fixé pour mai ou début juin 1944.

5

5 *Canon antichar britannique de 2,8 kg en action près de Tripoli, début 1943.* (Keystone)

La préparation du débarquement avait sérieusement commencé un an plus tôt. La conférence de Casablanca s'était traduite par l'installation à Londres d'un personnel anglo-américain chargé de monter cette opération.

Nommé chef d'état-major du commandant suprême allié (*Chief Of Staff, Supreme Allied Commander : COSSAC*), le général de corps d'armée britannique sir Frederick Morgan en assurait le commandement. Malgré des problèmes considérables, Morgan et son état-major élaborent jusqu'en juillet 1943 l'essentiel de ce qui va devenir l'opération de Libération. Bien que cette opération ait pour base l'Angleterre, la majeure partie des forces étant fournie par les États-Unis, le commandant suprême allié ne peut être qu'américain. Pressenti pour ce poste, le chef d'état-major de l'armée américaine, le général George Marshall, recommande un de ses protégés. En décembre 1943, Roosevelt nomme le général Eisenhower commandant suprême des forces alliées, avec ordre de « pénétrer en Europe et d'entreprendre, conjointement avec les autres nations unies, des opérations visant le cœur de l'Allemagne et la destruction de ses forces armées ». L'*Opération Roundup*, nom de code du débarquement initialement choisi par Eisenhower, devient l'*Opération Overlord*.

7

8

8 *L'accent étant mis sur la campagne en Europe, les forces alliées en Extrême-Orient se plaignaient parfois d'être « oubliées ». Ici un bombardier B-25 de la 5*e US Air Force *attaque un escorteur japonais.*
(Keystone)

9

7 *Sur le pont d'envol d'un porte-avions américain, lutte difficile contre cet incendie dû à une bombe japonaise lors de la reconquête des Philippines (1944-1945). À la conférence de Casablanca (janvier 1943), il fut convenu que la campagne européenne prendrait le pas sur celle du Pacifique, qui exigea néanmoins d'énormes ressources.*
(Central Press)

9 *Parmi les grands succès initiaux du Japon dans le Pacifique en 1941 et en 1942, ce que Churchill nommait « le plus grand désastre de l'histoire de l'empire britannique » : la capture de la base navale de Singapour par le général Tomoyuki Yamashita, ici (assis, à gauche) acceptant la reddition des commandants britanniques le 15 février 1942.*
(Keystone)

10

10 *Dans l'île de Bougainville (îles Salomon) des Marines américains, contournant un char Sherman détruit par une mine, se dirigent vers une position retranchée japonaise. La campagne de « sauts de puce » du Pacifique fut le théâtre de combats parmi les plus sanglants de la guerre.*
(Keystone)

11 *Eisenhower et un aide de camp britannique en Italie, où les Alliés débarquèrent en septembre 1943.*
(Keystone)

11

OPÉRATION OVERLORD

Au début de l'année 1944, la Grande-Bretagne ressemble à un camp retranché où se côtoient plus de 3,5 millions de soldats, marins et pilotes. Les plus anciens suivent un entraînement depuis bientôt quatre ans. Avec l'arrivée d'Eisenhower et de son état-major, les effectifs américains dépasseront les 1,5 million, auxquels s'ajoutent 220 000 hommes venant des cinq continents. Arrivés depuis un certain temps, Australiens, Canadiens et Néo-Zélandais participent activement aux raids aériens et aux opérations maritimes. Partout en Angleterre, des rescapés de plus d'une douzaine de pays sous occupation allemande, Français, Polonais, Belges, Néerlandais, Norvégiens, Tchèques... armés et équipés par les Alliés, s'apprêtent à combattre en Normandie.

Pour équiper et entraîner tous ces hommes (et femmes), les Américains fournissent le quart de l'armement et des véhicules, dont les célèbres chars Sherman. Les Britanniques se chargent de la plupart des casernes et des camps. Pendant plus de deux ans, les troupes et le matériel traversent l'Atlantique par bateau depuis les États-Unis sous le nom de code *Opération Boléro*. En juin 1944, l'armée américaine a acheminé pour elle seule 2,5 millions de tonnes d'équipement, 124 000 lits d'hôpital et 54 000 cuisiniers. Une armada aérienne de 13 000 avions et 3 500 planeurs a été constituée. Plus de 1 200 bâtiments de combat, 4 000 navires et péniches d'assaut et 1 600 navires marchands sont mouillés le long de la côte britannique. L'une des rares plaisanteries d'Eisenhower fut de dire que seuls les innombrables ballons de barrage flottant dans le ciel anglais empêchaient ces îles de sombrer.

Page précédente : *Entraînement allié pour le débarquement en Normandie (début juin 1944, Grande-Bretagne).*

1 *Bombes aériennes de 453 kg stockées dans une mine anglaise désaffectée.*

2 *Insigne « Springbok » portée par une unité sud-africaine.*

Non seulement il faut héberger et entraîner ces forces, mais il faut encore les transporter depuis leurs bases d'entraînement jusqu'aux ports de la côte sud, puis en France. Jusqu'au dernier moment, les ports de Londres et de ses environs, de Bristol et de Cardiff reçoivent ravitaillements et navires marchands. En février et mars, les quais sont dégagés pour accueillir la flotte du débarquement. Démarrant l'opération *COSSAC*, des groupes

3

4

5 *Construction de bombardiers lourds pour la* Royal Air Force. *L'industrie de guerre anglaise produira envion 130 000 avions militaires entre 1939 et 1945.* (Fox Photos)

1

3 *La reine d'Angleterre inspecte d'un air approbateur le camouflage d'un parachutiste canadien.* (Archives Nationales du Canada)

4 *Les ouvrières d'un chantier naval anglais assistent au lancement d'une péniche de débarquement de chars, fières d'avoir participé à sa construction.*

2

5

7

8

9

10

11

6 *Alignement de canons antiaériens Bofors de 40 mm.*

7 *Plusieurs tonnes de caisses d'armes et de munitions.*

8 *Sous-officier américain vérifiant du matériel aérien.* (US National Archives)

9 *Bombardiers B-17 attendant de rejoindre leur poste de combat en Angleterre.*

10 *Aux États-Unis, les femmes ont eu un rôle essentiel dans les usines d'armements. « Rosie la riveteuse » travaille à l'usine Bendix de Brooklyn.* (US National Archives)

11 *Insigne des volontaires tchèques combattant aux côtés de l'armée canadienne. Des unités composées d'hommes ayant fui leur pays occupé par les nazis se joignent aux Alliés.*

spéciaux d'officiers d'état-major remplissent des pièces entières de fiches et de schémas pour suivre la moindre unité, coordonner tous les mouvements et les manœuvres d'embarquement.

En janvier 1944, pour tenter de contrecarrer ces importants préparatifs, les Allemands lancent le « Petit *Blitz* », première série depuis 1941 de raids nocturnes visant Londres et les ports, faisant plus de 115 000 victimes civiles. Après 4 hivers de guerre où privation et séparation sont devenues un mode de vie, les Anglais restent déterminés mais résignés. Peu doutent de la légitimité de la guerre ni de son issue favorable sans en voir la fin.

1

2

1 *Cette profusion d'objets devenus un luxe, apportés par les GIs américains qui n'hésitent pas à partager chewing-gum et cigarettes, émerveille les Anglais qui en sont privés depuis longtemps.*

2 *La plupart des soldats conservent dans leur portefeuille la photo d'une vedette de cinéma ou d'une petite amie.*

LÀ-BAS

À l'état-major de *COSSAC*, Morgan avouera avoir lu plusieurs fois un document américain sur l'opération de libération avant de réaliser qu'il n'y comprenait rien. Il faudra du temps et beaucoup de compréhension pour qu'Anglais et Américains apprennent à se connaître. Les premières troupes américaines envoyées en Angleterre arrivent le 26 janvier 1942 à Belfast. Deux ans plus tard, près d'un million de GIs sont logés des Cornouailles jusqu'en Écosse (sans compter les aviateurs dans l'est de l'Angleterre) : il n'y a guère de village qui n'ait subi l'invasion de ces amis « sur-payés, sur-alimentés, sur-sexués et **surtout-présents** », mais prêts à partager. Rares depuis des années, les petits objets de luxe deviennent soudain monnaie courante. Chewing-gum et chocolat pleuvent sur les enfants saluant le passage des jeep. Leurs sœurs aînées se métamorphosent en blondes oxygénées et danseuses de rock accomplies. Au total 70 000 GIs repartiront avec une épouse de guerre anglaise.

La présence d'hommes jeunes dans un pays étranger en guerre ne pouvait que poser des problèmes. La richesse, la franchise et les habitudes sociales des Américains froissent vite les sensibilités anglaises ; en retour, la traditionnelle réserve britannique est prise pour de l'antipathie. Saluant son collègue britannique d'un « Je suis de Bragg », un Américain s'entend répondre : « Ça, je veux bien le croire » (*brag* = se vanter). Avec humour, des GIs noirs réussiront même à persuader leurs hôtes qu'appartenant à des unités de nuit, ils ont un produit pour noircir leur peau jusqu'à la fin de la guerre.

Étonnamment, dans ce pays où la bière est tiède et les maisons froides, où l'on roule à gauche et où l'on prétend aimer le cricket, les Américains se sentent chez eux. Les dernières troupes américaines arrivées en Angleterre en mai découvrent un temps agréablement doux. Peu le savent, mais la date prévue pour le débarquement est fixée au 1er juin.

SHAEF

Dès l'entrée en fonctions du commandant suprême, Morgan (*COSSAC*) et son état-major laissent la place au *Supreme Headquarters Allied Expeditionary Forces* (*SHAEF*), dirigé par des officiers anglais et américains ayant servi sous Eisenhower en Méditerranée. Le QG de Bushy Park, à l'ouest de Londres, abrite une équipe expérimentée. À la tête d'un état-

3

4

6

3 *Entre 1940 et 1941, sous les bombes du* Blitz, *le mot d'ordre est : « Londres tiendra ! » Des Américains fraîchement débarqués se rendent compte sur le terrain de ce que cela signifie comme courage. À l'arrière-plan, Saint-Paul dresse sa silhouette presque intacte.*
(Keystone)

4 *Avant de traverser l'Atlantique, les troupes américaines sont soumises à un entraînement intensif. Ces parachutistes du corps des Marines effectuent un dernier saut avant d'être affectés dans le Pacifique.*
(Keystone)

5 *« Du nerf ! » Les hommes de l'état-major de l'armée de l'air américaine commencent la journée par une séance de gymnastique.*
(US National Archives)

6 *Pilote d'avion dans la marine américaine, le lieutenant Robert Callard du VCS-7, est un ancien pilote d'hydravions. Lors du débarquement en Normandie, son unité fut dotée de chasseurs britanniques rapides Spitfire, avec pour mission de guider les tirs de la marine.*
(US National Archives)

Le 7 juin 1944, au lendemain du débarquement, le commandement allemand intime l'ordre aux vétérans de la 1re SS-Panzerdivision, *rapatriés en toute hâte du front russe, de remonter de Bruges à Caen. Les* Waffen-SS, *qui en 1944-1945 représentaient une force de plus de 900 000 hommes (quelque 40 divisions), constituent « l'armée privée » d'Himmler, et ne sont soumis aux ordres des chefs de l'armée régulière que pour des questions tactiques. Presque tous volontaires, leur loyauté et leur fanatisme envers Himmler et Hitler jouèrent un grand rôle lors de la campagne de Normandie où leurs blindés lourds résistèrent farouchement aux Alliés. Les noms des 6 divisions* Waffen-SS *jetées dans la bataille de Normandie reflètent leur statut de troupes de choc au sein de la machine de guerre allemande : 1re* SS-Panzer *(«* Leibstandararte Adolf Hitler *», 1er régiment des gardes du corps d'Adolf Hitler) ; 2e* SS-Panzer *(«* Das Reich *») ; 9e* SS-Panzer *(«* Hohenstaufen *») ; 10e* SS-Panzer *(«* Frundsberg *») ; 12e* SS-Panzer *(«* Hitlerjugend *») ; et 17e* SS-Panzergrenadier *(«* Gotz von Berlichingen *»).*

2 *Même en uniforme (noter l'insigne* Totenkopf, *tête de mort, sur sa casquette) le* Reichsführer-SS *Himmler ne campe pas une figure très militaire. Le chevron sur sa manche est une distinction portée par les SS ayant adhéré à l'organisation avant le 30 janvier 1933.*
(Keystone)

3 *Le* Führer *et Himmler (à gauche) passent en revue les troupes SS à Nuremberg en 1938.*
(Keystone)

1 *Affiche destinée au recrutement des* Waffen-SS *montrant un spécimen aryen idéalisé. Les normes ethniques en ce qui concerne la proportion nécessaire de « sang nordique » pour appartenir aux* Waffen-SS *furent assouplies pour les divisions formées d'Allemands de souche originaires de pays étrangers ou de volontaires non-allemands et qui représentaient parfois jusqu'à 50% des effectifs.*

4 *Brassard SS.*

5 *Veste portée par un* Unterscharführer *(brigadier-chef) de la 1*[re] SS-Panzerdivision *(«* Leibstandarte Adolf Hitler *»). Les pattes d'épaule à liseré rose (*Waffenfarbe*) indiquent une unité blindée et intègrent le chiffre « LAH ». La rune SS se trouve sur le revers droit et l'insigne du rang à gauche.*

4

6 *Himmler fonde les SS (*Schutzstaffel *: escadron de protection) au début des années 1920 pour servir de gardes du corps à Hitler.* (UPI/Bettmann)

7 *Opérateur radio de la 12*[e] SS-Panzerdivision *portant une veste de cuir noire « libérée » des réserves italiennes.* (Bundesarchiv)

8 *Les* Waffen-SS *raflent beaucoup des 7 000 croix de fer décernées lors du second conflit mondial.*

6

5

7

8

1 *Le général Omar Bradley commande la 1re armée américaine au sein du 21e groupe d'armées.* (US National Archives)

2 *Le général Carl Spaatz (au centre), commandant les forces aériennes stratégiques américaines en Europe, cherche à regarder par-dessus les épaules du général Brereton et d'Eisenhower qui discutent les plans d'invasion. Noter l'insigne du* SHAEF *(grossie page suivante à droite) sur la manche d'Eisenhower.* (Keystone)

1

major de 750 officiers et de 6 000 hommes, le général américain Walter Bedell Smith est surnommé « Beetle » (*beetle* = scarabée).

Dans sa zone qui est le théâtre européen des opérations (ETO), Eisenhower commande théoriquement toutes les forces alliées. Mais dans une guerre de coalition les choses sont rarement simples. Le commandement des forces alliées de libération compte des personnalités parmi les plus puissantes et explosives du camp allié, les différences nationales risquent d'éclater. Eisenhower sait qu'il est davantage considéré comme un fonctionnaire que comme un général victorieux. Dans son journal, le principal conseiller militaire de Churchill, le général Alan Brooke, chef d'état-major impérial, note à l'issue d'une réunion : « Ike ne connaît rien à la stratégie. »

Pour dynamiser ses troupes, Eisenhower aime à répéter : « C'est le travail d'équipe qui fait gagner les guerres ». Du côté allemand, les défenses en Normandie dépendent de plusieurs commandements parfois incompatibles. *Luftwaffe*, Marine et *Waffen-SS* (l'armée privée du parti nazi) refusent souvent d'obéir aux généraux de l'armée. À l'opposé, le mot d'ordre du *SHAEF* est « coopération ». En tant que commandant suprême adjoint, Eisenhower a nommé un aviateur britannique, le général Arthur Tedder, partisan dès le début d'un appui aérien. Eisenhower ne pouvait évidemment commander ni la *Home Fleet* ni la *Air Defence*, il nomme alors deux commandants en chef britanniques, le général Trafford Leigh-Mallory et l'amiral Bertram Ramsay.

2

3

4

3 *On a certainement évoqué la question du second front lors de cette réunion des états-majors combinés (le comité des chefs d'état-major britanniques et les chefs d'état-major interarmes américains) à Washington en 1943.*

4 *Au général sir Miles Dempsey est confié le commandement de la 2e armée britannique au sein du 21e groupe d'armées.* (US National Archives)

EISENHOWER

Dwight David Eisenhower voit le jour à Denison, Texas, le 14 octobre 1890, fils d'émigrés allemands d'origine modeste, il passe son enfance à Abilene, Kansas. Entré à l'école militaire de West Point en 1911, il s'engage dans l'infanterie. Pendant la Première Guerre mondiale, il organise des unités de blindés et en forme les hommes, ce qui lui vaut d'être promu au rang de lieutenant-colonel temporaire, grade qu'il ne retrouvera qu'en 1936. Après la guerre, de 1933 à 1939, sous le commandement du général Douglas MacArthur, sa réputation comme officier d'état-major grandit peu à peu. Mais dès 1940, il monte rapidement en grade. En février 1942, le général Marshall le nomme chef de la division chargée de préparer les plans du débarquement allié en Europe.

6

Particulièrement compétent pour le travail d'état-major et l'organisation des forces armées, Eisenhower n'a eu que très brièvement le commandement d'un bataillon et, ce, en temps de paix et n'a jamais mené de troupes au combat. Néanmoins, soutenu par Marshall, il commande en chef le débarquement en Afrique du Nord. Promu général, il devient, en février 1943, commandant en chef chargé des opérations en Méditerranée, et enfin en décembre 1943, commandant en chef des forces alliées en Europe. Maîtrisant parfaitement les complexités de la politique de coalition en temps de guerre, Eisenhower obtient une promotion rapide. En décembre 1944, il est nommé général d'armée (5 étoiles). De 1945 à 1948 il est le chef d'état-major des forces armées, et de 1950 à 1952 premier commandant suprême allié en Europe du pacte atlantique (OTAN) nouvellement créé. Candidat républicain en 1952, il est élu 34e président américain. Fin 1960, après deux mandats il se retire de la vie politique et décède le 28 mars 1969.

5

Eisenhower n'a pas le contrôle direct de l'aviation stratégique alliée ni des flottes de bombardiers quadrimoteurs de la *RAF Bomber Command* et de la 8e *Air Force* américaine, qui joueront un rôle décisif en Normandie. Pour les « barons » des bombardiers américains et britanniques, le général Arthur Harris et le général Carl (Tooey) Spaatz, il est inconcevable de servir sous les ordres d'Eisenhower. Ce n'est qu'en avril qu'ils abandonnent leur cible habituelle, les villes et les usines allemandes. Coupant la Normandie du reste de la France, les 76 200 tonnes de bombes alliées auront, au Jour-J, rendu les chemins de fer français inutilisables à 90 %, et les mouvements allemands extrêmement difficiles.

Les forces terrestres du *SHAEF* constituent le 21e groupe d'armées, c'est-à-dire, réunies, la 2e armée britannique, sous le commandement du général Miles Dempsey, et la 1re armée américaine, sous celui du général Omar Bradley. Seule une partie du 21e groupe d'armées peut débarquer dès le Jour-J et il est exclu qu'Eisenhower commande les débarquements. Un commandant des forces terrestres du 21e groupe d'armées est chargé de préparer et de diriger l'opération à sa place, jusqu'à ce que les troupes débarquées en Normandie soient assez nombreuses pour constituer un second groupe d'armées. Avec un commandement suprême américain, Churchill peut imposer un Anglais, le général Montgomery, à ce poste. Eisenhower le dit « bon avec ses subordonnés ; difficile avec ses pairs ; et impossible avec ses supérieurs. »

5 *Parmi les chefs de l'aviation, en haut à gauche, le général Lewis Brereton de la 9e* Air Force *américaine, force tactique stratégique.* (UPI/Bettmann)

6 *Eisenhower, nommé commandant suprême des forces alliées à partir de décembre 1943.* (Keystone)

1, 2 *La réussite du débarquement dépend d'une connaissance approfondie du littoral normand, comme le montrent ces documents alors ultra-secrets ; aussi les informations étaient-elles précieusement recueillies. L'établissement de plans détaillés du débarquement en France débute en mars 1943 sous le commandement du général britannique sir Frederick Morgan (*COSSAC : Chief of Staff, Supreme Allied Commander*). En juillet 1943, il préconise au lieu du Pas-de-Calais qui semble s'imposer, un débarquement en Normandie. Au début de 1944, Eisenhower nomme le général Walter Bedell Smith secondé par Morgan à la tête du* SHAEF *(*Supreme Headquarters, Allied Expeditionary Forces*) en remplacement du* COSSAC.

Montgomery a nettement meilleure réputation chez les Anglais, mais convaincu de son génie militaire et considérant ses supérieurs comme une entrave, il ne facilitera guère la tâche à Eisenhower.

LE CHOIX DE LA NORMANDIE

Depuis 1942 les services de renseignements britanniques recueillent photographies, échantillons de sol, tables des marées et courants, etc., sur les littoraux néerlandais, belge et français, pour déterminer l'endroit favorable au débarquement. Nécessairement situées dans le rayon d'action des chasseurs basés au sud de l'Angleterre, les plages doivent être planes et leur sol suffisamment ferme. Seules 2 zones répondent à ces exigences : le Pas-de-Calais et la Normandie.

Le Pas-de-Calais permet des lignes d'approvisionnement courtes, et l'avance terrestre des Alliés en serait facilitée. De l'avis même des Allemands,

1

2

c'est le meilleur choix, aussi donnent-ils la priorité au renforcement des défenses du mur de l'Atlantique du Pas-de-Calais, et de la 15e armée au détriment de la 7e stationnée en Normandie.

Cette évidence détermine, dès juillet 1943, *COSSAC* à envisager plutôt un débarquement en Normandie, près de Caen, dans la baie de la Seine. Outre de meilleures plages, ce choix présente l'avantage de la surprise. Dans le secret absolu, près de 37 000 ouvriers qualifiés œuvrent depuis octobre 1943 dans certaines zones interdites de la côte anglaise. Ils construisent des ensembles baptisés Mulberry, formés de caissons en béton armé, des abris et jetées destinés aux ports artificiels qui permettent d'assurer le ravitaillement jusqu'à la prise d'un vrai port. Cherbourg est assez proche de la zone de débarquement pour qu'on puisse envisager sa libération en une semaine ou deux.

Eisenhower et Montgomery se rallient au choix de la Normandie, mais exigent une force de débarquement plus importante que celle prévue par Morgan. Le débarquement aura lieu sur 5 plages séparées, sur un front de plus de 60 km. Cinq

3

4

5

6

3, 4, 5, 6 *Construction et remorquage d'un caisson Phoenix, principal élément du port artificiel Mulberry (noter le canon de la DCA). Quelque 150 caissons furent construits, dont 10 de 1 672 tonnes (les plus petits) et 60 de 6 044 tonnes, en vue de fabriquer 2 gros Mulberry au large des plages britanniques et américaines.*
(US National Archives)

LA PUISSANCE AÉRIENNE

Plusieurs mois avant le débarquement, la puissance aérienne alliée est engagée dans l'*Opération Pointblank*.

Ce nom de code désigne une offensive aéroportée destinée à réduire progressivement les forces ennemies et à créer des conditions favorables au projet de débarquement. L'opération devait, en particulier, permettre aux Alliés d'affirmer leur suprématie aérienne au-dessus des plages du débarquement, empêcher l'ennemi de prévoir la zone choisie pour l'attaque, anéantir ses moyens de détection et, une fois l'assaut lancé, le priver de ses moyens de résistance et bloquer les renforts de ses défenses après le débarquement. Il fournissait enfin aux Alliés les moyens de reconnaissance nécessaires pour obtenir des informations sur les mouvements ennemis dans la zone du débarquement. Mais Hitler ayant rapatrié la majeure partie de ses avions de combat pour défendre la mère patrie contre les bombardements alliés, la lutte pour la suprématie aérienne avait lieu au-dessus du territoire allemand. De leur côté les Alliés, renforçant massivement la 8e *US Air Force* qui opérait de jour, avaient riposté en lançant une grande offensive contre les centres d'entretien et de production aéronautiques allemands. De prime abord peu efficace, cette opération obtint des résultats spectaculaires avec l'arrivée des chasseurs Mustang (à grand rayon d'action) chargés d'escorter les bombardiers jusqu'à leurs cibles. Les pertes allemandes s'élevèrent alors à plus de 2 000 avions par mois. Les chasseurs de la *Luftwaffe* chargés de protéger les aires de production aéronautique étaient systématiquement abattus par les Mustang, bien supérieurs. Ces lourdes pertes matérielles associées à celles de nombreux équipages expérimentés expliquent l'absence quasi totale de l'aviation allemande dans le ciel normand au Jour-J. Le meilleur moyen pour l'ennemi de renforcer ses défenses contre les têtes de pont alliées était le chemin de fer. La destruction des lignes mettant en péril des civils, il ne figurait pas parmi les objectifs de l'opération. Cependant Montgomery insiste sur la nécessité, pendant les quatre premiers jours du débarquement, de détruire les voies ferrées dans un rayon de 220 km autour de la tête de pont. Les bombardements paralysent, dès le 6 juin, le réseau ferroviaire de la région Nord. Le bilan des victimes civiles se révéla heureusement moins lourd que prévu. Effectuant près de 22 000 sorties, l'aviation alliée déverse plus de 66 000 tonnes de bombes sur près de 80 cibles choisies. À la destruction du réseau ferré s'ajoutent les attaques contre les ponts routiers sur un large périmètre autour de la Normandie. Au cours des dix semaines qui précèdent le débarquement, l'aviation alliée effectue 2 500 sorties contre les batteries côtières allemandes tandis que les chasseurs bombardiers s'attaquent aux stations radar. Chaque service allié avait des besoins très divers en matière de photographie de reconnaissance. L'on rassemble dans un premier temps de très nombreuses informations sur la zone de débarquement qui sont ensuite vérifiées. À l'approche du Jour-J, la demande s'intensifie : photos des plages choisies et de leurs abords, aérodromes ou sites aménageables, aires d'atterrissage ou de stationnement des véhicules de transport allemands, batteries, casemates, zones fortifiées et autres installations militaires. Recueillir de telles informations nécessite de nombreuses sorties à très basse altitude au-dessus de zones solidement défendues. Du 1er avril au 5 juin, 5 000 vols de reconnaissance sont effectués en vue d'*Overlord*.

1

1 *L'avion Short Stirling fut le premier bombardier lourd quadrimoteur opérationnel à partir de février 1941.* (Fox Photos)

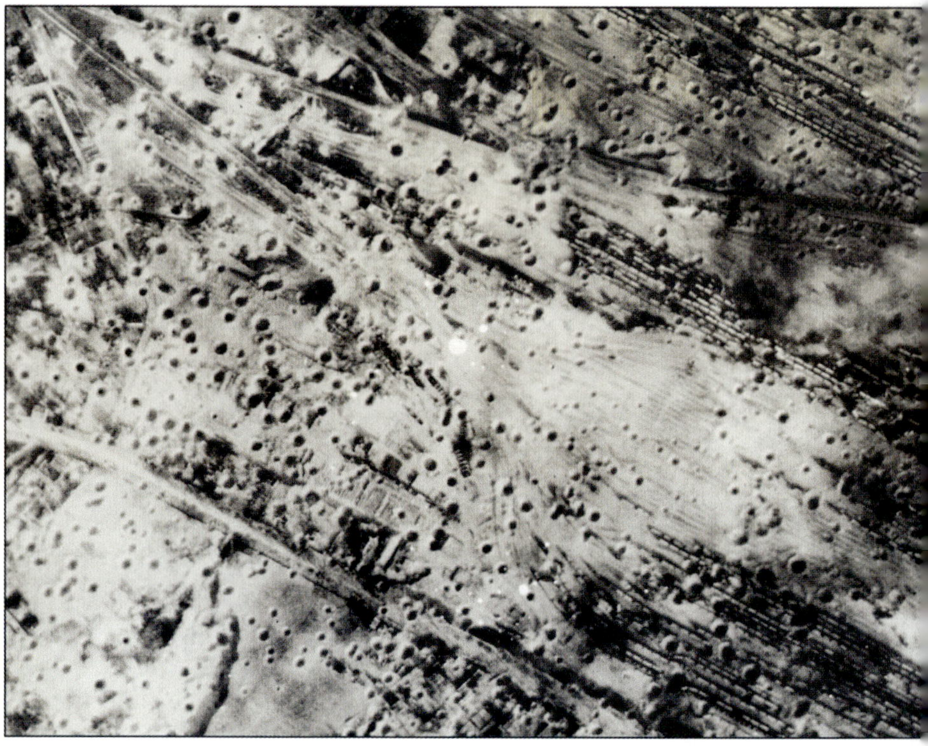

2

2 *Les gares de triage sont l'une des cibles principales des bombardiers lourds alliés lors des préparatifs du débarquement.*

3

3 *Insigne de casquette du corps d'entraînement de la RAF, dont les élèves sont peut-être à l'origine des destructions de la gare de Caen, après le raid des bombardiers alliés en juillet 1944.* (IWM : B 7953)

4

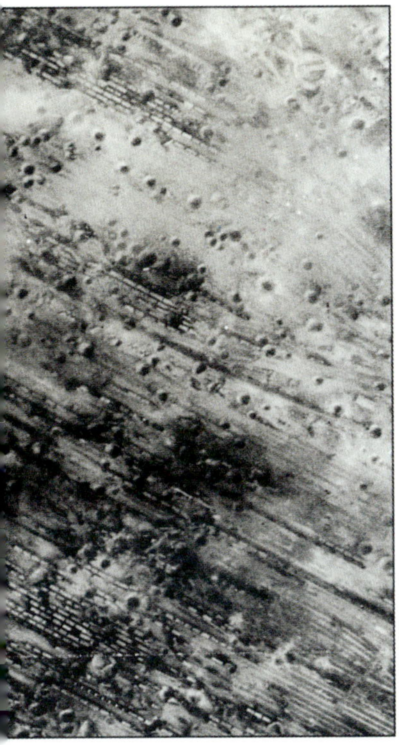

5

4 *Insigne de casquette de la* Royal Air Force, *que portèrent fièrement quelque 1,2 million d'hommes et de femmes entre 1939 et 1945.*

5 *L'équipage d'un chasseur de nuit d'un escadron britannique devant le moteur Rolls-Royce Merlin d'un Mosquito. Ce bimoteur fut longtemps l'avion le plus rapide de la RAF (670 km/h), et le plus polyvalent : reconnaissance, chasse et bombardement. Il pouvait bombarder immeubles, navires et installations ferroviaires avec une grande précision.* (Keystone)

Pour empêcher l'ennemi d'obtenir le moindre indice quant à la zone de débarquement choisie, un plan général d'intoxication est conçu et baptisé *Bodyguard* (garde du corps), d'après le mot de Churchill : « En temps de guerre, la vérité est si précieuse qu'elle doit toujours être entourée d'un garde du corps de mensonges ». Cette mesure renforce l'incertitude de l'ennemi quant au site choisi : le Pas-de-Calais, la Norvège ou même les Balkans.

Chaque mission de reconnaissance au-dessus de la Normandie s'accompagne de 2 autres sur le Pas-de-Calais, et pour chaque tonne de bombes lâchée sur des batteries côtières à l'ouest du Havre, 2 autres sont larguées au nord. L'effort total se solde par quelque 200 000 sorties, et plus de 195 000 tonnes de bombes. En neuf semaines, les Alliés ont perdu 1 953 avions et plus de 12 000 aviateurs.

6

6 *Insigne de casquette de l'armée de l'air néo-zélandaise. En 1945 environ 41 000 ressortissants de ce pays étaient enrôlés dans la RAF.*

MONTGOMERY

Bernard Law Montgomery est né le 17 novembre 1887. Fils d'un ecclésiastique londonien, il passe son enfance en Tasmanie, où son père est nommé évêque en 1889. Après des études à l'école Saint-Paul de Londres, il entre à Sandhurst en 1907 puis s'engage dans l'infanterie. Affecté au front ouest pendant toute la Première Guerre mondiale, il est sévèrement blessé en 1914 et termine la guerre comme chef de bataillon et officier d'état-major général de division. Entre les deux guerres, il est instructeur à l'École supérieure de guerre, en Irlande d'abord, puis en Palestine et en Inde. Au début de la Seconde Guerre mondiale, Montgomery est général de division, rattaché à un corps d'armée commandé par le général sir Alan Brooke, et participe à la campagne de France. Évacué avec ses hommes à Dunkerque, il fait bonne impression au cours de la campagne de 1940. Avec le soutien de Brooke, Montgomery est promu général de corps d'armée. En août 1942, il prend le commandement de la 8e armée stationnée en Égypte. Il la mène alors à travers le désert jusqu'aux campagnes de Tunisie et aux débarquements en Sicile et en Italie ; il est alors promu général d'armée. En décembre 1943, Montgomery est nommé commandant du 21e groupe d'armées en vue du débarquement en Normandie et de la campagne en Europe ; en septembre 1944, il est promu maréchal. Commandant prudent et méticuleux, il inspire des sentiments toujours violents de dévouement ou d'antipathie, son orgueil et sa maladresse politique provoquent souvent embarras et difficultés. Anobli en 1946, il prend le titre de vicomte Montgomery d'Alamein, et succède à Brooke au poste de chef d'état-major général impérial. En 1951, il devient l'adjoint au commandant suprême des forces atlantiques en Europe, poste qu'il occupera jusqu'à sa retraite en 1958. Il meurt le 24 mars 1976.

1

2

3

4

1 *Le maréchal Montgomery.* (IWM : B 5339)

3 *Au-dessus de l'Europe, en juin 1944, un bombardier Mitchell de la RAF atteint sa cible. L'activité aérienne couvre une zone très large afin de maintenir les Allemands dans l'incertitude quant au véritable lieu du débarquement.* (IWM : CL 217)

4 *Mitrailleur arrière de bombardier britannique en alerte.*

divisions formeront la première vague et 4 autres débarqueront sous 24 heures, mobilisant 4 500 navires et péniches de débarquement. Cette exigence est typique de Montgomery qui choisit de limiter les pertes plutôt que de prendre des risques pour battre l'ennemi. La plupart des troupes américaines étant stationnées dans l'ouest de l'Angleterre, il semble logique de les débarquer sur les plages situées de part et d'autre de l'embouchure de la Vire et baptisées *Utah* et *Omaha*. Canadiens et Britanniques débarqueront sur des plages nommées *Gold*, *Juno* et *Sword*, qui s'étendent vers l'est jusqu'à l'embouchure de l'Orne. Pour protéger les flancs, Montgomery exige l'appui de 2 divisions aéroportées, l'une britannique, l'autre américaine. La réponse américaine est caractéristique : il aura non pas une mais 2 divisions pour son flanc ouest.

LE PLAN DE DÉBARQUEMENT

Il avait fallu des années d'organisation et d'entraînement pour rendre possible l'*Opération Overlord*. Sa mise au point demandera près de cinq mois au *SHAEF* et au 21e groupe d'armées. Côté allemand, chargé de repousser le débarquement, Rommel

5

travaille d'arrache-pied, improvisant défenses et obstacles sur toutes les plages menacées, et renforçant le mur de l'Atlantique. Comme la plupart des Allemands, Rommel estime que le Pas-de-Calais sera le site du débarquement, mais que quelque soit le lieu choisi, le premier jour sera décisif : « Pour les deux camps, insiste-t-il, ce sera le jour le plus long. »

En avril, Montgomery décide que les débarquements doivent avoir lieu à mi-marée pour permettre aux péniches de débarquement d'approcher du rivage et éviter les principaux obstacles. Les premières vagues d'assaut seront constituées de brigades spéciales. Composées de sapeurs et de chars amphibies associés à l'infanterie, elles seront chargées de nettoyer les plages et d'effectuer une percée vers l'intérieur. Jusqu'ici les Alliés avaient privilégié un débarquement de nuit pour protéger les péniches et les navires d'une attaque ennemie.

Montgomery préconise une attaque de jour pour permettre à l'aviation et à la marine d'appuyer l'assaut de leur feu. Tenant compte des marées, les flottes alliées traverseront la Manche à la nuit tombée et les débarquements auront lieu une heure après l'aube, précédés d'un bombardement. Pour réussir, l'assaut aéroporté (le plus important jamais envisagé de nuit) devra avoir lieu par pleine lune. Une conjonction lune-marée-vent-météo est prévue du 5 au 7 juin. Eisenhower décide que le Jour-J sera le 5. Montgomery prévoit la libération de Caen dès le premier jour par la 2e armée britannique qui poussera ensuite ses blindés aussi rapidement que possible vers le terrain dégagé au sud tandis que la 1re armée américaine se déploiera vers l'ouest du Cotentin avant d'investir Cherbourg au nord. L'espace dégagé permettra de déployer les troupes. Montgomery pense ainsi se rendre maître de la Normandie avant fin juin. Les troupes alliées seront alors suffisamment nombreuses pour fournir à Eisenhower une base solide en France, lui permettant de poursuivre sa campagne. Dans le cadre de l'opération, le 21e groupe d'armées estime que les Allemands auront été repoussés sur l'autre rive de la Seine environ trois mois après le débarquement.

Une fois l'opération de débarquement enclenchée et la progression des Alliés vers l'intérieur établie, le principal souci de Montgomery sera d'empêcher Rommel de rassembler suffisamment de blindés pour lancer une de ses contre-attaques cinglantes habituelles. La plus grande crainte demeure cependant que les Allemands découvrent les date et lieu du débarquement, ce qui lancerait les Alliés contre des forces d'une supériorité numérique écrasante.

FORTITUDE

Malgré leur courage et leurs qualités de combattants dans la guerre de l'ombre, celle du renseignement et de l'espionnage, les Allemands ne parviendront jamais à percer le secret entourant les préparatifs du débarquement allié. Dès avril les côtes anglaises sont totalement interdites aux civils, et à l'exception des Américains, aucun diplomate étranger ne peut entrer ou sortir du pays. Un nom de code spécial, *Neptune*, est attribué à tous documents portant la date ou le lieu du débarquement. Pour renforcer la sécurité, est créée, au-dessus de top secret, une nouvelle catégorie de documents classés *Bigot*. Mais il y aura quelques sueurs froides. Certains documents secrets seront retrouvés dans un bureau de poste à Chicago ou dans un compartiment de train à Exeter. D'autres s'envoleront d'une fenêtre ouverte des bureaux de Whitehall. L'événement le plus macabre eut lieu en mai à Slapton Sands : 10 officiers, dans le secret, disparurent avec 700 hommes, en participant à un exercice d'entraînement américain. Ils avaient pris place à bord de 2 navires de débarquement coulés par des

2 *Corvée allemande sur le mur de l'Atlantique, ces soldats se préparent à poser des mines de type Teller le long des lignes de barbelés. D'après leurs dimensions, ce pourraient être des Teller 42 (première mine antichar allemande), d'environ 31 cm de diamètre et contenant 6 kg d'explosif (TNT ou Amatol). Il fallait une pression de 120 à 200 kg pour les déclencher.* (Bundesarchiv)

5 *Obstacles de plage posés avant le débarquement et que l'on voit ici à marée basse à Cherbourg. Ils sont destinés à percer la coque des péniches de débarquement ; photo prise par un avion de reconnaissance allié.* (Library of Congress)

6

7

6, 7 *Affiches américaines soulignant la nécessité pour chacun de respecter les exigences de secret en temps de guerre. Comme le précise un slogan anglais : « Une indiscrétion peut tuer ! »*

1, 2, 4, 8 *Les zones côtières où s'entraînent les troupes d'invasion sont classées « zones interdites ». Le secret y est de règle et les mouvements de civils sévèrement contrôlés. Pourtant le 28 avril 1944, 2 flotilles de torpilleurs allemands attaquent des péniches de débarquement d'infanterie au large de Slapton Sands dans le Devon, tuant plus de 600 GIs et en blessant de nombreux autres.* (US National Archives)

1

2

3

3 *L'embuscade tendue aux troupes de Slapton par les E-boote allemands est peut-être due à une parole irréfléchie tombée dans l'oreille d'un agent ennemi.*

torpilleurs allemands. Jusqu'à ce que tous les corps aient été retrouvés, il fut impossible de savoir si certains avaient été capturés par les Allemands. Plus curieux, ces mots-croisés publiés fin mai dans un journal anglais, et dont les solutions comportaient des noms de code du débarquement : le compilateur innocent en fut le premier surpris.

Les Allemands voyaient bien qu'une offensive se préparait ; dès janvier l'amiral Canaris, chef des renseignements militaires allemands, connaissait le nom de code *Overlord* et les messages devant alerter la Résistance. Restait à découvrir la puissance des forces alliées et le lieu probable du débarquement. Ordre est donné aux agents allemands en Angleterre de signaler tous mouvements et toutes localisations de troupes. En fait, à l'insu des Allemands leurs agents avaient tous été repérés et retournés par les Anglais bien avant 1944 et rédigeaient leurs messages sous la dictée des officiers du service de renseignements : le Comité des XX, la double croix signifie trahison (*double-cross*). Le travail de ce comité n'est qu'un aspect d'une opération d'intoxication beaucoup plus vaste, l'*Opération Fortitude*, destinée à tromper les Allemands sur le choix du site du débarquement. À coups d'agents doubles, d'entrefilets inventés pour les journaux, d'émissions radiophoniques truquées, de faux baraquements… les Allemands en viennent à surestimer du simple au double les forces alliées en Angleterre. Une 4e armée britannique inexistante est créée dans le nord de l'Angleterre dans le cadre de *Fortitude Nord*. Cette menace d'invasion contre la Norvège immobilisera 27 divisions allemandes en Scandinavie. *Fortitude Sud* prévoit le débarquement dans le Pas-de-Calais

4

5

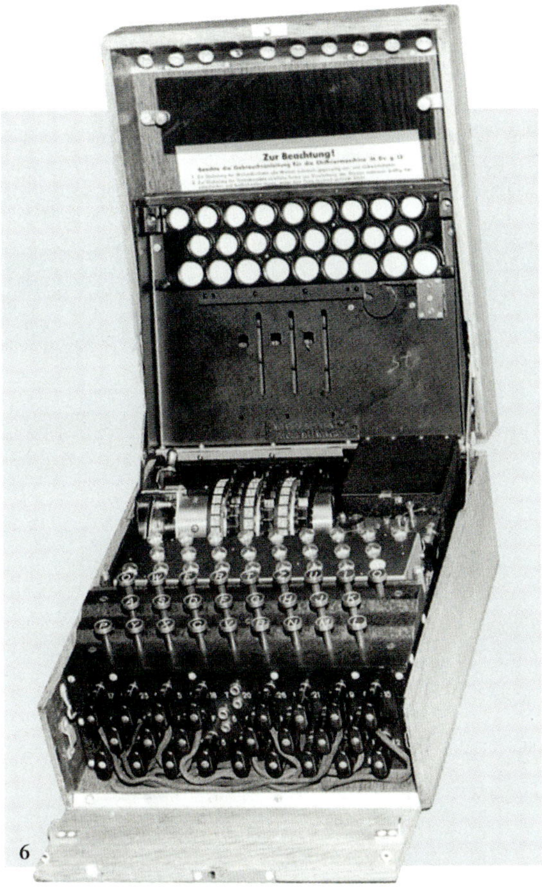
6

du 1er groupe d'armées américain (*FUSAG*), mélange d'unités fictives et de divisions bien réelles. Le commandant présumé de *FUSAG* est celui que les Allemands craignent le plus, le général Patton. Personnage controversé, en mauvais termes avec Montgomery, Patton est admiré pour ses qualités et son agressivité guerrières. Plusieurs semaines après le Jour-J, les Allemands resteront persuadés que *FUSAG* et Patton sont toujours prêts à débarquer dans le Pas-de-Calais.

6 *Pour coder les informations, les Allemands utilisent Enigma qui est une machine à écrire électrique. L'opérateur manipule 3 rotors sur le clavier pour obtenir un code jugé indéchiffrable, mais que les Alliés réussiront cependant à déchiffrer.* (IWM : MH 27174)

7

LE SECRET D'ULTRA

Une grande partie du travail de renseignement des protagonistes consistait à intercepter et à décoder les signaux radio de l'ennemi, porteurs d'informations souvent essentielles. Avant la guerre, les forces armées, le service diplomatique et même la police et les chemins de fer allemands avaient adopté un système mécanique de codage basé sur un dispositif ressemblant à une petite machine à écrire portative nommé Enigma. Ces chiffres étant théoriquement indécodables, les Allemands s'y fieront jusqu'à la fin de la guerre. Les premières tentatives pour déchiffrer Enigma furent menées par les Polonais, puis par les Français et les Anglais de l'École des codes et des chiffres gouvernementaux (GCCS) de Bletchley Park, au nord de Londres. L'opération de déchiffrage s'effectuait avec une calculatrice électronique rudimentaire. Les informations provenant de Bletchley furent baptisées *Ultra*, et jusqu'à la fin de la guerre (et au-delà) ce fut le secret le mieux gardé, connu seulement des commandants alliés les plus haut placés. *Ultra* était un atout considérable, insuffisant cependant à donner à lui seul la victoire. Les messages fournis demandaient souvent une interprétation prudente, il s'agissait surtout d'informations de routine sur la taille, la puissance et la localisation des forces allemandes. Informations particulièrement précieuses pour la mise en place du débarquement en Normandie. Apprendre par exemple la présence d'officiers de liaison de la *Luftwaffe* aux côtés de divisions de l'armée pouvait fournir d'importantes indications.

8

5 *Sous un filet de camouflage qui les protège contre une éventuelle détection aérienne, dernier repas chaud pour ces GIs avant les rations froides « C » et « K » qui les attendent à bord des navires de débarquement.* (UPI/Bettmann)

7 *De même, les tankistes britanniques protègent leur Sherman des yeux indiscrets.* (US National Archives)

1 *Lors des préparatifs du débarquement, ces artilleurs américains surveillent le chargement d'une pièce sur un LST (*landing ship tank*). Très vulnérables, ces navires de 1 625 tonnes étaient surnommés « Large Slow Targets » (lents et simples à toucher).*
(US National Archives)

1

4 *Vue du pont : les étoiles à 5 branches sur les bâches des véhicules permettront aux chasseurs alliés de les identifier.*
(US National Archives)

LES PROBLÈMES

Les renseignements obtenus par *Ultra* combinés à l'interception de messages radio, aux photographies aériennes, au travail d'agents et d'observateurs, aux renseignements recueillis par la Résistance permettront d'identifier la quasi totalité des divisions allemandes affectées à la défense de la Normandie et du mur de l'Atlantique. Constituées pour la plupart de formations fixes et de troupes de second ordre sans moyen de transport, leur tâche consiste à tenir. Mais l'identification de la seule 21e *Panzerdivision* près de Caen inquiètera. Le débarquement et l'avancée face aux défenses du mur de l'Atlantique, qualifiés d'« Opération Bain de sang » par un officier britannique, repose sur la puissance de feu appuyant les forces alliées. Eisenhower veut être assuré que troupes et ravitaillements pourront traverser la Manche sans être gênés par les sous-marins et torpilleurs allemands. C'est à Ramsay et à ses 2 corps expéditionnaires qu'incombe l'immense responsabilité du soutien des plages de débarquement des troupes britanniques à l'est et américaines à l'ouest. Près de douze heures avant les premiers débarquements, des dragueurs de mines sont chargés, au large de la côte normande, de dégager des chenaux vers les plages. Quelques unités navales de soutien doivent, depuis Scapa Flow dans les Orcades et à l'insu des Allemands, contourner l'Écosse jusqu'aux plages choisies pour le débarquement. Les bâtiments de guerre de Ramsay, anglais à 80%, dépendent étroitement de la couverture aérienne qui est sans conteste la clé de la bataille de Normandie. Dès avril, l'aviation alliée attaque les transports français, forçant la *Luftwaffe* à accepter le combat pour les défendre. Le 6 juin, il reste moins de 300 chasseurs allemands face à l'armada de Leigh-Mallory. Aussi longtemps qu'elle contrôlera le ciel de France, l'aviation alliée pourra empêcher ou ralentir l'apport de renforts allemands en Normandie et appuyer la progression alliée. Mais l'aviation a besoin d'espace et d'aérodromes en Normandie pour accueillir les chasseurs et chasseurs-bombardiers de la 2e *Tactical Air Force* anglaise et la 9e *Air Force* américaine. Tedder et son aviation chercheront à soutenir plutôt qu'à contrôler les opérations terrestres de Montgomery, mais ils sont néanmoins conscients du poids de leur responsabilité. Ils seront ceux qui critiqueront le plus sévèrement la manière dont Montgomery mena la bataille de Normandie.

4

SPECIAL ORDER OF THE DAY
TO THE OFFICERS AND MEN OF THE
ALLIED NAVAL EXPEDITIONARY FORCE.

It is to be our privilege to take part in the greatest amphibious operation in history—a necessary preliminary to the opening of the Western Front in Europe which in conjunction with the great Russian advance, will crush the fighting power of Germany.

This is the opportunity which we have long awaited and which must be seized and pursued with relentless determination: the hopes and prayers of the free world and of the enslaved peoples of Europe will be with us and we cannot fail them.

Our task in conjunction with the Merchant Navies of the United Nations, and supported by the Allied Air Forces, is to carry the Allied Expeditionary Force to the Continent, to establish it there in a secure bridgehead and to build it up and maintain it at a rate which will outmatch that of the enemy.

Let no one underestimate the magnitude of this task.

The Germans are desperate and will resist fiercely until we out-manœuvre and out-fight them, which we can and we will do. To every one of you will be given the opportunity to show by his determination and resource that dauntless spirit of resolution which individually strengthens and inspires and which collectively is irresistible.

I count on every man to do his utmost to ensure the success of this great enterprise which is the climax of the European war.

Good luck to you all and God speed.

B. H. Ramsay

ADMIRAL.
ALLIED NAVAL COMMANDER-IN-CHIEF,
EXPEDITIONARY FORCE.

NAVAL COMMANDER
- 3 JUN 1944
FORCE G

2

3

2, 3 *L'amiral britannique Bertram Ramsay est le commandant en chef de la marine alliée lors de ce qu'il qualifie, dans son ordre spécial du jour, d'« opération amphibie la plus grandiose de l'Histoire. » Près de 80 % des navires de guerre étaient britanniques. En janvier 1945, Ramsay se tue dans un accident d'avion.*
(IWM : A 23443)

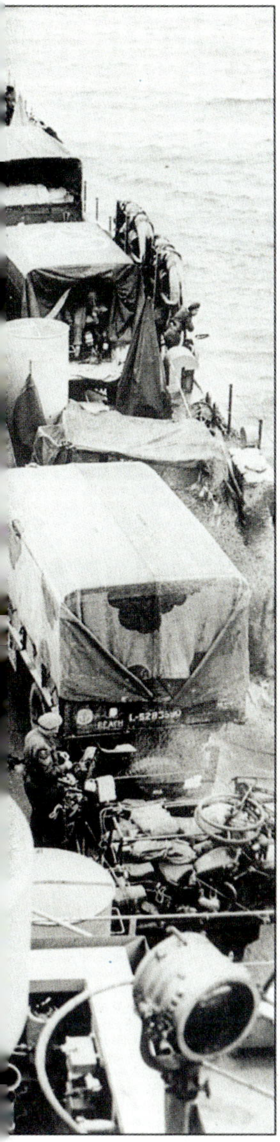

5

5 *Quelques-unes des 4 000 péniches de débarquement.* (IWM : A 23730)

6 *Un centre nerveux : la salle d'enregistrement et de traitement au QG du* SHAEF *à Londres.*

7 *Le journaliste américain Ed Murrow parle du débarquement à la radio. À ses côtés, un censeur du ministère anglais de l'Information est prêt à l'interrompre dès qu'il aborde un sujet classé.* (US National Archives)

8 *Une partie de l'armada assemblée. Le gros paquebot est peut-être un navire-hôpital.*

9 *Début d'un message d'un des commandants de la force navale :« Le jour tant attendu est enfin arrivé… »*

6

7

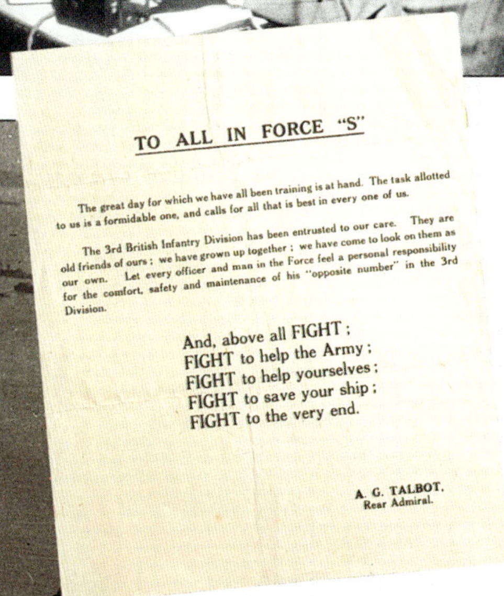

TO ALL IN FORCE "S"

The great day for which we have all been training is at hand. The task allotted to us is a formidable one, and calls for all that is best in every one of us.

The 3rd British Infantry Division has been entrusted to our care. They are old friends of ours; we have grown up together; we have come to look on them as our own. Let every officer and man in the Force feel a personal responsibility for the comfort, safety and maintenance of his "opposite number" in the 3rd Division.

And, above all FIGHT;
FIGHT to help the Army;
FIGHT to help yourselves;
FIGHT to save your ship;
FIGHT to the very end.

A. G. TALBOT,
Rear Admiral.

9

8

LA PUISSANCE MARITIME

La partie navale de l'*Opération Overlord*, *Neptune*, fut la plus grande opération de ce genre jamais entreprise. La flotte de débarquement compte 7 cuirassés, 23 croiseurs, 3 torpilleurs, 2 moniteurs, 105 destroyers, plus de 1 000 vaisseaux de guerre et enfin plus de 4 000 navires et péniches de débarquement accompagnés de 864 navires marchands transportant troupes et ravitaillement.

Seule la suprématie navale alliée dans les eaux européennes et en Atlantique rendait possible l'*Opération Overlord*. Suprématie conquise après des années de combats acharnés contre les Allemands. En juin 1944, on peut considérer la bataille de l'Atlantique comme gagnée. Les principales unités de la marine allemande ont été coulées, discréditées aux yeux d'Hitler, les rescapées se terrent en Norvège.

Vital, l'approvisionnement en hommes et matériel depuis les États-Unis s'effectue grâce aux Liberty-ships. Construits pendant la guerre à quelque 2 700 exemplaires, ils sont de mieux en mieux entraînés à répondre aux attaques groupées des sous-marins et sont escortés par d'importantes forces navales. Les appareils de l'aviation côtière de la RAF renforcent encore leur protection.

La victoire dans l'Atlantique devint éclatante lorsque l'amiral Dönitz en retira ses sous-marins pour former 2 unités de défense, l'une, *Landwirt*, basée en France, l'autre, *Mitte*, en Norvège. Jusqu'au dernier moment, Hitler fut convaincu que le débarquement principal aurait lieu dans le Pas-de-Calais ou en Norvège.

Au large des côtes normandes, les navires de ravitaillement alliés sont exposés aux destroyers, aux torpilleurs allemands, et aux mines. Plus de 100 dragueurs de mines œuvrent le long du mur de l'Atlantique et dans la Manche. Contre les forces alliées massées en Manche, les Allemands n'opposent que 5 destroyers, une trentaine de torpilleurs, leurs propres dragueurs de mines ainsi qu'une centaine de patrouilleurs et d'avions. Sur la façade atlantique de Brest à Bayonne, ils alignent 5 autres destroyers, des dragueurs de mines et 60 patrouilleurs. L'*Opération Neptune* est une formidable victoire pour les auteurs du plan qui avaient vu juste et réussi à contrecarrer les efforts des forces navales allemandes. Seuls présentaient quelque danger les rares sous-marins allemands équipés d'un système d'aération (*schnorkel*). Les destroyers allemands furent tenus à distance, et quelques raids isolés, des attaques aériennes et des mines furent la principale cause des pertes navales alliées au cours du mois de juin. Un grand nombre de navires s'en tirèrent de justesse, mais dans l'ensemble ce furent les Alliés qui menèrent la danse.

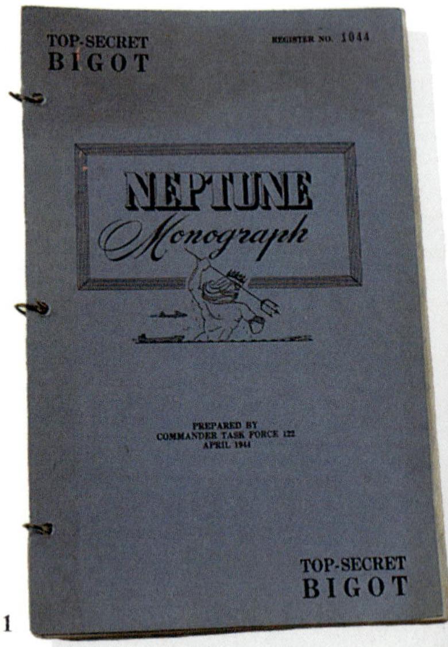

1

2

En 1944, les sous-marins allemands rescapés se regroupent dans des abris blindés le long des côtes norvégiennes et françaises. Cette affiche les considère toujours comme une menace. (Keystone)

3

4

2, 3 *En 1944, les sous-marins allemands rescapés se regroupent dans des abris blindés le long des côtes norvégiennes et françaises. Cette affiche les considère toujours comme une menace.* (Keystone)

1 *Monographie sur l'*Opération Neptune *classée* Bigot *: niveau de secret maximum.*

4 *Près de 150 grands navires de guerre, allant du cuirassé au destroyer, protègent l'armada. Parmi ceux-ci, le croiseur lourd (9 050 tonnes) USS* Augusta *(CA.31) avec ses 9 pièces de 203 mm.*
(US National Archives)

5

5 *Des marins anglais au poste de pilotage d'un LCA (péniche d'assaut) transportant des GIs vers un navire de transport, la veille du Jour-J.*
(US Army)

6 *Des péniches d'assaut foncent vers une plage de débarquement. Ces petites embarcations traversaient la Manche à bord de navires plus importants spécialement conçus pour les opérations amphibies, tels le LSD américain (*landing ship dock*).*

6

7

7 *Le LST (navire de débarquement de chars) n° 289. Construit aux États-Unis mais remis à la* Royal Navy *avant le Jour-J, ici à côté d'un navire de ravitaillement dans un port anglais.*
(US National Archives)

La nomenclature portée sur cette carte est traduite à la fin de l'ouvrage dans l'encadré sur les forces en présence.

1

2

3

1 *Cette carte indique en rouge les routes suivies par la flotte alliée, la 1re armée américaine en direction des plages d'*Utah *et d'*Omaha*, les Britanniques et les Canadiens vers* Gold, Juno *et* Sword*. On notera, à droite, les leurres* Glimmer *et* Tractable *mis en place. Quelques bateaux accompagnés d'avions largant de la « paille »* (chaff) *pour troubler les radars, font croire aux Allemands que d'autres forces se dirigent vers Le Havre et Boulogne. Les positions des unités allemandes le 6 juin sont indiquées en noir.*

2 HELL *(enfer), une manière originale pour certains marins américains d'anticiper l'accueil désagréable réservé aux Alliés !*

LES DERNIÈRES HEURES

Peu avant le Jour-J, Eisenhower déménage l'état-major *SHAEF* à Southwick House près de Portsmouth, lieu de rassemblement des dirigeants alliés. Le 25 mai, tandis qu'on effectue les derniers chargements dans les chalands et les péniches de débarquement, les troupes de la première vague rejoignent leurs points d'embarquement, où elles seront coupées du monde extérieur. Elles reçoivent leurs dernières consignes. Les hommes apprennent enfin leur destination et la date fixée. Quelques jours plus tard, commencent les premières manœuvres d'embarquement. Eisenhower est désormais entièrement préoccupé par la météo, car le beau temps prend fin le 1er juin. Un grand beau fixe est indispensable à la réussite d'*Overlord*. De nombreux observateurs allemands sont tout à fait convaincus qu'Eisenhower ne se risquera pas à lancer l'opération sans disposer de 4 ou 5 jours de ciel dégagé.

Le 3 juin, le débarquement étant encore fixé pour le 5, les premières unités navales commencent à se déployer. Informé dès le lendemain matin de l'annonce d'une tempête sans précédent depuis vingt ans, sur la Manche, Eisenhower se voit contraint de reporter le débarquement de 24 heures. Ce qui demeure envisageable, mais des opérations aussi élaborées ne peuvent être différées plus longtemps. Un second jour de retard reporterait l'opération à la mi-juin ou même en juillet. Sur les navires et dans les camps, dans l'attente du départ, les hommes jouent aux cartes ou aux dés, écrivent des lettres, lisent, bavardent ou se contentent de regarder dans le vide. Embarqués depuis bientôt une semaine certains infortunés sont malades à cause de la puanteur et de la houle qui les secoue. Partis à l'heure prévue, avant le report décidé par Eisenhower, certains bâtiments à destination de la plage d'*Utah* sont déçus d'avoir à faire demi-tour.

Le 4 juin à 21h30, Eisenhower a réuni les chefs d'état-major Tedder, Ramsay, Leigh-Mallory et

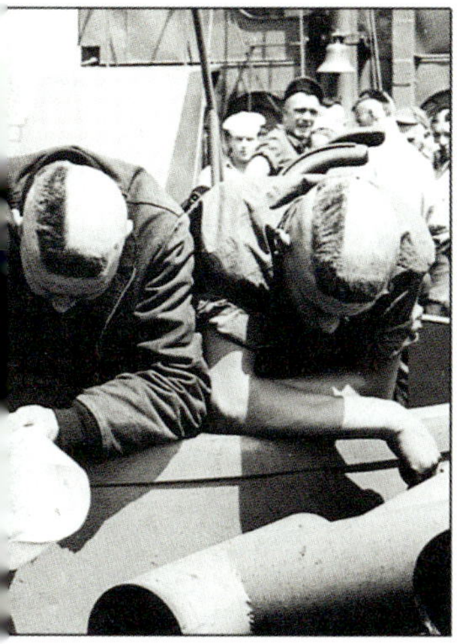

4

3 *Une partie des troupes ont été larguées le 6 juin au matin depuis ces planeurs anglais Horsa parqués entre 2 lignes de bombardiers Halifax chargés de les remorquer.* (IWM : CL 26)

4 *L'appel, ultime contrôle des GIs et de leur matériel. Noter la charrette de matériel que tirent les hommes au premier plan : les forces aéroportées utilisèrent ce genre d'appareil.*

5 *Les mauvaises conditions météorologiques condamnent certains des hommes entassés à bord d'un navire du débarquement, à passer plusieurs jours éprouvants.* (US National Archives)

5

Montgomery (Bedell Smith est également là). Ils écoutent un dernier bulletin météorologique. Une éclaircie est prévue en Normandie pour la nuit du 5 juin jusqu'au 6 au matin, suivie d'un nouveau passage nuageux. Eisenhower prend conseil. En raison du temps incertain, Tedder et Leigh-Mallory ne veulent pas prendre de risques ; Ramsay et Montgomery, eux, sont partants. Eisenhower réfléchit. « Je suis persuadé qu'il faut donner l'ordre, dit-il lentement, je n'aime pas cela, mais voilà. Je ne crois pas que nous ayons le choix. » Les heures passent, les prévisions se confirment : le mardi 6 juin sera le Jour-J.

Une fois la décision prise dix-huit mois plus tôt à Téhéran, Churchill avait mis toute sa formidable énergie à préparer *Overlord*. Il avait même voulu monter à bord d'un navire britannique de débarquement. Mais à la nuit tombante, en ce 5 juin 1944, l'angoisse le reprend : « Rends-toi compte, dit-il à sa femme, il pourrait y avoir 20 000 tués d'ici que tu te réveilles. »

6

6 *LST américain (*landing ship tank*) prêt à relever la rampe, ultime manœuvre avant le périlleux voyage vers les plages normandes.* (US National Archives)

-337726
C

LE SAUT DANS LA NUIT

En investissant les villages, les ponts et les points névralgiques situés de chaque côté du front de débarquement, les 3 divisions aéroportées alliées ont pour mission d'empêcher les renforts allemands d'intervenir dans la zone de débarquement. La 101e division aéroportée américaine, les *Screaming Eagles*, se compose de 3 régiments formés chacun de 3 bataillons d'infanterie parachutiste. La 82e division aéroportée, *All American*, est formée de 3 régiments de parachutistes et d'un régiment d'infanterie transporté par planeur. La 6e division aéroportée britannique compte 2 brigades d'un régiment formé en 1940 (dont un bataillon canadien), les célèbres « Diables Rouges » reconnaissables à leur béret rouge, et d'une brigade aéroportée de fantassins spécialement entraînés à l'atterrissage en planeur. Chaque parachutiste emporte jusqu'à 45 kg de matériel, sanglé si serré qu'il ne peut s'asseoir et qu'il risque de se blesser lors du parachutage. Les troupes transportées par planeur sont soumises à un atterrissage forcé obligatoire. Évanouis ou simplement étourdis par le choc, seuls les plus rapides auront des chances de récupérer assez vite pour se battre.

De nuit, une flotte de 1 087 appareils, principalement des Dakota C-47 américains et quelques Stirling et Albermarle anglais, larguent les hommes sur l'objectif. Cependant le potentiel allié n'est pas suffisant pour transporter les 3 divisions. Chacune commence par envoyer ses parachutistes, les renforts et les armes lourdes devant être acheminés ultérieurement par planeur. Le largage s'effectue à une altitude maximale de 100 m et à une vitesse inférieure à 190 km/h sous les tirs de la DCA allemande. Moins vulnérables la nuit, les avions alliés ont plus de mal à repérer l'objectif. Pessimiste, Leigh-Mallory avertit Eisenhower que, de nuit, ses 2 divisions risquent des pertes pouvant atteindre 80 %.

1

3

Page précédente : *Vue aérienne d'un bombardier Bœing B-17 Forteresse en vol.*

1 *Hitler en conférence avec le* Generaloberst *Alfred Jodl, chef de l'état-major opérationnel de la* Wehrmacht. *Tous deux mettront du temps à comprendre que le débarquement a vraiment lieu en Normandie.* (Keystone)

2

2 *Écusson en tissu ornant le calot des forces américaines aéroportées envoyées à l'étranger.*

4 *Lors des alertes aériennes, les projecteurs dessinent des cônes de lumière.* (US National Archives)

Les avions, portant chacun des unités de 15 à 18 parachutistes ou remorquant les premiers planeurs, décollent pour la France avant la tombée de la nuit en ce 5 juin 1944. Au QG de la 101e division aéroportée, Eisenhower échange quelques mots avec les hommes, une heure avant de les regarder décoller. Peu après minuit, les escadrilles d'éclaireurs chargées de baliser les zones d'atterrissage, de dégager les obstacles et de préparer la voie aux formations d'assaut survolent leurs objectifs. Au commandement, les hommes sautent. Le capitaine Frank Lillyman, commandant les éclaireurs de la 101e division aéroportée, eut l'honneur d'être le premier parachutiste allié en France.

3 *Au lendemain du Jour-J, toutes les unités aéroportées, dont les 82e et 101e* Airborne *américaines et la 6e* Airborne *britannique, intégreront la 1re armée aéroportée alliée, ici passée en revue par le général Eisenhower.* (UPI/Bettmann)

4

6 *Douglas C-47 Skytrains (« trains célestes », Dakotas pour les Anglais) survolant la flotte de débarquement. Avion de transport préféré des Américains, il est capable de transporter 28 parachutistes.* (US National Archives)

6

7

5

5 *Équipement d'un parachutiste de la 82*[e] Airborne *américaine prêt à sauter. Il porte l'insigne de sa division sur l'épaule gauche. En Normandie, les parachutistes américains portent, à droite, en signe d'identification, un insigne aux couleurs des États-Unis. La poche ventrale contient le parachute de secours, au-dessus, une lampe électrique et des grenades à main M1 sont accrochées à un anneau. Autres armes visibles : un fusil dans son fourreau qui n'est pas le modèle escamotable de la M1A1 conçu pour les parachutistes, et un couteau de combat fixé à son mollet droit.*

7 *Ailes du parachutiste américain qualifié : insigne à porter sur la poche de poitrine gauche de la tenue de campagne.*

LA RÉSISTANCE FRANÇAISE

En Normandie, de nombreux résistants sont capturés ou tués par les Allemands au cours des quatre années durant lesquelles ils espèrent et préparent la Libération. La Résistance n'est pas un système unique mais un regroupement libre de divers courants. En mai, les Forces françaises de l'intérieur (FFI) installent un QG en Angleterre, placé sous les ordres du général Joseph Koenig, pour diriger la Résistance. Ce travail se fera en coordination avec le *British Special Operations Executive* (SOE), le *Special Air Service* (SAS) et l'*Office of Strategic Services* américain (OSS). Sur le terrain, des résistants recueillent les informations détaillées indispensables pour préparer l'attaque alliée. Les modifications apportées par les Allemands aux défenses de *Pegasus bridge*, rasant 2 bâtiments pour améliorer le champ de feu, seront communiquées par la Résistance et apparaîtront dans le briefing britannique dès le lendemain. En revanche, d'autres messages arriveront trop tard, notamment l'arrivée le 5 juin près de Carentan d'une nouvelle batterie de la DCA allemande qui, au cours de la nuit, détruira plusieurs avions américains. Les groupes de résistance seront avertis du débarquement par des messages radio codés émis par la BBC dans la nuit du 4 au 5 juin. Le plus célèbre, « les sanglots longs des violons de l'automne blessent mon cœur d'une langueur monotone » (Verlaine), est capté par les Allemands de la XVe armée dans le Pas-de-Calais, aussitôt mise en alerte, mais pas par la VIIe armée en Normandie. La jonction avec les parachutistes de groupes de résistance, la nuit du débarquement, est jugée trop aléatoire, mais beaucoup se sont vu assigner des tâches spécifiques de soutien. Une équipe est chargée de couper le câble téléphonique reliant Cherbourg au monde extérieur. À la gare de Caen, les pompes à eau sont détruites et les machines sabotées par le chef de gare et son personnel ; d'autres font sauter des rails un peu partout en Normandie. Des parachutistes isolés combattront pendant des semaines, voire des mois, aux côtés de la résistance locale avant de rejoindre leur unité. Au cours de la nuit du 5 au 6 juin de nombreux Normands vont s'armer pour se joindre aux troupes aéroportées.

1

1 *Un groupe de résistants à bord d'un fourgon marqué de la croix de Lorraine.* (IWM : B 9420)

2

2 *Cette famille française encourt de lourdes peines en écoutant la radio sur un poste de fabrication artisanale. Les messages codés de la BBC alerteront les résistants de l'imminence du débarquement.* (IWM : B 8704)

3

3 *L'Affiche rouge, affiche de propagande pro-nazie dénonçant les « héros » de la Résistance comme de sanguinaires criminels d'origine étrangère.*

LES SCREAMING EAGLES

Les zones d'atterrissage de la 101e division aéroportée se trouvent près d'*Utah beach*, à moins de 2 km de l'endroit où les dunes laissent la place à une zone de marais. La 101e doit se poser à l'ouest de cette zone et protéger 4 digues d'accès à la plage, ainsi que des ponts et des lieux de franchissement de la Vire et de son affluent, la Douve, près de Carentan. Il lui faut également empêcher les Allemands de couper *Utah beach* d'*Omaha*, à l'extrémité opposée de l'estuaire de la Vire. Mais les choses sont mal engagées dès le départ. Nuages bas et brouillard désagrègent les formations et les pilotes s'éloignent de leurs cibles. Plusieurs pilotes de Dakota, zigzaguant pour éviter la DCA allemande, volent trop vite et trop bas pour repérer les zones de largage. Sur les 128 avions éclaireurs seuls 38 atteignent leur cible.

4

4 *Après le débarquement, l'autre camp fait enfin entendre sa voix. Affiche montrant des civils français accueillant les libérateurs alliés.*
(US National Archives)

5

5 *Forteresse Volante ravitaillant des maquisards.*

6

6 *Brassard porté après le débarquement par les Forces françaises de l'intérieur (FFI) qui tenteront d'unifier les forces de la Résistance.*

7

7 *Parachutiste américain embarquant à bord d'un transporteur en route pour la Normandie. Il paraît très chargé, mais une partie est constituée de ses parachutes (principal et de secours). Le poids total du matériel (plus de 20 kg) augmente considérablement les risques de blessure à l'atterrissage. Il porte un pistolet- mitrailleur Thompson M1 et un couteau de combat dans un fourreau fixé à la jambe.*
(US National Archives)

8

8 *Des mannequins comme celui-ci, d'environ la moitié de la taille d'un homme, en toile remplie de sable avec parachute intégré, étaient largués avant les vrais parachutistes afin de semer la confusion parmi les défenseurs. Certains contenaient de petites charges explosives à retardement simulant des coups de feu.*

Cette situation durera toute la nuit et les parachutistes américains largués au-dessus de la Normandie critiqueront violemment les pilotes et le choix du largage de nuit. Certains atterrissent à plus de 30 km de leur objectif, d'autres affirment avoir été parachutés plus près de Paris que des plages. Quelques unités reçoivent l'ordre de sauter alors qu'elles se trouvent encore au-dessus de la mer et périssent noyées, d'autres sont larguées si bas que leurs parachutes n'ont pas le temps de s'ouvrir. Certains tombent dans des zones marécageuses, des villages fortifiés et des bases de défense allemande. Le soir, le bilan est lourd, sur les 6 600 hommes qui quittèrent le sol britannique, 3 500 sont portés disparus.

1 *Insigne à l'aigle* (Screaming Eagle) *de la 101*e Airborne *en souvenir de l'aigle* Old Abe, *mascotte de la* Iron Brigade *de l'armée de l'Union dans la guerre civile américaine.*

5 *Vestes « Ike » de caporal (101*e Airborne*) et de sergent (82*e Airborne*) ; au milieu, une veste de saut. Noter les bottes de saut, la casquette de service étranger et les autres souvenirs de parachutiste.*

Le gros de la première vague de la 101e division aéroportée, composée de 3 régiments de parachutistes, atteint la zone de largage vers 1h30. Mais pas un seul des avions chargés des hommes du 502e parachutiste n'atteindra la zone prévue pour le largage à hauteur des accès nord d'*Utah*. La moitié du régiment atterrira 3 km au sud. Pour faciliter les choses, le colonel Moseley se casse une jambe en atterrissant. L'un des 3 bataillons est si dispersé, tout comme l'artillerie de la division, qu'il ne prendra aucune part au combat. Heureusement, les hommes du lieutenant-colonel Michaelis ont pu se regrouper et investissent les deux accès nord d'*Utah* sans rencontrer une grande résistance. Parmi les actes de bravoure individuels qui permirent aux parachutistes d'affermir leurs positions,

1

5

2

3

4

6

2 *Troupes inspectant l'épave d'un planeur Waco CG-4.*

3 *Planeurs britanniques GA Hamilcar à l'atterrissage. Ce gros planeur pouvait aussi bien transporter un char léger de 7 tonnes que d'autres véhicules ou des troupes pour un poids maximum de 8 tonnes.*
(IWM : B 5198)

il faut citer le sergent Harrison Summers qui anéantit presque à lui seul une caserne allemande à Mézières. Au soir du Jour-J, la jonction est effective avec la force de débarquement sur *Utah*, mais au nord et à l'ouest, on ignore ce qu'est devenue la 82e division aéroportée.

L'intensification des bombardements et la nouvelle des parachutages mettent les unités allemandes de défense de la 709e DI et de la 911e division aéroportée en état d'alerte dès 1h du matin. Les plans des Alliés prévoient des opérations de diversion. Des appareils sont envoyés loin à l'intérieur des terres, dans tout le Nord de la France pour y larguer de faux parachutistes.

4 *Planeurs britanniques Horsa en désordre, mais apparemment intacts dans l'ensemble, sur une zone d'atterrissage. Noter les marques de dérapage.*

6 *Nécessairement frêles, les planeurs se brisent souvent à l'atterrissage. Ici victimes étendues à côté d'un Waco, « wagon de marchandises » capable de transporter 15 soldats entièrement équipés.*
(US National Archives)

La Résistance sème la confusion pour appuyer les armées de libération. De part et d'autre, combattant en groupes isolés, personne ne sait précisément où se trouve l'ennemi. La discipline et la détermination de ces hommes issus d'unités différentes sont exemplaires tout au long de cette nuit de confusion. Chacun sait que sa sécurité et celle des forces de libération qui approchent dépend du succès de sa mission.

Seuls 9 avions du 506e parachutiste larguent leurs hommes sur l'objectif, au centre de la division, près des 2 accès sud. Un bataillon entier est à nouveau lâché au mauvais endroit et ne rejoindra ses objectifs qu'au début de l'après-midi. Deux unités parachutées au-dessus de Sainte-Mère-Église seront massacrées par les Allemands. Le général Maxwell Taylor atterrit avec tout son état-major et 85 hommes pour garder les accès sud. « Jamais, dit-il, autant d'hommes n'en auront commandé si peu ! ». Taylor et deux de ses subordonnés prennent l'initiative de former 3 groupes séparés pour couvrir le village commandant les voies d'accès.

Dans la zone située la plus au sud, toutes les troupes, hasard ou bon calcul, atteindront leur objectif. Mais les Allemands avaient déjà déterminé ce site comme aire d'atterrissage potentielle. En mettant le

7

7 *Les troupes aéroportées ne furent pas les seules à arriver en Normandie avant le gros des forces de débarquement. Des sous-marins de poche « X » de 15 m de long avec 4 hommes à bord, réussirent une périlleuse opération de reconnaissance devant les plages. À l'approche de la flotte de débarquement, ils firent surface et leurs feux de couleur clignotants servirent de balises.*
(IWM : A 22903 B)

1 *En raison des retards possibles de ravitaillement au sol, les parachutistes sautent avec un maximum d'équipement personnel. Ce modèle porte un casque en acier recouvert d'un filet de camouflage auquel est attachée une trousse de premiers secours à portée de la main. Une musette en bandoulière, accrochés à la ceinture des poches destinées aux cartouches de fusil, un sac à munitions plus gros, et un étui de pistolet 11,43. Un compas est attaché au poignet gauche. Noter les amples poches aux jambes du pantalon de combat.*

1

2

4

feu à des bâtiments arrosés d'essence, ils illuminent les lieux, tendant un piège mortel aux troupes américaines qui tombent sous le feu conjugué de la DCA, des mortiers et des mitrailleuses. Les bataillons chargés de tenir les ponts sur la Vire et ses affluents perdent tous deux leurs commandants et leurs chefs de compagnie. Cependant un troisième bataillon atterrit quasiment au complet et les survivants, presque tous du 501e parachutiste, investissent la zone déterminée et l'objectif principal, l'écluse de la Barquette sur la Douve. Les parachutistes sont déjà à pied d'œuvre lorsque les premiers planeurs se posent vers 4h du matin. Seuls 6 des 52 planeurs de la première vague atterrissent à l'endroit prévu. Le général adjoint Don Pratt est tué net lors de l'atterrissage brutal de son appareil. Mais tout au long de la journée des retardataires viennent renforcer la division qui se rend maîtresse des 4 accès à *Utah*. À 21h, peu avant la tombée de la nuit, une deuxième vague de 157 hommes à bord de 32 planeurs se pose, déplorant la perte de 44 hommes. Les pertes totales de la division s'élèveront à 182 tués et 537 blessés, mais la plupart des 1 240 hommes portés disparus ne seront jamais retrouvés.

CÔTÉ AMÉRICAIN

À l'origine, le plan de libération prévoyait de parachuter la 82e division au milieu du Cotentin. Mais dix jours avant le débarquement, tenant compte de l'arrivée de la 91e division aéroportée ennemie dans le secteur, le plan est modifié. Son objectif est fixé à l'ouest de la 101e, sur les 2 rives du Merderet près de Sainte-Mère-Église avec mission d'investir la ville et ses alentours avant de pousser plus à l'ouest. Ce qu'ignorent les Américains, et qu'on ne pouvait voir sur les photographies aériennes, c'est que les abords ont été totalement inondés par les Allemands. La moindre erreur jettera les troupes dans un marécage.

Les avions éclaireurs de la 82e division aéroportée survolent leur objectif un peu avant 1h30 et n'auront guère plus de chance que ceux de la 101e. Le 505e parachutiste et le PC divisionnaire, dont l'objectif se trouve situé à l'est du Merderet, sont largués avec précision. Mais les autres, soit n'atteindront jamais leur objectif, soit ne pourront pas l'éclairer avant l'arrivée du gros des troupes de la 82e vers 2h à cause de concentrations allemandes toutes proches.

Grâce à ses éclaireurs et à un chef parachutiste efficace, le lieutenant-colonel Ben Vandervoort, du 2/505e parachutiste à bord du premier avion, et le 505e dans son ensemble atterrissent pratiquement sur l'objectif : dans la zone de saut ou dans un rayon de 3 km. Le général Matthew Ridgway, commandant la division, saute avec son régiment : 30 de ses hommes atterrissent sur la place de Sainte-Mère-Église. Le soldat John Steele reste accroché par son parachute au clocher de l'église. Se faisant passer pour mort, il restera suspendu à son harnais pendant les combats jusqu'à ce que les Allemands s'emparent de lui deux heures après.

2 *Les hommes de la 82e* Airborne *ajustent leur lourd chargement aidés par leurs camarades.*

3 *En Normandie, un fantassin allemand attend l'ennemi.* (Bundesarchiv)

4 *Parachutistes américains en Normandie. Il est évident, surtout par temps couvert, que la tenue léopard des Allemands pouvait être confondue avec la tenue alliée (comparer à* **3***). La confusion qui suivit les atterrissages aéroportés favorisa les incidents entre unités amies.* (US National Archives)

5

6

5 *Insigne de la 82e* Airborne. *Lors de la guerre de 1914-1918, il s'agissait d'une division d'infanterie de tous les états de l'Union, d'où son nom :* All American. *Réactivée comme unité aéroportée lors du second conflit mondial, elle conservera son nom et son insigne.*

6 *Atterrissage réussi : un planeur Waco retourne à sa base. Quelque 9 000 Waco furent utilisés au cours de la guerre de 1939-1945, surtout en Europe.* (US National Archives)

1

Les 2 autres régiments n'ont pas davantage de chance. Le parachutage de la 82e division aéroportée tourne au désastre. Plus de la moitié des hommes du 508e parachutiste est à plus de 3 km de leur objectif et il faudra quatre jours pour que le régiment se reforme. Un tiers atterrira dans le secteur de la 101e et plus de 100 sur un de leurs objectifs. Certains tombent sur Sainte-Mère-Église et les Allemands. Un sort pire encore attend le 507e parachutiste, dernier à atterrir. Après un largage réussi, seuls 48 hommes atteignent la zone désignée. Plus de la moitié du régiment tombera 2 km plus à l'est au milieu des marais. Gênés par le poids des parachutes et du matériel, ils se noient dans 1 m d'eau. Les survivants, complètement perdus, pensent être tombés dans la Douve à 5 km au sud. Le reste du régiment atterrira jusqu'à 40 km de la cible. Les Dakotas n'ont pas encore fait demi-tour que les deux tiers des hommes de la 82e aéroportée sont déjà hors de combat. Ceci étant, le mieux que Ridgway puisse espérer, c'est

2

3

4

1 *Son fusil M1 7,62 sur les genoux, un sergent se repose un instant pendant la progression des parachutistes.*

2 *L'atterrissage pouvait être hasardeux, mais l'arrivée en planeur permettait de déposer au même endroit un escadron de taille relativement importante (jusqu'à 25 hommes dans ce gros Horsa britannique par exemple) là où un parachutage risquait de les disperser.*
(US National Archives)

3 *Les parachutistes du 3/505e infanterie nettoient Sainte-Mère-Église de ses francs-tireurs embusqués, village tombé le Jour-J après des combats intenses.*
(Keystone)

4 *Des hommes de la 82e* Airborne *tombent au centre de la garnison allemande de Sainte-Mère-Église. L'un d'eux assiste, accroché au clocher de l'église, à la bataille qui s'ensuit et en réchappe.*

5 *Dès qu'il est évident que le débarquement du 6 juin n'est pas une diversion, les renforts allemands, comme ce canon antichar automoteur, se dirigent vers la zone des combats. Déjà Rommel avait conseillé d'engager davantage de blindés sur le mur de l'Atlantique pour affronter les Alliés sur les plages, mais Hitler et certains commandants estimaient qu'il fallait tenir d'importantes forces blindées en réserve.*
(Keystone)

6 *Une pause qui permet de se regrouper. De nombreuses unités aéroportées larguées le Jour-J se trouvèrent très dispersées.*
(US National Archives)

de prendre Sainte-Mère-Église, son principal objectif. Sous les ordres du lieutenant-colonel Krause, le 3/505e composé de 1 108 hommes et d'un guide français ivre prend la ville vers 5h du matin. Vandervoort, qui s'est cassé le pied en sautant, réquisitionne une charrette à bras et se fait tirer par 2 hommes de la 101e. Il rejoint les lignes de défense avec ses troupes vers le milieu de la matinée. Affaiblis, pratiquement cernés, les 2 bataillons repoussent les attaques allemandes pendant trente-six heures. Dirigeant la défense depuis son PC à l'ouest du village, Ridgway n'a aucun contact avec le monde extérieur et ignore le résultat du débarquement. Dans la confusion de la nuit, son adversaire, le général Wilhelm Falley, commandant la 91e division aéroportée, est tué dans une embuscade tendue par les parachutistes du 508e. En l'apprenant, Ridgway fait remarquer, qu'étant donné leur position il n'y avait rien de particulièrement réjouissant à tuer des commandants divisionnaires.

5

6

Ci-dessus : *Insigne en tissu d'un bataillon de parachutistes canadien avec son emblème, la feuille d'érable.*

1 *Ce modèle montre un sergent-fourrier britannique aux doubles commandes d'un planeur Hamilcar.*

2 *Insigne en tissu porté à l'épaule par les troupes aéroportées britanniques.*

Entre-temps, les ponts et les routes qui franchissent le Merderet, à l'ouest de Sainte-Mère-Église, à La Fière et à Chef-du-Pont sont comme des aimants qui attirent les traînards et les isolés des 2 camps. De violents combats ont lieu lorsque les Américains, menés par le général James Gavin de la 82e, se regroupent en une ligne défensive le long du Merderet. À l'ouest de la rivière, quelques petits groupes tiendront encore deux jours. Près de Chef-du-Pont sur la rive opposée, la défense héroïque de la cote 30 par 300 hommes sous les ordres du lieutenant-colonel Thomas Shanley (2/508e) maintient une tête de pont, petite certes, mais capitale. À bord de planeurs, les premiers renforts et canons antichars arrivent vers 4h. Une deuxième vague se pose sans grand dommage au sud de Sainte-Mère-Église vers 21h sous le feu de l'artillerie lourde ennemie. Elle est suivie, vers 23h, par une dernière vague de 100 planeurs transportant une partie de l'artillerie destinée à la 82e. Tôt le matin suivant, le 352e régiment aéroporté vient renforcer la division. Le soir du Jour-J, la 82e division aéroportée évalue ses pertes à 4 000 hommes environ sur les 6 209 ayant participé à l'opération. La plupart des disparus finiront par regagner la division et le bilan final sera de 347 blessés, 156 morts et 756 disparus. Bien que ce parachutage se soit fort mal passé, la division, en investissant Sainte-Mère-Église et la ligne Merderet, empêche définitivement les renforts allemands d'atteindre *Utah beach*.

1

3

2

3 *L'un des deux pilotes d'un planeur Hamilcar se dirige vers son lieu d'atterrissage le Jour-J. Ce gros planeur était conçu pour transporter un char léger ou un canon de campagne et son tracteur. Quelques unités furent construites munies de 2 moteurs de 965 cv afin surtout d'aider au décollage et de stabiliser le planeur pendant le vol.*
(IWM : B 5197)

4 *Après avoir atterri en douceur à bord d'un planeur, les troupes aéroportées britanniques creusent des positions défensives en Normandie.*
(UPI/Bettmann)

CÔTÉ ANGLAIS

À l'extrême est des plages du débarquement britannique, le flanc de *Sword beach* jouxte l'embouchure de l'Orne et du canal de Caen à la mer, qui suivent une voie sensiblement parallèle à quelques centaines de mètres l'un de l'autre entre Caen et le petit port de Ouistreham. La 6e division aéroportée britannique a pour mission de détruire la batterie de Merville, face à l'embouchure d'Ouistreham, dont les canons menacent la plage, et de s'emparer des 2 ponts sur l'Orne et du canal à Bénouville, à mi-chemin entre Caen et la mer. Elle doit également détruire 5 ponts sur la Dives, à 8 km à l'est de l'Orne, pour boucler le flanc gauche.

Le général Richard Gale, commandant la division, a chargé un groupe spécial d'assaut à bord de 6 planeurs de se poser silencieusement entre les 2 ponts qu'il souhaite prendre intacts. Arrivés à 0h15, 5 minutes avant les éclaireurs de la division, tous les planeurs, sauf un, atterrissent près de la cible. Après un bref engagement, les ponts (baptisés *Pegasus bridge*)

4

5

6

5 *Bombardier Halifax remorquant un planeur Hamilcar.*

7 *Insigne du régiment de pilotes de planeur de l'armée britannique.*

7

8

8 *Ailes du parachutiste britannique qualifié.*

6 *Ce modèle porte le fameux béret rouge avec l'insigne ailé des troupes du* Parachute Regiment. *Sous sa blouse de saut sans manche, sa tenue de combat porte sur la manche l'insigne de la 6*^e^ *division aéroportée, Pégase, le cheval ailé de la mythologie grecque.*

1 *Le général Richard Gale, ici à son PC le Jour-J (auprès du fanion « Pégase »), commande la 6e division aéroportée britannique, chargée de détruire les batteries côtières qui menacent les plages de débarquement et de saisir ou de faire sauter des ponts de première importance tactique.* (IWM : B 5352)

2 *Le voyage de retour est plus lent mais sans doute plus sûr pour ces pilotes de planeur américains. Ils quittent les plages normandes leur mission accomplie.* (US National Archives)

1

2

3

4

3 *Troupes aéroportées britanniques quittant leur planeur Horsa, capable de transporter 20 hommes et une jeep avec remorque.* (IWM : B 5205)

4 *Insigne en tissu du régiment des parachutistes.*

sont pris. Ils ne sont heureusement pas minés. Entretemps les éclaireurs sont arrivés. Malgré le mauvais temps, les tirs de la DCA et les prairies inondées par les Allemands, les Anglais rencontrent moins de problèmes à l'atterrissage que les Américains, encore que 2 éclaireurs aient la malchance d'atterrir sur la pelouse à côté du PC de la 711e division allemande. Le gros des 4 225 hommes de la 6e division aéroportée arrive à 0h50. La moitié se pose à l'endroit prévu et les autres, pour la plupart, à moins de 8 km. Le général Nigel Poett est largué avec la moitié de ses hommes de la 5e brigade aux environs de *Pegasus bridge*, et livre un combat confus mais ininterrompu aux Allemands des alentours. Bien que constamment harcelés, le périmètre autour de *Pegasus bridge* et les points d'atterrissage sont jugés assez sûrs pour permettre à un planeur de déposer des canons antichars et le commandant de la division. Fidèle à son patronyme, Gale (ce qui signifie coup de vent) que l'on surnomme « Windy » cherche un moyen de locomotion rapide. Il trouve un cheval et établit son PC dans un château des environs. La 3e brigade de parachutistes est davantage éparpillée que la 5e brigade sur ses 2 zones près de Merville et le long de la Dives. Son commandant, le général James Hill, saute du mauvais côté de la Dives et perd le contact pendant plusieurs heures. Plusieurs de ses hommes sont tués et lui-même est légèrement blessé par l'explosion d'une bombe perdue de la RAF. Entraînant avec elle 230 hommes du bataillon, une équipe d'éclaireurs se pose à proximité de *Pegasus bridge* au lieu d'atterrir ailleurs près de la Dives. Regroupés en petites unités, les parachutistes anglais, comme les Américains, engagent le combat contre les Allemands. Au matin, les 5 ponts sur la Dives sont détruits. Le 9ᵉ bataillon sous les ordres du lieutenant-colonel Terence Otway se voit assigné la tâche de dégager la batterie de Merville. Une position qu'un commando qualifiera plus tard de « belle saloperie » (4 canons dans une casemate en béton armé, protégée par des ouvrages de terre, des barbelés, des mines et des mitrailleuses). L'éparpillement et les incertitudes d'un saut de nuit réduisent à néant le plan élaboré par Otway qui comptait sur des équipements spéciaux, des planeurs supplémentaires, des bombardiers lourds et les tirs d'appui de la marine. Peu avant l'aube, Otway rassemble 150 hommes qu'il mène à l'assaut de la batterie. Il s'en empare en 15 minutes au prix d'un homme sur deux. Les canons sont des pièces tchèques de 100 mm, certes capables de bombarder la plage, mais de calibre inférieur à celui auquel s'attendaient les Anglais. Dans l'obscurité, la fumée et la confusion des combats, Otway et ses hommes se retirent sans avoir détruit les canons et les Allemands réinvestissent la batterie. Jusqu'au soir, la 6ᵉ division aéroportée repoussera les attaques allemandes de plus en plus puissantes et déterminées, jusqu'aux chars de la 21ᵉ *Panzerdivision*. À 13h, les services des commandos spéciaux de la 1ʳᵉ brigade débarqués à *Sword beach* arrivent en renfort à *Pegasus bridge*. À partir de 21h, 2 bataillons de la 6ᵉ brigade aéroportée atterrissent pour renforcer la défense. À la fin de la journée, les pertes de la 6ᵉ brigade aéroportée s'élèvent à 650 hommes sur les 6 256 parachutés en Normandie.

5, 9 *Portant visiblement les marques d'un atterrissage difficile, un sergent du régiment des pilotes de planeur de l'armée britannique (noter l'insigne de poitrine, en couleurs ci-dessous), subit l'interrogatoire d'un officier allemand.* (Bundesarchiv)

7

8

7, 8 *Ces photos du blockhaus de Merville, prises après la guerre, montrent les murs épais qui abritaient de grosses pièces dont les obus menaçaient la plage de débarquement à* Sword. *Cette batterie fut prise d'assaut par 150 hommes du 9ᵉ bataillon du* Parachute Regiment.

5

6

9

6 *Les troupes aéroportées britanniques et américaines ont servi ensemble au sein de la 1ʳᵉ* Airborne Task Force, *comme le montre cette photo des hommes du 509ᵉ bataillon au repos. Noter les insignes de reconnaissance :* Union Jack *sur les manches britanniques ou la bannière étoilée américaine.* (US National Archives)

PEGASUS BRIDGE

Les troupes aéroportées britanniques qui prennent *Pegasus bridge* (Pégase étant l'insigne des forces aéroportées) à 12h16 seront les premiers soldats alliés à atterrir en France. Pour cette mission, le général Gale a sélectionné et entraîné une force spéciale de 181 hommes de la compagnie D du 2e bataillon de l'infanterie légère *Oxfordshire and Buckinghamshire* commandée par le chef de bataillon John Howard, augmentée de 2 pelotons de la compagnie B, une trentaine de *Royal Engineers*, et 6 membres du régiment de pilotes de planeur, un par planeur Horsa. Trois planeurs doivent atterrir près de chacun des 2 ponts, défendus par une cinquantaine d'Allemands. Les planeurs se détachent des avions remorqueurs à 5 000 pieds pour éviter le bruit des moteurs. Le planeur de tête, dont l'objectif est le pont du canal, enfonce les défenses barbelées autour du pont comme prévu, mais tout le monde à bord est assommé. Le deuxième planeur atterrit 15 m plus loin et le troisième 25 m plus loin dans un étang marécageux, où évanoui, un homme se noiera.

1

2

4

Leigh-Mallory dira de cet atterrissage, effectué à la carte et au chronomètre, qu'il fut le plus grand exploit d'aviation de la guerre. Retrouvant rapidement leurs esprits, les hommes sautent à terre et chargent le pont avant que les sentinelles allemandes aient pu réagir. L'action durera en tout et pour tout 5 minutes. Le lieutenant Brotheridge, qui mène l'attaque, sera le premier soldat allié tué en Normandie ; 5 hommes sont blessés. Des 3 planeurs destinés au pont sur l'Orne, l'un manque le site et atterrit près d'un pont sur la Dives. Les autres atterriront à 300 et 700 m de leur pont qu'ils atteignent pour constater que ses défenseurs ont fui. Bien que la démolition des 2 ponts ait été prévue, les charges ne sont pas en place. Le général Poett atteint le pont avec un autre homme peu avant 1h. Suit une attente anxieuse. Deux autres escarmouches, dont une avec des chars, auront lieu jusqu'à l'arrivée de renforts à 3h. De durs combats se poursuivent jusqu'au soir. L'unité ne compte plus alors que 76 soldats indemnes.

3

5

6

1 *Officiers des* « Pathfinders », *les premiers à sauter sur* Pegasus bridge, *synchronisant leur chronomètre.*
(IWM : H 39070)

7

8

2 *Pilotes de planeurs Horsa s'entraînant pour les vols de nuit.*

3 *Entraînement efficace : ils atterriront avec une grande précision.*
(IWM : B 5233)

4 *Insigne des troupes aéroportées britanniques.*

5 *Pistolet-mitrailleur Sten.*

6 *Jeep de la Croix-Rouge évacuant les blessés de* Pegasus bridge.
(IWM : B 5286)

7 *Insigne des hommes de l'*Oxfordshire and Buckinghamshire.

8 *Troupes britanniques traversant le pont à bord d'une chenillette.*
(IWM : B 5234)

9 *Marques du bref et violent assaut de* Pegasus bridge.

9

LES PLAGES AMÉRICAINES

3

L'embouchure de la Vire sépare le champ de bataille en deux: *Utah* à l'ouest et *Omaha* à l'est. Les forces américaines doivent effectuer la jonction des 2 têtes de pont en amont de l'estuaire pour éviter d'être écrasées séparément par les forces allemandes. Le gros de l'attaque aérienne commence peu après 3h, larguant 500 tonnes de bombes sur les plus importantes batteries côtières allemandes. À l'aube, le contre-amiral Alan Kirk engage les bâtiments de la *Task Force* occidentale dans un duel d'artillerie avec les batteries rescapées. À bord du navire amiral de Kirk, *Augusta*, le général Bradley observe le déroulement du combat.

Les premiers débarquements par mer ont lieu vers 4h30. 132 soldats américains du 4e groupe de cavalerie menés par le colonel Edward Dunn s'emparent des 2 minuscules îles Saint-Marcouf à 5 km d'*Utah beach*, où des soldats allemands avaient été repérés un mois auparavant. Les îles ne sont pas occupées, mais 2 hommes sont tués et 17 autres blessés à cause des mines et des obus allemands.

Un régiment d'infanterie formé de 3 bataillons épaulés par un corps de sapeurs dotés d'équipements spéciaux, de bulldozers blindés pour dégager les plages, et par des équipes sous-marines de nettoyage, composent les unités qui débarquent à *Utah* et *Omaha*. Des forces spéciales d'appui couvrent de leurs tirs de soutien les derniers 300 m qui les séparent de la plage et déversent 11 000 projectiles explosifs de 127 mm. Des canons d'assaut de 105 mm, des chars amphibies DD *(duplex drive)* et d'autres chargés à bord de péniches pour leur permettre de tirer pendant l'approche, les accompagnent. À bord, les hommes, équipés d'encombrants gilets de sauvetage, portent près de 30 kg d'armes et de matériel. Plus au large attendent des embarcations de soutien spécialisées. Les plus étranges sont ces *landing barges, kitchen* (cuisines à bord de barges de débarquement) pouvant chacune servir 700 repas chauds par jour.

1

2

4

5

Page précédente : *Soldats américains se dirigeant vers Omaha Beach.*

1 *La première lettre de l'alphabet sur son insigne désigne la 1re armée américaine.*

2 *La médaille de l'air américaine était remise en principe après 5 missions de combat réussies.*

3 *Des LCI (L)* (landing craft infantry, large) *s'avancent vers les plages, pilotées par les garde-côtes américains. Chacun traîne un ballon de barrage pour décourager les attaques à basse altitude ; mais face à la suprématie aérienne alliée, la* Luftwaffe *affaiblie ne peut offrir que peu de résistance au débarquement en Normandie.*
(The Bettmann Archive)

6

6 *L'amiral Alan Kirk, USN, commandait la* Task Force *ouest le Jour-J.*
(US National Archives)

7 *Ce drapeau flottant au large de la Normandie annonce l'imminente libération de l'Europe.*
(US National Archives)

8 *Afin d'éviter la pagaille, chaque soldat reçoit une note portant des instructions sur ce qu'il doit faire immédiatement après avoir débarqué, ou s'il se perd.*

7

4 *L'armada alliée est prête à répondre à toute attaque aérienne. À bord de cet escorteur américain, un mitrailleur, revêtu d'un gilet de protection et ceinturé sur son siège pivotant, essaie son arme antiaérienne de 20 mm.*

5 *Dans leurs affûts sur le pont, ces canons antiaériens jumelés de 40 mm sont prêts à établir un mur de feu pour décourager les attaques aériennes rapprochées. Noter la DCA simple de 20 mm au premier plan à gauche.*
(US National Archives)

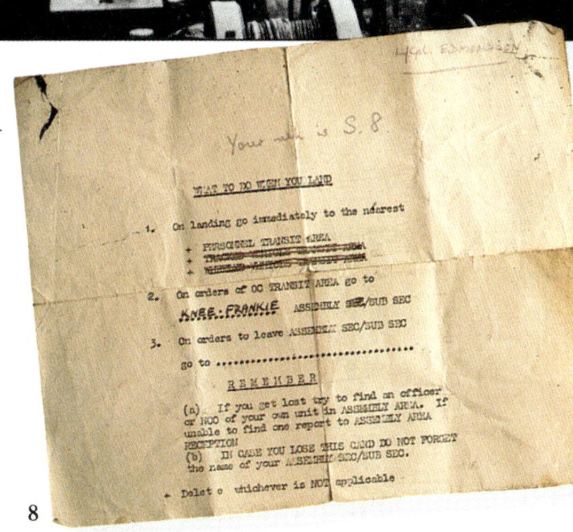

Your ... is S. 8

WHAT TO DO WHEN YOU LAND

1. On landing go immediately to the nearest
   - PERSONNEL TRANSIT AREA

2. On orders of OC TRANSIT AREA go to
   KNEE: FRANKIE ASSEMBLY SEC/SUB SEC

3. On orders to leave ASSEMBLY SEC/SUB SEC
   go to ....

REMEMBER

(a) If you get lost try to find an officer or NCO of your own unit in ASSEMBLY AREA. If unable to find one report to ASSEMBLY AREA RECEPTION
(b) IN CASE YOU LOSE THIS CARD DO NOT FORGET the name of your ASSEMBLY SEC/SUB SEC.

* Delete whichever is NOT applicable

8

LE MUR DE L'ATLANTIQUE

En décembre 1941, pour s'opposer à l'invasion, Hitler ordonne la création du mur de l'Atlantique, s'étendant de la Norvège à la frontière espagnole. Commencé en 1942, le gros des travaux concerne d'abord les grands ports français, surtout après Dieppe. Plus de 17 millions de tonnes de béton et 1,2 million de tonnes d'acier sont employées pour bâtir des défenses côtières analogues à celles de la ligne Maginot, d'ailleurs en partie récupérées et réutilisées. Mais peu de généraux allemands croyaient à ce mur. L'un d'eux le décrit comme une « fine cordelette, fragile par endroits, avec quelques petits nœuds ». Les endroits où il était terminé formaient un obstacle redoutable, mais ce n'était pas une ligne continue. Les secteurs les plus forts se trouvaient dans le Pas-de-Calais, avec un total de 93 emplacements de canons lourds fixes et 39 canons lourds mobiles, contre 27 et 20 respectivement en Normandie.

Plusieurs rangées de poutres d'acier jusqu'à 6 m au-dessus de la laisse de basse mer pour éventrer les péniches de débarquement ou les bloquer, et des champs de mines jusqu'à 300 m au-delà des dunes complètent le dispositif. Reprenant la défense du nord de la France fin 1943, Rommel s'efforce d'augmenter le dispositif de défense vers l'intérieur. Il fait poser 2 ceintures de mines, de plus de 1 000 m de large chacune (plus de 2 millions au total), tout le long de la côte atlantique et prévoit d'en ajouter une troisième sur une largeur de 8 km. Au Jour-J, le nombre de mines posées en France, le long de cette côte, dépassera les 4 millions. Font partie du dispositif ce que les Allemands appellent les « asperges de Rommel » : des mines sur pieux contre les planeurs. En Normandie en juin 1944, le mur est constitué de défenses de plage, casemates et bunkers au bord de l'eau, et en arrière, de mines et de fortifications et, par place, de villages ou hameaux bien défendus. Mais les militaires savent qu'un obstacle qui n'est couvert par aucun feu n'en est pas un. Le principal souci de Rommel concerne la qualité des garnisons et les réserves en blindés en cas de percée des Alliés.

3

1

2

4

1 *Sentinelle allemande devant une casemate et canon de 155 mm.* (Bundesarchiv)

2 *Un dessinateur de l'Axe montre Roosevelt et Churchill piaulant et couinant devant le redoutable mur de l'Atlantique.*

3 *Rommel (au milieu), qui n'avait pas confiance dans le mur, fera de son mieux pour le renforcer.* (Bundesarchiv)

4 *Canon antiaérien Flak 39 de 105 mm gardant la côte française.* (Bundesarchiv)

5 *Un des canons allemands installé au-dessus d'* Utah beach.

6 *Défenses de bord de mer. Derrière les pièges réservés aux péniches, des barrières de barbelés où les combattants coincés seront pris en enfilade depuis un blockhaus.* (Bundesarchiv)

7 *Les pièges du mur n'ont aucun secret pour les services de renseignements alliés.*

5

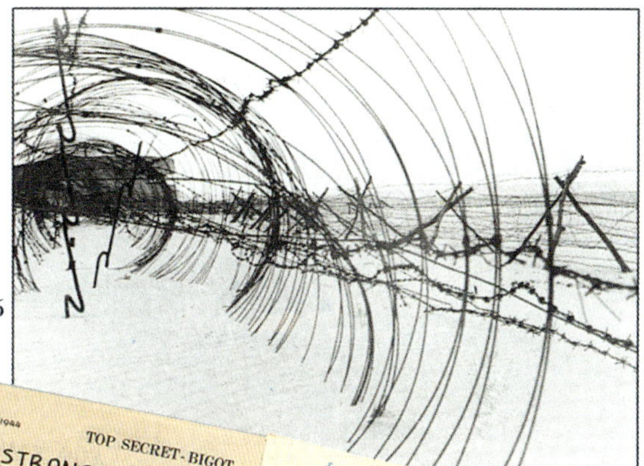

6

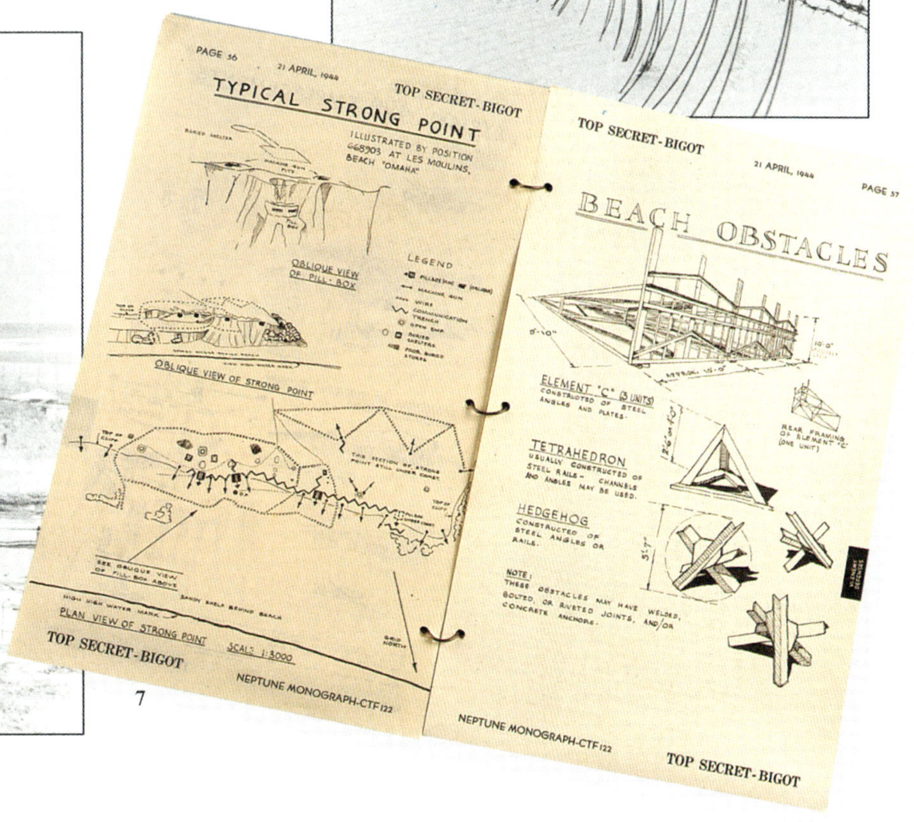

7

1

UTAH BEACH

À *Utah*, la première vague menée par le général adjoint Teddy Roosevelt, fils de l'ex-président Theodore Roosevelt, est composée de la 8e *Regimental Combat Team* et de la 4e DI. Bien qu'âgé de 57 ans et arthritique, Roosevelt tient à débarquer avec les premières troupes, pour rassurer les hommes. C'est le seul général à accompagner la première vague. Au même moment, son fils, le capitaine Quentin Roosevelt, débarque à *Omaha*.

Les premières péniches ne sont plus qu'à quelques minutes des plages où les Allemands, sous le feu de l'artillerie navale et les bombardements demeurent à couvert, lorsqu'un destroyer escorteur, l'USS *Corry*, touche une mine et sombre. Un patrouilleur chargé de soldats est également coulé par une salve allemande. Mais la chance est du côté des Américains. Sans guide, portés par un puissant courant, ils dérivent à plus de 2 km au sud de la Grande Dune et évitent ainsi l'une des parties les mieux défendues de la plage. Ne s'attendant pas à un débarquement près de l'un des marais les plus

2

3

4

1 *L'amiral Kirk (à gauche), le général Bradley (2e à gauche) et d'autres officiers supérieurs surveillent du pont de* l'Augusta *les éléments de la 1re armée américaine qui s'apprêtent à débarquer.*
(US National Archives)

2 *Sur les flancs, des patrouilles anti sous-marins décollent des porte-avions d'escorte.*
(US National Archives)

3 *Ce Thunderbolt P-47 ne retournera pas à sa base.*
(US National Archives)

La 1re armée américaine doit en principe débarquer vers 6h30, après un dernier pilonnage aérien et naval de 40 minutes. Les Alliés savent qu'ils ont en face d'eux 2 divisions médiocres : la 709e division d'infanterie à *Utah* et la 716e DI à *Omaha*. Bien supérieure, la 352e DI est censée se trouver à 30 km à l'intérieur près de Saint-Lô. Après un bombardement préliminaire beaucoup moins long que celui des Anglais, les Américains choisissent de débarquer plus tôt, les obstacles étant recouverts par la mer à marée haute et de larguer les péniches plus au large, jusqu'à 18 km par endroits, hors de portée des batteries côtières allemandes. Mais la tempête et la houle, en gonflant la marée, réduisent considérablement l'étendue des plages choisies pour le débarquement. Malades à bord des péniches, dont plus d'une va sombrer, les troupes vont endurer un périlleux voyage qui durera trois heures.

5

4 *Péniches de débarquement suspendues aux bossoirs du transporteur britannique* Empire Lance, *prêtes pour la mise à la mer au large des côtes normandes.*
(US National Archives)

5 *Associant les initiales du Texas et de l'Oklahoma, l'insigne de la 90*[e] *DI signifierait d'après les intéressés* « Tough'Ombres » *(hommes de fer).*

6

7

8

9 *Insigne en tissu de la 8*[e] *DI américaine des éclaireurs, dite « Flèche d'or », bientôt engagée en Normandie.*

9

6 *Certains sourient ; d'autres sont songeurs ; beaucoup sans doute font une prière silencieuse, tandis que les GIs descendent dans un chaland. La tempête et la houle rendent l'approche de la plage, qui pour certains durera trois heures, très éprouvante.*
(UPI/Bettmann)

7 *Photo aérienne d'* Utah beach *réduite à la taille d'une maquette. Bien que la résistance allemande ait été relativement faible sur cette plage le calme apparent que l'on observe ici est quelque peu trompeur.*
(Smithsonian Institution)

8 *Sur une mer houleuse, les péniches maintiennent le cap devant le croiseur lourd USS* Augusta, *navire amiral de la* Task Force *ouest.*
(US National Archives)

1

2

3

1 *Un maraudeur Martin B-26 fait demi-tour après une mission de bombardement tactique. Même à cette altitude, on voit que la mer au large de la côte normande est forte.*
(Smithsonian Institution)

2 *Le brouillard de la guerre : un chaland crée un écran de fumée pour se dérober aux canonniers allemands pendant l'ultime approche.*
(US National Archives)

3 *Un panache de fumée et de sable indique l'explosion d'un obus à* Utah beach. *Accident heureux, les courants de marée pousseront les chalands à 2 km au sud de l'endroit prévu, et une bonne partie de la 4ᵉ DI américaine débarquera dans un secteur peu défendu.*
(US National Archives)

4

position. Tirant sans visibilité sur les forces de débarquement, l'artillerie allemande met trois heures à comprendre que les Américains se dirigent maintenant vers le sud et continue à tirer sur une plage vide. Roosevelt y gagnera une médaille d'honneur qui ne lui sera jamais remise, car il meurt d'une crise cardiaque deux mois plus tard.

À l'approche de la seconde vague américaine, l'infanterie s'attaque aux défenses allemandes et les ingénieurs et groupes de déblaiement nettoient la plage. Une heure plus tard, les approches de la plage sont dégagées et les péniches peuvent accoster. Le général Raymond Barton, commandant la division, débarque en milieu de matinée et donne l'ordre de poursuivre un ennemi peu enclin à se battre. Les hommes de la 4e division gagnent l'intérieur et opèrent, par la route, leur jonction avec les parachutistes de la 101e division aéroportée. Au nord, la présence des marais contraint les hommes à emprunter les chemins et les empêche de se déployer. Les 12e et

4, 5, 6 *Les rescapés d'un chaland coulé soutenus par leur gilet de sauvetage attendent que leurs camarades viennent à la rescousse. Certaines péniches chavirent au large avant d'aborder la côte ; d'autres, en se rapprochant, sont coulées par les obus. Le Jour-J, la 4e division perdra très peu d'hommes (43 morts, 63 blessés) dont la moitié périront noyés en mer ou dans les marais jouxtant la zone de débarquement.*
(US National Archives)

5

dangereux, les Allemands avaient largement dégarni ce secteur. Peu de pertes parmi les premières troupes qui abordent. Elles sont suivies quelques minutes plus tard, et non précédées comme prévu, par 32 chars DD, retardés par le mauvais temps et dont 28 arriveront à terre. Roosevelt, sa canne à la main, fait les cent pas, d'un geste négligent il époussète sur son uniforme le sable soulevé par les éclats d'obus, et décide que tout est pour le mieux. Il donne l'ordre au commandant James Arnold, officier naval supérieur en charge d'*Utah*, d'envoyer les vagues suivantes vers la nouvelle

6

1

22e régiments n'atteindront pas les derniers objectifs fixés pour ce jour-là et font halte pour la nuit, renforçant la 502e infanterie parachutée sur le flanc nord de la tête de pont. Au centre, le 8e régiment d'infanterie atteint Les Forges, à 2 km environ au sud de Sainte-Mère-Église. Au nord, la résistance allemande, qui tient toujours ce village, empêche la force de débarquement de rejoindre le gros de la 82e division aéroportée. Les objectifs fixés pour le Jour-J sur la rive ouest du Merderet ne seront pas atteints avant le soir, et il y reste une brèche à hauteur de l'embouchure de la Vire entre la 101e division et la tête de pont à *Omaha*.

Le débarquement à *Utah* n'en est pas moins une grande réussite. Les défenses allemandes avaient tablé sur un débarquement à marée haute. Pointés en conséquence, de nombreux canons lourds n'ont plus aucune cible sur laquelle tirer. Au cours du Jour-J, la 4e DI, appuyée par la 90e DI, débarquera 23 250 hommes, 1 742 véhicules et 1 695 tonnes de ravitaillement et ne déplorera que 43 morts et 63 blessés, bilan inférieur à celui du dernier entraînement à Slapton Sands. Il s'agit en majeure partie de morts par noyade en mer ou dans les marais. Les mois de préparation avaient été d'une telle intensité que beaucoup, une fois débarqués se trouvent complètement déphasés, comme ce parachutiste qui salue les nouveaux arrivés d'un vigoureux : « Eh ben, z'êtes pas en avance, les gars ! »

2

1 *Remise pour conduite héroïque ou action méritoire et réservée aux membres de l'armée américaine, l'étoile de bronze est une décoration relativement récente créée en 1944. Le Jour-J sur les plages de Normandie, il dut y avoir bien plus d'actes de bravoure que de médaillés.*

2 *Le rôle de la marine, au cours du débarquement, ne s'arrête pas au rivage : après s'être creusé un abri, les hommes du 2e bataillon de plage de l'*US Navy *« dételent » un peu.*
(US National Archives)

3

3 *Utilisé pour des signaux à courte distance, le pistolet pyrotechnique AN-M8 lançait des fusées éclairantes de couleur.* 4

5

4 *En attendant l'ordre d'avancer dans les terres, des GIs s'abritent dans les gourbis creusés dans le sable d'* Utah beach, *tandis que blindés et véhicules de communication se déploient le long du rivage. Plus de 23 000 hommes et 1 700 véhicules sont débarqués à* Utah *le Jour-J.*
(UPI/Bettmann)

5 Utah *est conquise rapidement ; cette absence relative d'opposition est visible sur cette photo. Certains des hommes remplissent des sacs de sable pour établir un point d'appui renforcé, mais d'autres sont assis ou debout en plein jour et ne semblent redouter ni les obus ni les francs-tireurs.*
(Fox Photos)

6 *Équipe de mortiers s'apprêtant à tirer sur ce qui paraît être une position allemande.*
(Keystone)

7, 8 *Bien après la bataille, les vestiges d'une position allemande dominent encore la mer et les barbelés enroulés barrent encore les dunes.*

6

7

8

Au lieu de la tenue de combat passe-partout du soldat britannique, le GI américain (GI viendrait du tampon Government Issue, *matériel réglementaire, apposé sur tout l'équipement), avait, outre le grand uniforme de parade, diverses tenues de combat spécialisées. Comme on le voit ici, le fantassin avait surtout besoin d'un maximum de sacs et de poches en tout genre. Avant de débarquer en Normandie, les GIs reçoivent une « tenue d'assaut » comprenant un sac à dos, un havresac et un gilet sur lequel 4 poches sont cousues (voir* **8***). Beaucoup de soldats aussitôt débarqués échangeront cet équipement jugé trop encombrant contre un mélange d'équipement standard.*

1

2

1 *La plupart des GIs ont mis leur casque en acier en approchant de la plage. Au premier plan, le bonnet de laine modèle 1941* (beanie) *que porte cet homme se mettait en principe sous le casque, avec des protège-oreilles contre le froid.*
(US National Archives)

2 *Insigne de la 4ᵉ DI américaine, la* « Ivy Division » *(*ivy*, lierre, se prononce* IV *= 4), calembour visualisé par 4 feuilles de lierre.*

3 *Pas très élégante, mais pratique, cette tenue de GI le Jour-J. Le modèle porte un casque M1 en acier, une veste de campagne en coton portant l'insigne de la 29ᵉ DI, un pantalon en grosse toile bise. Les munitions pour son fusil M1 Garand se trouvent dans une cartouchière en coton.*

Noter l'émetteur-récepteur radio talkie-walkie ; l'étui à cartes imperméable et la grenade fumigène ou chimique.

4

3

5

4 Sur la veste de combat est posée une pelle à tranchée M1910. À gauche des jambières en toile, à droite la gamelle.

5 Accrochée au ceinturon, dans un étui, la gourde en aluminium et la tasse attachée à sa base.

6 Un gilet de sauvetage aidait le GI surchargé à effectuer les derniers mètres dans l'eau. Celui que porte le soldat du milieu (7), en train de pratiquer la respiration artificielle sur un collègue est encore gonflé.

8 Gilet, élément de la « tenue d'assaut » fournie aux GIs.

8

6

7

OMAHA BEACH

Ne prévoyant pas une très forte opposition à *Omaha*, les objectifs de la 29e division d'infanterie comme ceux de la 1re (la célèbre *Big Red One*) sont ambitieux. Pour effectuer la jonction avec les forces britanniques de *Gold beach*, ils doivent, avant le soir du Jour-J, pénétrer à plus de 10 km à l'intérieur des terres, sur un front de 28 km, allant vers l'est de l'embouchure de la Vire à Isigny et presque jusqu'à Bayeux. Mais les Américains ignorent que la 352e DI allemande est venue renforcer la 716e division dont les hommes sont terrés le long d'une falaise qui domine de 50 m les plages du débarquement. Une bande de galets infranchissable par les véhicules sépare le sable de la plage de la falaise qui ne présente que 5 points de passage, tous faciles à défendre. De plus, les conditions météo obligent les bombardiers à opérer sans visibilité, manquant ainsi leurs cibles. Comme les batteries allemandes évitent de tirer pour ne pas révéler leurs positions, les dernières salves de l'artillerie navale tombent court. En somme, toutes les conditions sont réunies pour un véritable désastre.

1 *Dans la fumée des bombardements des navires alliés, de l'artillerie et des armes légères des défenseurs arrosant la plage, les GIs gagnent à pied la plage « sanglante » d'*Omaha. (US National Archives)

2 *Les sinistres pousses des « asperges de Rommel », surnom générique donné par les défenseurs du mur de l'Atlantique aux défenses que le maréchal leur avait fait mettre en place. Ces lourdes constructions de métal portaient le nom de « hérissons tchèques ». Invisibles à marée haute, ils avaient pour but d'éventrer les péniches de débarquement alliées. Elles se révèleront être particulièrement efficaces à* Omaha. (Bundesarchiv)

Comme à *Utah*, les premières troupes d'assaut, les 16e (1re division) et 116e (29e division) *Regimental Combat Teams*, débarquent sur la plage d'*Omaha* peu après 6h30. La comparaison entre les 2 plages s'arrêtera là : certains chars DD ne peuvent être lancés à cause du temps et des brisants. D'autres, lancés à 5 km de la plage, coulent à pic ; seuls 5 d'entre eux atteindront leur but. Les pièces de 105 mm débarquées subissent presque toutes le même sort de même que les bulldozers blindés à l'exception de 6 d'entre eux. Pas moins de 10 péniches de débarquement sombrent à des kilomètres au large, tandis que d'autres s'échouent éventrées sur les obstacles sous-marins et que leurs troupes périssent noyées. Comme à *Utah*, le courant fait dériver les péniches d'assaut rescapées à 3 ou 4 km trop à l'est ; les régiments sont livrés pêle-mêle sans sapeurs ni chars d'appui aux défenses allemandes presque intactes. En quelques minutes, la première vague est entièrement immobilisée sur la plage.

3 *Inspiré d'un antique symbole porte-bonheur oriental, l'écusson de la 29e DI utilise le gris et le bleu pour indiquer que la division est composée de soldats appartenant à des États opposés lors de la guerre civile.*

4 *Les* half-tracks *remorquent des pièces d'artillerie et des camions amphibies DUKW au bord de l'eau pendant que d'autres troupes débarquent. À l'intérieur, les troupes se déploient vers les positions ennemies encore dissimulées par la fumée du bombardement naval.* (The Bettmann Archive)

5 *Ce LCI (L) abaisse sa rampe si près de la plage que ces fantassins américains n'ont que quelques mètres à parcourir jusqu'à* Omaha. (US National Archives)

6 *Après avoir éventré quelques péniches, ces « hérissons » servent maintenant d'abri aux hommes tentant de traverser la plage contre les tirs nourris. Ils sont nombreux derrière ce bulldozer blindé de la 10e équipe d'assaut des sapeurs. Six seulement de ces engins parviendront jusqu'au rivage.* (IWM : AP 25726)

7 *« Perds pas ton chapeau, l'ami, tu vas en avoir besoin ! »* À Omaha, *les hommes d'un bataillon de plage de l'*US Navy *plongent pour se mettre à l'abri d'une tranchée prise en enfilade par le feu ennemi.* (US National Archives)

6

7

L'arrivée de chaque nouvelle vague augmente la confusion et accroît les pertes. Totalement désorganisées, les unités sont agglutinées, radios et matériel de signalisation perdus dans les brisants, laissant ceux qui attendent au large dans l'ignorance de la situation. À 9h, à bord de l'*Augusta*, Bradley se prépare à abandonner *Omaha*. C'est l'instant propre à toute bataille où presque tout se joue sur la puissance de feu, la force brutale et la détermination. En cherchant à détruire les casemates allemandes, les destroyers anglais et américains se rapprochent trop du rivage et manquent s'échouer. Un tir heureux du cuirassé USS *Texas* réduit au silence un des canons de la plus importante des batteries allemandes. Sur la plage, l'exemple vient de haut. Le général Norman Cota, général adjoint de la 29e division, la tête haute et le pistolet au poing, prend le commandement du secteur est de la division, et le colonel Canham, commandant la 116e DI, celle du secteur occidental. « Ils vont nous massacrer ici, hurle Canham à ses hommes, allons mourir ailleurs ! » Même réaction chez le colonel George Taylor commandant la 16e DI : « Il y a deux sortes d'individus qui restent sur la plage ! Les morts et ceux qui vont mourir. Foutons le camp d'ici en vitesse ! »

Les hommes se rassemblent et quittent la plage en se frayant un passage entre les blockhaus allemands. Quelques hommes courageux font les premiers pas, et peu à peu en entraînent d'autres avec eux. À 8h30, soutenue par le 5e et une partie du 2e bataillon de rangers, débarqués à l'extrémité ouest de *Utah* et galvanisée par Canham et Cota, la compagnie C du 1/116e DI se fraye un chemin jusqu'au sommet de la falaise au Mont-les-Moulins. D'autres éléments du 3/116e DI se dirigent au

1

1 *Dès que la tête de pont a été établie et le secteur nettoyé, les navires de ravitaillement s'approchent et débarquent rapidement le matériel. Mais le prix à payer est élevé.* Omaha *est truffée d'obus et des grues dégagent les épaves de péniches et de blindés.* (UPI/Bettmann)

2

3

même moment vers Saint-Laurent. Au milieu de la matinée, la 16e infanterie a, en quasi totalité, atteint le haut de la falaise et pousse vers Colleville, à 2 km à l'intérieur.

Désormais les retards et la météo rendent les horaires caducs et l'infanterie d'assaut passe maintenant devant les renforts complémentaires. Peu après 10h, la seconde vague commence à débarquer ; elle subit les mêmes pertes et se heurte aux mêmes problèmes que la première. Le 18e régiment d'infanterie de la 1re division débarque à l'est. Deux péniches de débarquement faisant feu de toutes leurs armes échouent sur la plage à

4

5

6

2 *Des camions détruits, une épave de char ainsi que les corps éparpillés de GIs s'entassent sur la plage d'*Omaha *peu après le débarquement.*
(US National Archives)

3 *Des centaines d'hommes n'iront pas plus loin, fauchés par les tirs nourris.*
(US National Archives)

4 *Seuls 5 chars seront débarqués à* Omaha *le Jour-J : celui-ci pour y rester.*
(US National Archives)

5 *Communications tactiques à* Omaha *: un signaleur envoie des messages en morse au moyen d'une lampe ; derrière lui, un capitaine (rang indiqué par les 2 galons sur son casque en acier) vérifie ses ordres.*
(US National Archives)

6 *Blessés américains : le bilan des hommes touchés le Jour-J sur* Omaha *se situe entre 2 000 et 3 000.*
(US National Archives)

Chemins de fer et télégraphie ont changé le visage de la guerre au XIXe siècle : de même le développement d'émetteurs-récepteurs de radio portatifs va transformer la guerre moderne. Lors de la Grande Guerre, les communications de campagne dépendaient surtout de câbles terrestres vite rompus. Mais lors du second conflit, l'utilisation de câbles multiples (jusqu'à 100 lignes), de matériel radio compact à haute fréquence permettent d'établir des liaisons durables et directes entre les PC et le front. Ceci permet aux commandants de garder en permanence le contact avec l'ensemble des forces engagées, et aux chefs d'unités de recevoir les rapports des troupes avancées et de transmettre leurs ordres. Grâce au talkie-walkie, même les plus petites unités combattantes vont pouvoir garder le contact. Lors des opérations amphibies et plus particulièrement le Jour-J, il était indispensable d'installer des communications interarmées et interunités pour établir les têtes de pont et pousser vers l'intérieur aussi rapidement que possible.

2 *Après avoir débarrassé ce poste de tir de ses défenseurs allemands, cette unité américaine l'a transformé en PC d'où le commandant peut communiquer par un central téléphonique de campagne. Noter les fils téléphoniques au-dessus, l'antenne à droite, et les tourets au premier plan à droite.*
(US National Archives)

1 *Équipement de chef d'escadron allemand : un étui à cartes imperméable et une planchette porte-papiers ; des crayons et une gomme ; un compas et un fanion d'identification.*

3

4

5

3 *En side-car, un soldat allemand des transmissions dévide un câble.*
(Bundesarchiv)

4 *Téléphone de campagne et touret allemands ; de telles liaisons étaient facilement rompues ou brisées sous le feu de l'artillerie.*

5 *« Que voulez-vous dire : invasion ? » Des nouvelles des combats, ou peut-être seulement de la friture sur la ligne, font hurler cet Allemand dans son combiné.*
(Bundesarchiv)

8 *Soumis à la même pression, un signaleur de l'US Navy utilise un talkie-walkie pour diriger les tirs sur une position allemande à Omaha.*
(US National Archives)

6

6 *Principaux éléments pouvant équiper un signaleur américain débarquant le Jour-J : une radio genre talkie-walkie dont le rayon d'action variait en fonction du terrain et des conditions atmosphériques ; une machine à coder portative et un carnet de messages ; et bien sûr des cartes et un bracelet-compas.*

7

7 *Les forces allemandes utilisaient cette petite lampe à faisceau capuchonné pour les signaux de proximité sur le champ de bataille. Anglais et Américains portaient souvent des torches similaires à lentilles de couleur amovibles.*

8

1, 2 *L'insigne air-terre-mer porté au bras par les forces amphibies de l'armée américaine figure sur le monument érigé en leur mémoire à* Omaha.

1

2

3, 4 *Faisant partie du prix à payer pour prendre* Omaha *: bon nombre des blindés et canons sombreront avant d'atteindre la plage. Ceux qui finissent par y accéder sont souvent réduits à l'état d'épave par le feu concentré de l'artillerie allemande, des mortiers lourds et des armes automatiques.*
(US National Archives)

7 *Mais les pertes ne sont pas toutes du même côté : prisonniers allemands emmenant un de leurs blessés.*
(Associated Press)

3

4

5

5 *Après la bataille, un garde-côtes américain inspecte une pièce d'artillerie allemande au-dessus d'*Omaha.
(US National Archives)

6 *La médaille d'honneur (ici avec le pendentif de l'armée ; même ruban pour toutes les armes) est la plus haute décoration américaine pour conduite exemplaire, qualité dont il y eut tant d'exemples à* « Bloody Omaha ».

6

7

8

8 *Carabins traitant un GI légèrement touché, l'un de ces 2 000 blessés du Jour-J à* Omaha. *Avant même d'atteindre la plage, certains hommes sont mis hors de combat par un violent mal de mer sur les péniches.*
(US National Archives)

9 *J+1 à* Omaha. *Seule une partie du matériel nécessaire pour établir la tête de pont a pu être débarquée le 6 juin, alors que les attaquants frôlaient la défaite. 24 heures plus tard, camions et blindés se dirigent vers l'intérieur.*

9

hauteur de Colleville et les troupes passent sans laisser le temps aux défenseurs de réagir. Dans la confusion, la 18e infanterie s'enchevêtre à la 115e infanterie de la 29e division qui va perdre du temps à se réorganiser avant d'atteindre son premier objectif à Saint-Laurent. Au même moment, sur le flanc ouest d'*Omaha*, le reste de la 116e infanterie débarque près de Vierville qui est libéré en une heure par Canham. Toujours très violent, le combat bascule, bien avant midi, en faveur des Américains. À « *Bloody Omaha* », face à une résistance allemande inattendue, les troupes ont accompli un véritable exploit, pour lequel Canham, Cota et beaucoup d'autres, seront décorés. Cependant le débarquement se présente toujours aussi mal et malgré une accélération du rythme les pertes restent lourdes. Débarquer l'artillerie se révèle quasiment impossible. Manquant de canons et de chars, la progression des Américains vers l'intérieur est lente et pénible. Le soir, la 116e infanterie et les 5e rangers prennent position environ 1 km devant Vierville, une brèche de 3 km les sépare de Saint-Laurent et un front plus ou moins continu de 2 km, toujours aux mains des Allemands, s'étend devant et autour de Colleville. Les comptes officiels américains admettent que, vu la confusion, les chiffres des effectifs débarqués à *Omaha* et ceux des pertes ne peuvent être que des conjectures. Le plan prévoyait d'y débarquer 34 000 hommes et 3 300 véhicules. Les pertes humaines devraient se situer aux alentours de 2 000 ou 3 000. Au milieu de la matinée, les commandants allemands auront le sentiment d'avoir stoppé l'invasion sur les plages conformément au plan de Rommel, et nombreux sont ceux, à *Omaha*, qui craignent d'être rejetés à la mer dès le lendemain.

10

10 *Le Jour-J, de nombreux camions amphibies DUKW (ou « duck » ; désignation technique : D = modèle 1942 ; U = utilitaire ; K = 4 roues motrices ; W = double essieu arrière), chacun transportant une cinquantaine d'hommes ou le même poids de matériel, font la navette entre les péniches et le haut de la plage. Ce véritable « canard » de 12 m avait une vitesse maximale de 5 nœuds en mer et 80 km/h sur terre ; pendant la guerre il sera construit à quelque 21 000 exemplaires.*
(US National Archives)

1

2

LA POINTE DU HOC

Avant le Jour-J, les services de renseignements alliés avaient repéré une batterie allemande de 6 pièces de 155 mm nichée au sommet de la Pointe du Hoc à 5 km à l'ouest d'*Omaha beach*, une falaise verticale de 30 m avec une plage de 25 m en contre-bas. Comme *Omaha* se trouve à portée de tir de ces canons et que ni un bombardement ni l'artillerie ne peuvent à coup sûr en venir à bout, une *Task Force* de 2 bataillons de rangers est désignée pour les réduire au silence. Spécialistes des assauts de falaise, ils utiliseront des fusées pour lancer des grappins de corde jusqu'au sommet et des échelles coulissantes empruntées aux sapeurs-pompiers de Londres.

Le plan prévoit une première vague de 3 compagnies des 2e rangers commandés par le colonel James Rudder, en même temps que l'assaut principal. À l'extrémité ouest d'*Omaha*, une quatrième compagnie *(Charlie Company)*, doit investir la position allemande de la Pointe de la Percée, puis couvrir le flanc du débarquement à la Pointe du Hoc. Le 5e rangers dans son ensemble et les 2 compagnies restantes constituent la seconde vague, prête, en cas de succès,

LES RANGERS

Fondés à l'instigation du général Marshall en mai 1942 sur le modèle des commandos, les rangers de l'armée américaine doivent leur nom aux Rogers'Rangers, maraudeurs américains irréguliers de la guerre franco-indienne. Entraîné à l'école des commandos anglais, le 1er bataillon, sous les ordres du commandant Darby, réussit ses premiers raids ; certains éléments participeront avec les commandos au raid de Dieppe. Début 1943, ils seront 6 bataillons de rangers : 2 en Méditerranée, 2 dans le Pacifique et 2 en Europe, comme fers de lance lors d'assauts amphibies majeurs ; en outre 1 bataillon des 29e rangers est constitué à partir de la 29e DI afin de perpétuer la tradition des commandos.

1 *Attaque avant le Jour-J de bombardiers Havoc A-20 contre la batterie allemande supposée se trouver en haut de la Pointe du Hoc.* (Library of Congress)

2, 3 *Le Jour-J, les rangers du 2e bataillon de l'armée américaine escaladeront ces falaises de 30 m, afin d'attaquer les 6 canons de 155 mm censés menacer* Omaha beach. *Les casemates s'avéreront vides, les canons retrouvés à l'écart seront détruits.*

4 *Les rangers escaladent les falaises à l'aide d'échelles coulissantes et de cordes munies de grappins lancés par des fusées.*

5 *Documents de renseignements portant la mention* Bigot *(top secret) décrivant l'emplacement de la Pointe du Hoc.*

3

4

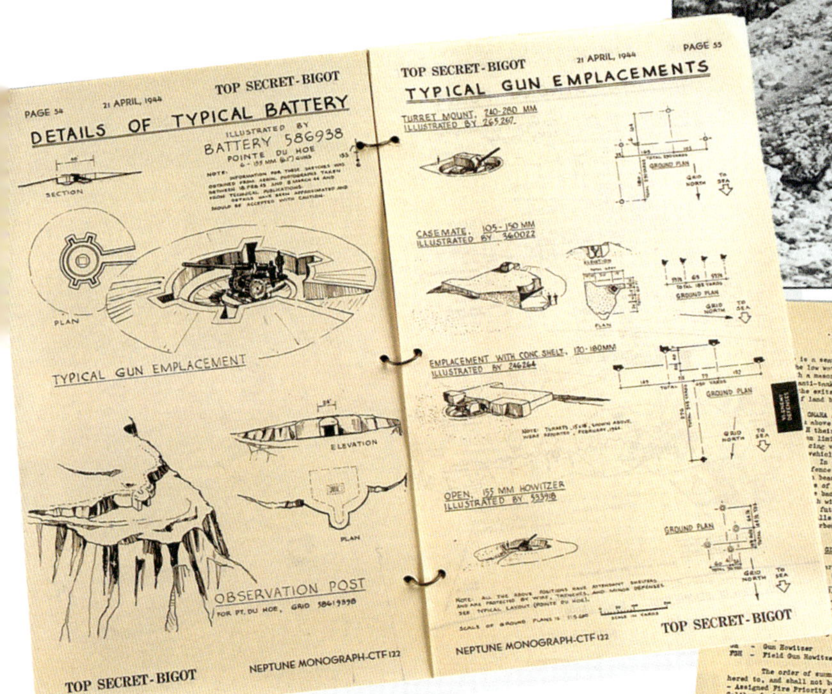

5

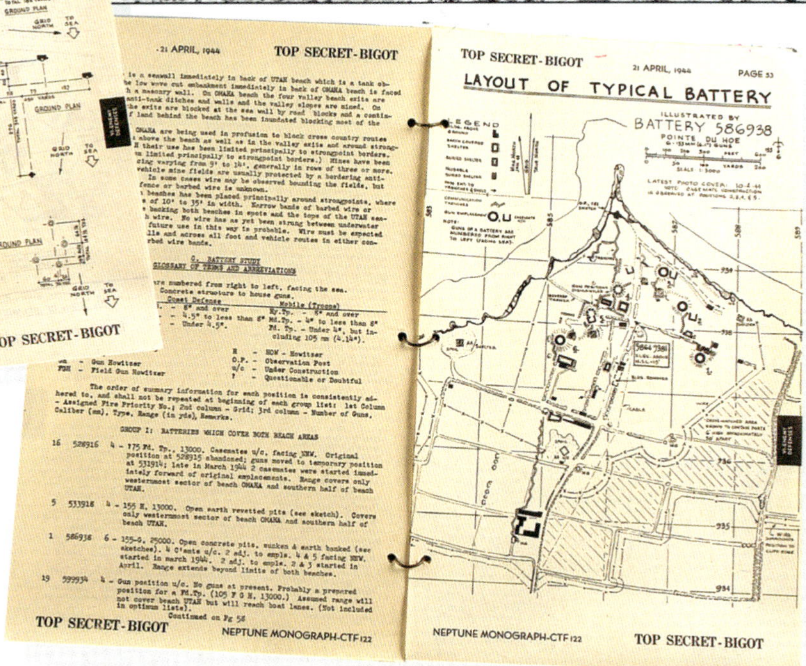

à débarquer immédiatement et à avancer en direction d'Isigny sur le flanc ouest d'*Omaha*. En cas d'échec de la première partie de l'opération, elle doit renforcer *Charlie Company* sur *Omaha beach* et prendre la Pointe du Hoc à revers.

Le Jour-J, les péniches transportant les 225 hommes de Rudder sont entraînées par le courant vers la Pointe de la Percée à l'est, et atteignent la plage minuscule de la Pointe du Hoc avec 40 minutes de

1 *À la Pointe du Hoc, les DUKW équipés d'échelles coulissantes empruntées aux sapeurs-pompiers de Londres n'ayant pu franchir les cratères creusés sur la plage, les rangers grimpent à l'aide de cordes et d'échelles improvisées avec des tubes métalliques légers.* (US National Archives)

2 *En attendant l'invasion, ce canonnier allemand vérifie son réglage.* (Bundesarchiv)

1

2

3

4

3 *Les artilleurs allemands camouflent leur pièce sous un filet pour déjouer la surveillance aérienne. De nombreux canons de ce type menaçaient les plages de débarquement et il fallait, pour les réduire, les bombarder ou envoyer un commando.* (Bundesarchiv)

4, 5 *Les vestiges des solides casemates en béton sont encore visibles le long des côtes de la Manche.*

retard. Sans nouvelles, la seconde vague, sous les ordres du colonel Max Schneider, conclut à un échec et débarque à *Omaha*, où elle rejoint la 116e DI.

Or, soutenus par les destroyers USS *Satterlee* et HMS *Talybont*, les rangers escaladent la Pointe du Hoc sous le feu allemand et atteignent le sommet en 5 minutes, ne perdant que quelques hommes. Les Allemands cèdent immédiatement le terrain, abandonnant des casemates vides et partiellement démolies par les incessants bombardements. La Résistance n'avait pu informer Londres que les canons n'avaient pas encore été installés. À 9h, à quelques centaines de mètres de là, une patrouille repère la batterie camouflée sur une position de tir désertée par les Allemands et la détruit.

Résistant aux contre-attaques, la petite unité de rangers restera clouée toute la journée sur ce bout de terrain ravagé de la Pointe du Hoc au milieu des troupes allemandes et ne sera relevée que le 8 juin. Les pertes s'élèvent à une quarantaine d'hommes le Jour-J et à 95 autres les deux jours suivants. Blessé deux fois, Rudder sera décoré pour son exploit.

6 *Repos et soins médicaux pour ces rangers parvenus en haut de la falaise.*

7 *La scène après deux jours de combats dans les débris des batteries de la Pointe du Hoc, où règne maintenant la bannière étoilée. Pour les uns c'est l'heure de manger, d'autres ramènent des prisonniers.*
(US National Archives)

5

6

8 *Tombe d'un GI sur le champ de bataille. Elle rappelle que nombreux sont ceux qui payèrent leur tribut au Jour-J. Rommel aurait prédit : « Les 24 premières heures seront décisives... pour les Alliés, comme pour l'Allemagne, ce sera le jour le plus long... »*
(US National Archives)

7

8

Dès sa nomination comme inspecteur des défenses côtières, Rommel avertit Hitler qu'il faudra repousser l'invasion sur les plages. En effet les casemates et autres éléments de fortifications ne tiendront pas longtemps sous les bombardements alliés. Il pense installer une série d'obstacles le long du littoral. Les plages seront truffées d'obstacles sous-marins (pieux en bois chargés d'explosifs et « hérissons » en acier pour couler les péniches), de rangées de mines terrestres (plus de 5 millions de mines en tout genre posées le long du mur de l'Atlantique), enfouies en chapelet à différentes profondeurs sur les plages, les champs et les chemins pour obtenir l'effet le plus meurtrier. Les Alliés ayant mis au point des détecteurs de mines électro-magnétiques fort simples, les mines allemandes récentes seront en bois, Bakélite, verre et autres matériaux non métalliques. Leur efficacité causera d'importants dégâts tout au long de la campagne de Normandie.

1

2

1, 2 *Type très répandu de mines antipersonnel, 2 exemplaires de la mine S dont un présenté en coupe. Activée par la pression du pied, elle envoie une salve de billes d'acier qui n'explosent qu'à hauteur de la taille, d'où son surnom de « casse-noisettes ». On voit aussi à côté du panneau habituel : une mine antichar française saisie puis réutilisée et une* Schumine. *En bois, la* Schumine *était indétectable par les appareils électro-magnétiques des Alliés.*

3

4

3, 4 *Autre ingénieux appareil allemand : la bombe téléguidée Goliath. Ce petit véhicule chenillé portant 55 kg de TNT était entraîné par 2 moteurs à démarreur électrique Bosch alimentés par 2 batteries. À l'origine ces bombes étaient conçues pour attaquer les positions, mais en Normandie, guidées par câble sur les plages elles devaient exploser au milieu des troupes ou près des chalands. On ignore si elles ont jamais été utilisées avec succès de cette manière.*

5

5 *Crabe Sherman (char « à fléau ») en action sur une plage britannique. Il s'agit d'un des* Funnies *élaboré par le général Hobart de la 79e DB. Ce type de char dégageait un passage à travers les champs de mines au moyen de son « battoir de tapis » : chaînes en rotation sur un châssis placé devant ses propres chenilles. Ce procédé favorisa beaucoup la progression anglaise à la sortie des plages.*

6 *Assortiment de mines et de grenades allemandes. Au fond : 2 mines S, dont l'une dans sa boîte ; une charge magnétique de démolition de 3 kg dite « bombe collante ». Au milieu : « champignon »* Tellermine *43 (antichar) ;* Schumine *42 (antipersonnel) ;* Pot Mine *A200 (antipersonnel) ;* Tellermine *35 (antichar). Au premier plan :* Panzerwurfmine *grenade à main à charge creuse (contenant 500 g de TNT) ;* Glasmine *43.*

6

LES PLAGES BRITANNIQUES

Comme dans le secteur américain, le principal bombardement aérien du mur de l'Atlantique et des défenses intérieures allemandes débute à 3h, juste avant l'aube. Mais les débarquements amphibies ne sont prévus qu'à 7h30, laissant à la *Task Force* est, conduite par l'amiral Philip Vian, une heure de plus qu'à la *Task Force* ouest pour s'assurer de l'artillerie lourde allemande avant l'arrivée des troupes sur les plages. Les zones de rassemblement des péniches de débarquement anglaises sont situées plus près du rivage que celles des Américains, à 12 km environ, mais les Britanniques ont aussi 2 plages à attaquer, sans compter celle affectée aux troupes canadiennes. Ces 3 plages s'étendent sans discontinuer sur 40 km, mais les premiers assauts visent seulement 5 secteurs de 1,5 km qui devront être élargis au cours de la journée jusqu'à se rejoindre. Si les zones américaines sont relativement désertes, la côte visée par les Anglo-Canadiens est parsemée de petits villages, hameaux, maisons individuelles ; aussi les combats dans ce secteur seront-ils très différents.

Débarquées à *Gold beach*, la plage britannique la plus à l'ouest, les troupes de la 50ᵉ division *(Northumberland)* doivent atteindre Bayeux, 12 km à l'intérieur, puis effectuer la jonction avec les Américains d'*Omaha* à Port-en-Bessin, situé entre les 2 plages. À l'est de *Gold* il y a *Juno beach*, l'objectif canadien. Mais la tâche la plus délicate et la plus importante incombe aux hommes débarquant à *Sword beach*, à hauteur de Caen. Les vétérans de la 3ᵉ division d'infanterie (l'ancienne division de Montgomery souvent nommée 3ᵉ division britannique pour la distinguer de la 3ᵉ DI canadienne) doivent s'emparer de Caen même, et effectuer la jonction avec la 6ᵉ aéroportée à l'est de l'Orne. Caen est le principal objectif du Jour-J. S'ils parviennent à l'atteindre, ils bloquent la 21ᵉ *Panzerdivision* que les renseignements alliés situent au sud de la ville et lui coupent l'accès à la mer.

Forts de l'expérience de Dieppe et des opérations amphibies en Méditerranée, les Anglais prévoient de faire intervenir en première vague des commandos, des sapeurs d'assaut et des véhicules blindés spécialement conçus pour dégager les obstacles. C'est sous la direction d'un pionnier de la guerre des blindés,

2

3

3 *Casemate ingénieusement déguisée en café de bord de mer dans le port du Havre.* (US National Archives)

4 *Pistolet réglementaire « Very » de l'armée britannique à fusées éclairantes.*

5 *Exemple du message remis à l'embarquement à chaque homme du 21ᵉ groupe d'armées. Exemplaire signé par le général Montgomery.*

1

4

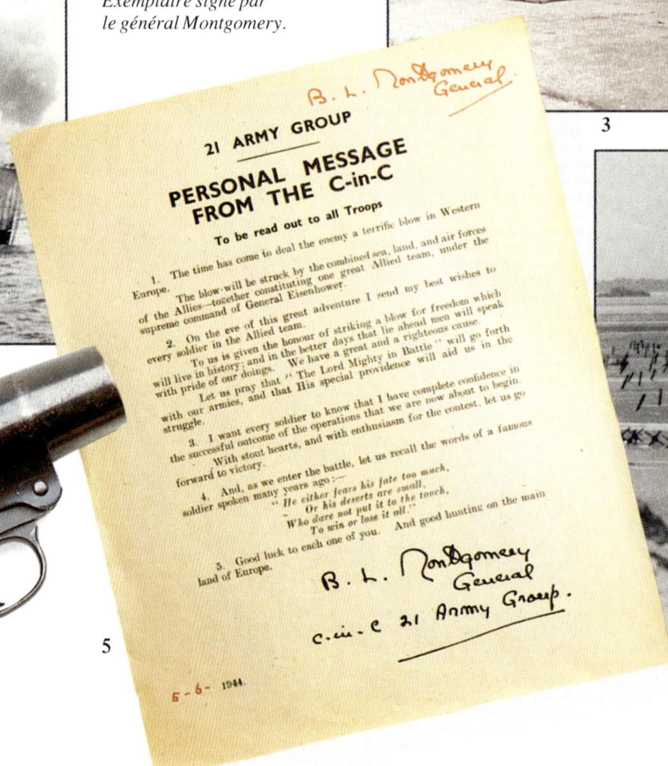
B. L. Montgomery
General

21 ARMY GROUP

PERSONAL MESSAGE FROM THE C-in-C

To be read out to all Troops

1. The time has come to deal the enemy a terrific blow in Western Europe.

The blow will be struck by the combined sea, land, and air forces of the Allies—together constituting one great Allied team, under the supreme command of General Eisenhower.

2. On the eve of this great adventure I send my best wishes to every soldier in the Allied team.

To us is given the honour of striking a blow for freedom which will live in history; and in the better days that lie ahead men will speak with pride of our doings. We have a great and a righteous cause.

Let us pray that "The Lord Mighty in Battle" will go forth with our armies, and that His special providence will aid us in the struggle.

3. I want every soldier to know that I have complete confidence in the successful outcome of the operations that we are now about to begin.

With stout hearts, and with enthusiasm for the contest, let us go forward to victory.

4. And, as we enter the battle, let us recall the words of a famous soldier spoken many years ago:—

"He either fears his fate too much,
Or his deserts are small,
Who dare not put it to the touch,
To win or lose it all."

5. Good luck to each one of you. And good hunting on the main land of Europe.

B. L. Montgomery
General
C-in-C 21 Army Group.

5-6- 1944.

5

6

1 *HMS* Warspite *et* Ramillies *dirigeant leur feu meurtrier sur les batteries côtières à Villerville et Bénerville, à l'est du gros de la* Task Force *britannique.* (Keystone)

2 *Des troupes allemandes quittent leur blockhaus protecteur et se précipitent vers les positions avancées de leur bunker.* (Bundesarchiv)

Page précédente : *Débarquement d'une unité britannique depuis un LCA.*

7

8

6 *Cette photo fort rare montre, vue du camp allemand, la flotte alliée à Lion, face à l'embouchure de l'Orne.* (Bundesarchiv)

7 *La capture du point retranché de La Brèche défendant* Sword *dura près de trois heures pendant lesquelles les troupes étaient prises sous le feu nourri de ses mitraillettes et de ses mortiers.* (Bettmann)

8 *Malgré l'intensité des bombardements alliés, les batteries côtières allemandes continuent de tirer sur* Sword *avec une précision meurtrière.* (Bundesarchiv)

1 *Insigne de calot du* Hampshire Regiment. *Les 1*[er] Hampshire *font partie de la 50*[e] *division* (Northumbrian) *qui débarque le Jour-J à* Gold.

2 *Canons antiaériens de la* Royal Navy *surveillant le ciel tandis que les péniches de débarquement se dirigent vers les plages anglaises.*

le général Hobart que l'on avait été rechercher dans sa retraite, que sont conçus par la 72e division ces « drôles de chars » (*Funnies*) qui sont répartis parmi les divisions d'assaut. Avec les commandos et les blindés, la 3e et la 50e divisions ne comptent pas moins de 5 brigades chacune. Faisant surface à proximité des plages, des sous-marins miniatures en balisent les approches pour les péniches d'assaut. Le courant semble moins gêner les troupes anglaises que celles qui ont débarqué une heure plus tôt à *Omaha* et à *Utah*. Avec un objectif plus difficile et plus ambitieux que celui des Américains, plus expérimentés et plus prudents, les Anglais évitent de se précipiter tête baissée ; il faut y voir également l'influence de Montgomery qui refuse de prendre des risques inutiles avec la vie de ses hommes. Au début de l'opération, à l'opposé de Bradley, Dempsey, commandant la 2e armée britannique, est encore en Angleterre et ne rejoindra sa position au large que dans l'après-midi.

3 *Vue aérienne montrant la confusion apparente des péniches bravant la mer démontée pour gagner la plage.*

4 *À* Gold, *le bombardement naval a détruit beaucoup de canons allemands, mais pas tous.*

5 *Les cartes postales du front sont très laconiques, mais elles rassurent les proches qui attendent et sont contents d'avoir ces quelques indications.*

GOLD BEACH

Sous le feu des dernières salves, les 2 groupements tactiques de la 50e division atteignent la plage de *Gold* à 7h25. Les bombardements ont déjà détruit de nombreuses batteries côtières et l'approche se passe bien. La plage rejoint les dunes en pente douce, mais juste à l'ouest de *Gold*, entre Arromanches et Port-en-Bessin, elle est barrée par un récif et le début d'une falaise qui se continue jusqu'à *Omaha*. Vers l'est, la 716e DI allemande couvre, comme prévu, les zones de débarquement britanniques jusqu'à *Sword*. En position le long de la falaise se trouve aussi la 352e DI, bien supérieure. Plusieurs pièces allemandes n'ont pas été repérées par la reconnaissance aérienne ou sont hors de portée de l'artillerie navale, et elles peuvent prendre en enfilade

LES FUNNIES

En mars 1943, le général Alan Brooke nomme le général de division à la retraite Percy Hobart à la tête d'une formation spéciale dite 79e division blindée, chargée de transformer divers véhicules blindés et de concevoir des dispositifs explosifs susceptibles de venir à bout des défenses du mur de l'Atlantique. Certaines ébauches, comme le Grand Manitou (énorme roue à feu pour détruire les mines) sont des échecs notoires dès le stade expérimental. D'autres idées s'avèrent fructueuses ; leur contribution au Jour-J sera sans commune mesure avec l'effectif de cette division.

Les hommes d'Hobart produisent toutes sortes d'engins spéciaux : le Crabe, char de déminage muni d'un fléau géant sur rouleau placé devant un char Sherman, l'AVRE *(armored vehicle royal engineers)*, char Churchill équipé d'un mortier pétard de 20 kg pour détruire des obstacles à bout portant. Le char Churchill Mk VIII Crocodile équipé d'un lance-flammes, arme particulièrement crainte des Allemands, pour incendier les casemates ; un autre Churchill est modifié de manière à transporter un pont à poutre, caisson de 12 m pour franchir des obstacles. Des chars Bobine, pour dérouler un tapis en toile sur le sable meuble devant les véhicules et des chars Facine pour faciliter le passage en déversant des boisseaux de tiges métalliques dans les fossés, les tranchées ou devant les murs antichars. Presque tous ces « drôles de chars », ces *Funnies*, conservaient leur équipement : canons et mitrailleuses.

Le plus célèbre est le Sherman amphibie (DD) utilisé également par les Américains qui en ont conçu l'idée. À l'époque d'*Overlord* ces chars ne faisaient plus partie de la 79e DB mais étaient affectés à d'autres unités blindées. N'en percevant pas véritablement l'intérêt, Bradley décline l'offre d'autres *Funnies* pour appuyer les débarquements à *Omaha* et à *Utah*. Sans être rattachés à la 79e DB, les vieux chars Centaure des régiments blindés d'appui aux *Royal Marines*, équipés d'un obusier de 95, joueront un rôle similaire le Jour-J.

6

7

8

9

6, 7 *Char Sherman DD* (duplex drive *: double unité de propulsion montée à l'arrière, visible en* **7**) *avec sa jupe de flottaison baissée* (**6**), *et relevée* (**7**) *en position de « navigation ».*

8 *Avec ses 1 800 litres de combustible dans une remorque blindée, ce char Crocodile lance-flammes liquidait les casemates à une distance de 80 à 130 m.*

9 *Le char Bobine pouvait poser un chemin en toile de 3 m de large évitant aux véhicules de s'ensabler.*
(IWM : H 37886)

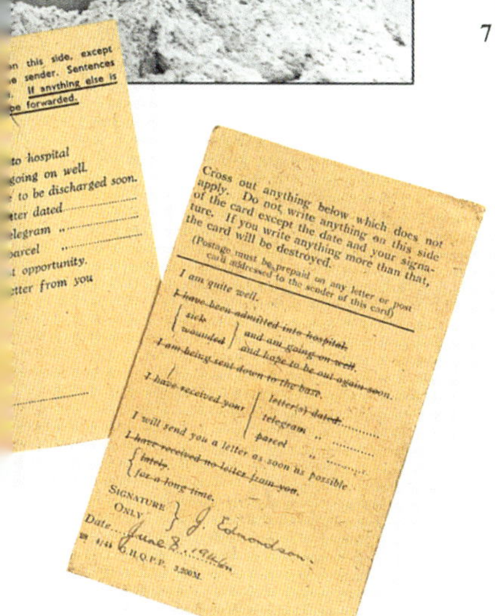

5

1

1 *Position de mitrailleuse typique sur tout le littoral normand.*

2 *Vue de* Gold *aujourd'hui : les vestiges du port artificiel d'Arromanches sont encore visibles au loin.*

les approches principales. S'ajoutant aux défenses allemandes, le vent qui souffle à force 5 pousse les Anglais à conduire les chars amphibies jusqu'aux plages dans les péniches de débarquement. Les *Funnies* de la première vague seront souvent utilisés comme des chars ordinaires, mais plus d'une fois ces véhicules spéciaux, en neutralisant les défenses allemandes, transforment un combat douteux en succès. Sans eux, le bilan de *Gold* aurait été comparable à celui d'*Omaha*.

À l'extrémité ouest de *Gold*, la 231e brigade débarque près du petit village du Hamel fortifié par une compagnie allemande et que les bombes et obus ont peu touché. Il faudra quinze minutes aux premiers chars pour rejoindre l'infanterie sur la plage, tandis que les péniches d'assaut qui souvent s'échouent sur les bancs de sable obligent les hommes à accomplir dans l'eau un difficile parcours jusqu'à la terre ferme. Le 1er bataillon *(Hampshire Regiment)*, attaquant Le

2

3

3 Gold beach *le matin du 6 juin 1944. Les* Funnies *de la 69e brigade se faufilent entre les « asperges de Rommel » et autres obstacles, sous les tirs nourris des batteries lourdes de Longues-sur-Mer.* (Bettmann)

Hamel, perd son commandant et son adjoint en quelques minutes ; la conquête du village se poursuit tard dans l'après-midi. Entre-temps, le reste de la brigade contourne Le Hamel et pousse vers l'intérieur afin d'établir la tête de pont. Quelques minutes derrière la première vague, les commandos de la 4e *Service Special Brigade*, dont une seule des péniches évitera le naufrage, débarquent à l'ouest du Hamel. « Peut-être que nous gênons, dit quelqu'un avec un flegme typiquement britannique, on dirait une plage privée ! » Poussant dans les terres derrière Arromanches par les sentiers qui couronnent la falaise, les premiers éléments du commando n° 47 des *Royal Marines* atteignent la ligne de Port-en-Bessin à la tombée de la nuit et investissent le port le lendemain à l'aube.

À l'est de la 231e brigade, la première vague de la 69e brigade débarque derrière les *Funnies* qui nettoient la plage. Ayant débarqué près du village de La Rivière, ils poussent jusqu'à Mont-Fleury à 1,5 km, et atteignent leur premier objectif, une batterie allemande.

4 *Appuyées par les chars DD des 4/7ᵉ* Dragoon Guards *et le* Nottinghamshire Yeomanry, *les brigades d'assaut de la 50ᵉ division (30ᵉ corps) débarquent vers 8h15, à* Gold. (IWM : MH 2021)

5, 6, 7 *Deux exemples d'emplacements allemands et un poste d'observation, partie des défenses du mur de l'Atlantique près de Longues-sur-Mer.*

8 *Ce journal londonien fait état des événements du jour avec un maximum de précision compte tenu des communiqués délibérément vagues du* SHAEF, *obligeant la presse à recourir aux informations des agences des pays neutres sous contrôle allemand.*

9 *Les pertes alliées le Jour-J sont inférieures aux prévisions (moins de 2 000) mais la vraie bataille n'a pas encore commencé.* (US National Archives)

5

6

7

8

TUESDAY, JUNE 6, 1944

Still the Best! BIRD'S CUSTARD

Evening Standard

37,357 BLACK-OUT 10.57 pm to 5.0 am MOON Rises 9.50 pm; Sets 6.29 am. ONE PENNY

FINAL NIGHT EXTRA

The spirit of a great race LONG JOHN SCOTCH WHISKY

Churchill Announces Successful Massed Air Landings Behind Enemy in France

4000 SHIPS, THOUSANDS OF SMALLER VESSELS

"So Far All Goes to Plan"— 11,000 First Line Airplanes

An immense armada of more than 4000 ships, with several thousand smaller craft, has crossed the Channel, said Mr. Churchill to-day, announcing the invasion.

"MASSED AIRBORNE LANDINGS HAVE BEEN SUCCESSFULLY EFFECTED BEHIND THE ENEMY'S LINES," HE SAID.

MR. CHURCHILL DESCRIBED THE LANDINGS AS THE "FIRST OF A SERIES IN FORCE ON THE EUROPEAN CONTINENT."

"The landings on the beaches are proceeding at various points at the present time. The fire of the shore batteries has been largely quelled, said Mr. Churchill.

"The obstacles which were constructed in the sea have not proved so difficult as was apprehended.

"The Anglo-American Allies are sustained by about 11,000 first line aircraft, which can be drawn upon as may be needed for the purposes of the battle.

"I cannot, of course, commit myself to any particular details, as reports are coming in in rapid succession. So far, the commanders who are engaged report that everything is proceeding according to plan—and what a plan!

"This vast operation is undoubtedly the most complicated and difficult that has ever occurred.

SURPRISE

"There are already hopes that actual tactical surprise has been attained," said the Premier, "and we hope to furnish the enemy with a succession of surprises during the course of the fighting.

"The battle which is now beginning will grow constantly in scale and in intensity for many weeks to come, and I shall not attempt to speculate upon its course.

"Complete unity prevails throughout the Allied Armies. (Cheers.)

"There is a brotherhood in arms between us and our friends in the United States.

"There is complete confidence in the Supreme Commander, ...

No. 1

At 9.30 a.m. to-day the following communiqué was issued from General Eisenhower's Supreme Headquarters:

"Under the command of General Eisenhower, Allied naval forces, supported by strong air forces, began landing Allied armies this morning on the Northern coast of France."

The statement was marked "Communiqué No. 1." At the same time it was revealed that General Montgomery is in command of the Army Group carrying out the assault. This Army Group includes British, Canadian and U.S. forces.

The King on the ...

Thousands Of Fighters Strafe The Nazi Guns

Since the invasion began Allied fighter-bombers have been dive-bombing, glide-bombing and strafing German defences and communications.

They fly literally into the mouths of guns and dive within feet of the spans which hold bridges together.

A gun is silenced, a truck carrying ammunition for a company of German soldiers is blown up, a bridge is shattered, making German supply convoys detour 20 or 30 miles, a gun crew is wiped out—multiplied by thousands, the fighter-bomber attacks will help the surface forces in 1000 ways, and will have an enormous effect on the battles below.

Bomber Command last night made their heaviest attack to date on the German batteries along the French coast. In all, Bomber Command despatched more than 1300 aircraft.

'LANDINGS ON JERSEY, GUERNSEY'

German Overseas News Agency said this afternoon that landings have been made on the Channel Islands —Jersey and Guernsey—by Allied parachute troops.

Quoting the German High Command spokesman, the agency said: "Early to-day Allied airborne formations landed on Guernsey and Jersey.

"They were at once engaged in extremely costly battles."

SHELLED BY 640 GUNS

The Supreme Headquarters of the Allied Expeditionary Force state that over 640 naval guns, from 16in. to 4in., are bombarding the beaches and enemy strong points in support of the armies.

About 200 Allied minesweepers, with 10,000 officers and men, are engaged in the operations.

The weight of minesweeping material used amounts to 2800 tons, and the amount of sweep wire in use would reach almost exactly from London to the Isle of Wight.

The Press Association learns that enemy destroyers and E-boats are reported coming into the operational area.

'Tanks Ashore on Normandy Coast'
—SAYS BERLIN

The Allies have established beach-heads in Northern France and are driving inland, according to pilots who have flown over the battle.

This afternoon the Germans announced that landings were continuing in the Seine Bay—the stretch of the Normandy coast between the two ports of Cherbourg and Le Havre.

They reported parachute landings on Guernsey and Jersey, the two principal Channel Islands, and said that Allied troops were ashore at these points on the coast of Normandy:

ST. VAAST LE HOUGE (on the Cherbourg Peninsula): "Mass landing" supported by considerable naval forces, while strong American airborne forces jumped near Barfleur, a few miles to the north.

OUISTREHAM (at the mouth of the River Orne): "Landing barges under strong air umbrella are making landings," said the Germans.

Earlier the Germans had mentioned that Caen, a few miles inland up the Orne, was "the first focal point," where sharp fighting was taking place. The Germans also reported fighting 10 miles inland.

ARROMANCHES (in the middle of the Seine Bay): "Tanks have been landed there, says Berlin.

ST. MARCOUF ISLANDS (just off the coast south of Cherbourg): "New landings made before noon particularly in this area."

VIRE ESTUARY

Another focal point mentioned by the Germans was the estuary of the Vire, another river running north into the Seine Bay.

Parachute landings were reported in several areas besides Barfleur—

(Continued on Back Page, Col. Two)

Watched

9

1 *Insigne de calot et écusson des* Green Howards *(*Princess of Wales's Own Yorkshire Regiment*).*

En nettoyant une casemate allemande à Hable-de-Heurtot, dès les premières minutes du débarquement l'adjudant Stanley Hollis du 6e bataillon *(Green Howards)* fait 25 prisonniers, ce qui lui vaut la plus haute décoration militaire, la croix de Victoria, la seule remise le Jour-J. La Rivière n'est dégagé qu'au bout de plusieurs heures, pendant lesquelles les troupes quittent la plage et poussent vers l'intérieur. À 11h la troisième brigade, la 151e, débarque et pousse au centre de la division désormais solidement installée bien que Le Hamel ne soit toujours pas tombé. Une heure plus tard la dernière brigade d'infanterie, la 56e, débarque à son tour en compagnie du commandant divisionnaire, le général D. Graham. Appuyée par l'artillerie navale, la 231e brigade, encore partiellement empêtrée au Hamel, protège le flanc de la tête de pont en prenant Arromanches. Le reste de la division peut désormais avancer en bloc et rencontre peu de résistance, de nombreux défenseurs de la 716e DI ayant déjà fui. La 56e brigade s'avance néanmoins avec précaution (5 km en cinq heures) ; à la tombée de la nuit Bayeux est encore à 2 km. Sur son flanc est, la 151e progresse un peu plus vite, et n'atteint la route Bayeux-Caen qu'en fin de journée. Malgré de rudes combats en fin d'après-midi, en effectuant sa jonction avec les Canadiens de *Juno*, c'est la 69e brigade qui pénètre le plus avant ce jour-là sur une profondeur d'environ 13 km. Pendant ce temps, les plages sont nettoyées et les troupes de la 7e DB (les célèbres « Rats du désert ») débarquent derrière la 50e division.

2 *L'adjudant Stanley Hollis des 6e* Green Howards *reçut la première croix de Victoria de la campagne de Normandie pour ses exploits à* Gold.
(Keystone)

Bien que la 50e division n'ait pas atteint tous ses objectifs, elle est solidement installée à l'intérieur sur un front continu. Sur les quelque 24 970 hommes débarqués à *Gold beach*, il y aura moins de 1 000 tués et blessés. De l'avis même de nombreux participants, ce débarquement qui aurait pu être aussi sanglant que celui d'*Omaha* finit, comme à *Utah*, par n'être qu'un exercice auquel se seraient ajoutées quelques pertes. Et déjà la nuit tombe lorsque les hommes font halte pour le thé du soir.

3 *Les fumées des combats passent au-dessus d'une plage tenue par les Anglais qui continuent de débarquer le matériel.*
(IWM : CL 25)

4 *Le pavillon de la marine de guerre indique le poste d'un groupe de plage de la marine britannique chargé de favoriser au maximum le débarquement des hommes et du ravitaillement.*
(IWM : A 24012)

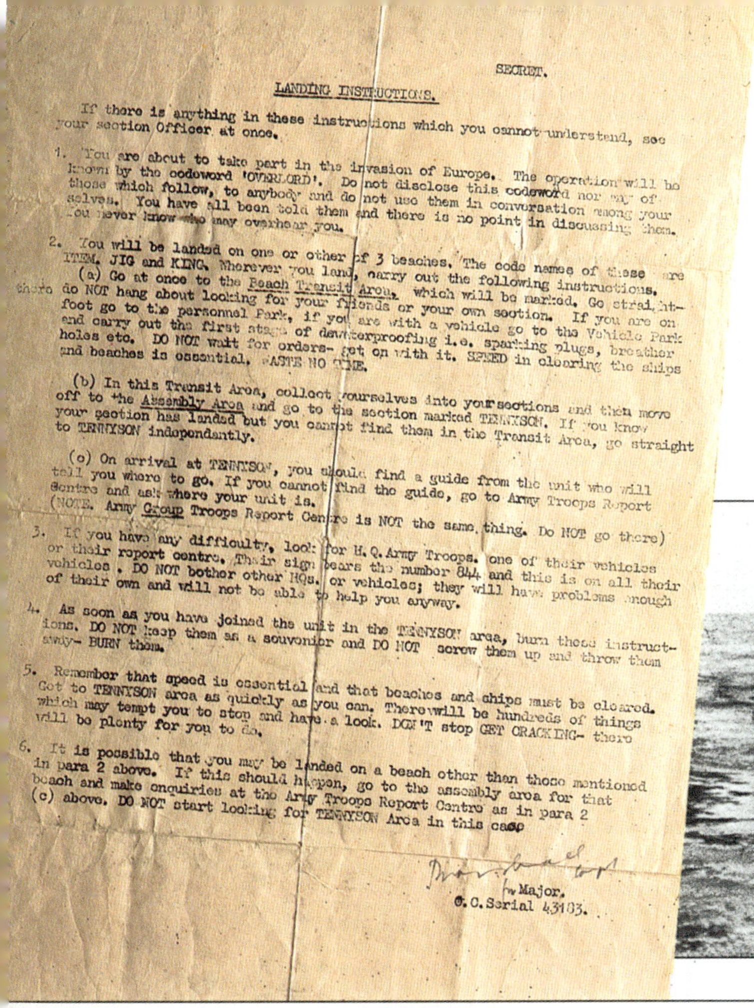

SECRET.

LANDING INSTRUCTIONS.

If there is anything in these instructions which you cannot understand, see
your section Officer at once.

1. You are about to take part in the invasion of Europe. The operation will be
known by the codeword 'OVERLORD'. Do not disclose this codeword nor any of
those which follow, to anybody and do not use them in conversation among your
selves. You have all been told them and there is no point in discussing them.
You never know who may overhear you.

2. You will be landed on one or other of 3 beaches. The code names of these are
ITEM, JIG and KING. Wherever you land, carry out the following instructions.
(a) Go at once to the Beach Transit Area, which will be marked. Go straight-
there do NOT hang about looking for your friends or your own section. If you are on
foot go to the personnel Park, if you are with a vehicle go to the Vehicle Park
and carry out the first stage of dewaterproofing i.e. sparking plugs, breather
holes etc. DO NOT wait for orders- get on with it. SPEED in clearing the ships
and beaches is essential. WASTE NO TIME.

(b) In this Transit Area, collect yourselves into your sections and then move
off to the Assembly Area and go to the section marked TENNYSON. If you know
your section has landed but you cannot find them in the Transit Area, go straight
to TENNYSON independantly.

(c) On arrival at TENNYSON, you should find a guide from the unit who will
tell you where to go. If you cannot find the guide, go to Army Troops Report
Centre and ask where your unit is.
(NOTE. Army Group Troops Report Centre is NOT the same thing. Do NOT go there)

3. If you have any difficulty, look for H.Q. Army Troops. one of their vehicles
or their report centre. Their sign bears the number 844 and this is on all their
vehicles . DO NOT bother other HQs. or vehicles; they will have problems enough
of their own and will not be able to help you anyway.

4. As soon as you have joined the unit in the TENNYSON area, burn these instruct-
ions. DO NOT keep them as a souvenir and DO NOT screw them up and throw them
away- BURN them.

5. Remember that speed is essential and that beaches and ships must be cleared.
Get to TENNYSON area as quickly as you can. There will be hundreds of things
which may tempt you to stop and have a look. DON'T stop GET CRACKING- there
will be plenty for you to do.

6. It is possible that you may be landed on a beach other than those mentioned
in para 2 above. If this should happen, go to the assembly area for that
beach and make enquiries at the Army Troops Report Centre as in para 2
(c) above. DO NOT start looking for TENNYSON Area in this case

for Major.
O.C. Serial 43183.

5

6

6 *Pistolet britannique « Very » utilisé pour lancer des fusées éclairantes.*

7

8

5 *Directives aux hommes sur le point de débarquer à* Gold beach *soulignant la nécessité d'un rassemblement rapide et bien coordonné une fois à terre.*

7 *Char britannique Cromwell quittant sa péniche au large de* Gold beach.
(IWM : MH 2014)

8 *Mémorial commémorant les combats acharnés du 47e commando des* Royal Marines *pour capturer le port de Port-en-Bessin à* Gold.

LES COMMANDOS

Les commandos britanniques voient le jour au début de la Seconde Guerre mondiale ; volontaires de l'armée et de la *Royal Navy*, ils reçoivent un entraînement spécifique en vue d'exécuter des petits raids dans les territoires occupés. Ces unités ont des appellations diverses ; souvent les hommes gardent l'uniforme et l'insigne de leur unité d'origine. Comme toute armée privée, les commandos provoquent quelques jalousies : ce n'est qu'au terme d'une longue lutte qu'ils obtiendront le droit de porter le béret vert (bientôt aussi distinctif que le béret rouge des troupes aéroportées britanniques) et l'insigne des opérations interarmées. Au début ils n'ont pas de statut officiel. Leur nom vient des *Commandos* (commandes) Boers, adversaires en Afrique du Sud de Churchill, celui-ci fut durant toute la guerre le défenseur acharné de ces unités.

Leur titre officiel à partir de juillet 1940 (brigades de service spécial) est mal perçu à cause des initiales SS (que d'autres déformeront du reste en « *Suicide Squads* »). L'unité de commando a la valeur théorique d'un bataillon de faible importance : environ 400 hommes répartis dans 4 brigades et 1 d'armes lourdes. En réalité, elles sont très diversement constituées et organisées. En 1943, il y a 12 commandos séparés, dont le commando n° 10 (interallié) composé de 1 brigade française, 1 hollandaise, 3 belges, 1 norvégienne, 1 polonaise et 1 brigade de transfuges comprenant des Allemands. Formé ultérieurement pour effectuer des raids dans les eaux nordiques, le commando n° 14 (*Arctic*) regroupe des éléments britanniques, canadiens, américains, indiens et norvégiens. Les premiers commandos des *Royal Marines* constitués en 1942, qui en sont issus, sont au nombre de 8 en 1944 (nos 40 à 47).

Le Jour-J, la 1re brigade de service spécial est composée des commandos nos 3, 4, 6, des 45e *Royal Marines*, et du commando français n° 10 ; la 4e brigade, elle, réunit les 41e, 46e, 47e et 48e *Royal Marines*. Bien que faisant partie de la première vague d'*Overlord*, les commandos ne participeront pas à l'assaut, mais se verront assigner divers objectifs bien spécifiques. Durant la guerre, ils effectueront surtout des raids à petite échelle.

1

2 *Les Français du commando n° 10 faisaient partie de la 1re brigade de service spécial le Jour-J.* (IWM : B 5281)

3 *Les commandos embarquent pour la Normandie. Premiers à débarquer, ils ne participent pas à l'assaut principal, des tâches spécifiques leur étant assignées, notamment la saisie des points retranchés et des ponts ainsi que diverses missions de reconnaissance et opérations commandos.* (IWM : BU 1181)

4 *Les lettres SS ont un sens sinistre dans le contexte de la Seconde Guerre mondiale. Ici pourtant elles figurent sur l'insigne en tissu du personnel de l'état-major de la 1re brigade de service spécial.*

5 *À Ouistreham le Jour-J, les hommes du 4e commando soutenus par des chars Sherman DD s'apprêtent à prendre d'assaut la batterie.* (IWM : MH 2012)

1 *Des commandos lourdement chargés remontent la plage.* (IWM : BU 1185)

6 *L'insigne des opérations interarmées que portaient les commandos britanniques symbolise leur volonté de combattre par air, terre ou mer. Leurs homologues américains portaient un écusson très similaire.*

6

5

1 *Insigne de calot des* Lovat Scouts, *régiment écossais levé pour servir pendant la guerre des Boers (1899-1902) par lord Lovat. Les commandos de la 1*[re] *brigade de service spécial furent précédés sur* Sword beach *par le joueur de cornemuse personnel de sa seigneurie.*

1

SWORD BEACH

Les premiers éléments de la 3e division britannique, la 8e brigade sous les ordres du général E. Cass, touchent la plage à 7h25 au petit village de La Brèche. Il se trouve alors au moins un officier pour déclamer à l'aide d'un porte-voix à ces *happy few* souffrant du mal de mer des extraits du *Henri V* de Shakespeare. À mi-chemin entre Ouistreham à 1,5 km à l'est et un récif à l'ouest à La Brèche, *Sword beach*, transformée en véritable forteresse par les Allemands, ne peut recevoir qu'une brigade à la fois. Mais les bombardements et le débarquement quelques heures plus tôt de la 6e *Airborne*, chargée de réduire les défenses, se sont révélés efficaces, et la première vague débarquera groupée et à l'heure. Seuls 6 chars DD sur les 40 mis à la mer rencontreront des difficultés à ce moment-là et 28 survivront au débarquement proprement dit. Comme à *Gold*, la première vague comporte des *Funnies*, des chars Centaure du régiment de soutien blindé des *Royal Marines*, ainsi que des canons automoteurs. Les

2

3

2 *Seules des photos aériennes comme celle-ci peuvent donner une idée du chaos apparent (quelquefois réel) au large des plages. « Comme Broadway aux heures de pointe », selon le mot d'un observateur américain.*
(IWM : EA 25992)

3 *Marée haute vers 13h le Jour-J : les chalands vides s'entassent sur la plage ; les véhicules partent vers l'intérieur où des incendies provoqués par les premiers bombardements brûlent encore.*

4 *Fantassins britanniques s'apprêtant à quitter* Sword. *L'étroitesse de cette plage très encombrée retarde le déploiement des blindés laissant certaines troupes partir sans appui.*
(IWM : B 5091)

4

5

5 *La Brèche, là où débarqua à* Sword *la 8*[e] *brigade à 7h25 le Jour-J, est redevenue une paisible station balnéaire. Les bombardements de déblayage, l'action des chars DD et des autres blindés débarqués en première ligne vont réduire les pertes.*

6

sapeurs arrivant pour nettoyer les défenses de plage sont fauchés par les mitrailleuses allemandes en abordant, mais les blindés nettoieront la plage en quelques minutes. S'attendant à être quasiment anéantis sous le feu allemand, les 2 premiers bataillons d'infanterie abordent presque sans perte. De violents combats s'engagent bientôt contre de petits groupes de défenseurs repliés. Ils sont immédiatement suivis par le reste de la brigade et par les commandos de la 1re brigade de service spécial, commandés par le général lord Lovat et précédés du joueur de cornemuse. Pendant que les combats pour La Brèche se poursuivent, la 8e brigade et les commandos se déploient afin d'assurer la tête de pont. Le centre d'Ouistreham, station à la mode avec hôtels et casino, est libéré par des troupes françaises du commando no 10 Lovat (interallié), qui atteint *Pegasus bridge* avec 2 minutes de retard et s'en excuse auprès des parachutistes fatigués. Mais le temps de prendre La Brèche à 10h, le mauvais temps et la marée montante ont réduit la largeur de la plage à 15 m à peine. Entre-temps, près de Colleville au point fortifié baptisé Hillman par les Anglais, le QG de la 716e DI

6 *Plan top secret de la zone de* Sword, *à l'extrémité ouest de la ligne alliée limitée par l'embouchure de l'Orne (où dans la nuit du 5 au 6 juin les troupes aéroportées se sont emparé des ponts importants).*

1 *Fusil-mitrailleur Browning M2 (HB) de 12,7 mm, l'arme lourde d'appui standard des forces américaines pendant la guerre de 1939-1945, encore en service des années plus tard. Souvent montée sur un véhicule, elle avait un rôle antiaérien voire antichar.*

2 *Chars Sherman DD s'apprêtant à larguer leurs jupes de flottaison (parfois au moyen d'une petite charge explosive intégrée) avant de remonter la plage en appui de l'infanterie britannique.* (UPI/Bettmann)

3 *Les hommes de la « légion indienne » allemande derrière une mitrailleuse MG-34 sur le mur de l'Atlantique. De nombreux Indiens opposés à l'occupation britannique dans leur pays se portent volontaires pour servir l'Allemagne ou le Japon.* (Bundesarchiv)

4 *Sous-sol du blockhaus allemand à Port-en-Bessin.*

défendu par plus de 270 hommes bloque toute la journée le 1er bataillon de la 8e brigade, les 1er *Suffolk*. À Hillman, les derniers défenseurs ne capituleront que le lendemain matin.

Quelques heures à peine après le premier débarquement à *Sword*, on commence déjà à prendre du retard sur l'horaire ; la plage est encombrée d'embarcations, d'hommes et de matériel. Bien que l'infanterie de la 185e brigade ait réussi à débarquer avec les commandos, la bande étroite de sable ne facilite guère la mise à terre du matériel spécialisé et des blindés. Au soir, la moitié environ des véhicules et du ravitaillement prévus sont encore à bord et les chars qui se dirigent vers La Brèche provoquent d'immenses embouteillages. À minuit les dernières troupes de la principale brigade blindée, la 27e *Armored*, n'ont toujours pas fini de débarquer et la plupart des chars sont bloqués par les combats devant La Brèche et Hillman.

À 12h30, n'ayant d'autre choix que de progresser seule, la 1re infanterie de la 185e brigade se dirige vers l'intérieur laissant les blindés la rattraper. Contournant Hillman, elle tombe sous le feu de l'infanterie et de l'artillerie ennemies, et n'arrive à hauteur de *Pegasus bridge* qu'en milieu d'après-midi. À 16h, les premiers bataillons atteignent Biéville, à 5 km à peine de Caen. Ils s'aperçoivent alors qu'ils n'ont plus le temps d'avancer : venant à leur rencontre voici les chars de la 21e *Panzerdivision* que les Alliés croyaient encore à 15 km au sud de la ville. Demandant qu'un renfort de blindés soit envoyé d'urgence devant Hillman, la 185e brigade détruit 16 chars allemands et arrête la contre-attaque blindée ; mais la 3e division britannique n'ira pas au-delà de Biéville. Bien que 2 compagnies du premier bataillon de la 185e brigade, le 2e bataillon *The King's Shropshire Light Infantry*, aient poussé jusqu'au bois de Lebisey, soit 2 km plus près de Caen que quiconque, elles devront se retirer durant la nuit.

6

7

5 *Après avoir retiré le filet de camouflage qui le dissimulait de la reconnaissance aérienne, un obusier allemand de 105 ouvre le feu du haut de la falaise sur les plages de débarquement.* (Bundesarchiv)

6 *Entreprise périlleuse pour les commandos de la* Royal Navy *: déterrer les « asperges de Rommel » : dégager les obstacles de plage, souvent minés ou piégés, avant l'arrivée des vagues d'assaut.*

8

Pendant ce temps, la 9e brigade se dirige vers l'ouest pour opérer la jonction avec les Canadiens de *Juno beach*. Son premier objectif est l'aérodrome de Carpiquet situé à 3 km à l'ouest de Caen et à 15 km de *Sword beach*. Devant la menace grandissante des blindés allemands, le général T. Rennie, commandant divisionnaire, donne l'ordre à la brigade de renforcer la ligne de l'Orne ainsi que *Pegasus bridge*. Quelques minutes plus tard, il est blessé par un mortier allemand qui tue également la majeure partie de l'état-major. Abandonnant son objectif initial, la brigade est utilisée pour renforcer la sécurité de la tête de pont.

À 19h menée par 50 chars du 22e *Panzerregiment*, la 21e *Panzerdivision* entreprend une importante contre-attaque depuis Caen en direction de *Sword*. « Si vous ne rejetez pas les Anglais à la mer, dit-on au colonel Hermann von Oppeln-Bronikowski, son commandant, nous aurons perdu la guerre. » Lancée dans la brèche de 6 km qui sépare les Britanniques des Canadiens sur leur flanc ouest, la poussée des blindés parvient presque jusqu'à la mer à Lion. Mais les défenses britanniques sont prêtes : le feu antichar détruit 13 des chars d'Oppeln-Bronikowski et son coup de butoir est stoppé net juste avant les falaises. Or, chance incroyable pour les Britanniques, c'est le

7, 8 *Intérieur du blockhaus allemand sous la tour Vauban à Port-en-Bessin. Pris par le commando n° 7 des* Royal Marines *(voir* **8** *page 105) c'est aujourd'hui l'un des nombreux mémoriaux des batailles du Jour-J.*

moment que choisissent les planeurs de la 6e brigade aéroportée pour se poser de part et d'autre de *Pegasus bridge*, directement au-dessus de la tête des troupes blindées allemandes sidérées. Les Allemands se retirent précipitamment et le soir personne n'occupe plus la brèche entre *Juno* et *Sword*.

La 21e *Panzerdivision* vient de perdre 54 de ses 124 chars, et n'a pu repousser l'invasion. La 3e division britannique a mis 28 845 hommes à terre à *Sword beach* où le bilan de ses pertes est comparable à celui de *Gold*, si l'on compte les hommes blessés sur la plage et noyés par la marée montante. Mais n'ayant pu atteindre Caen, la division est sur la défensive : elle doit fermer la brèche à l'ouest et renforcer la 6e *Airborne* à l'est de l'Orne. Tandis que loin derrière la ligne du front l'aviation alliée essaie de retarder l'avance des *Panzers*, la question est de savoir si, à *Sword*, les Anglais pourront tenir assez longtemps pour consolider leur position ou s'ils seront rejetés à la mer.

1 *La coopération interarmées joua un rôle primordial dans les efforts pour retarder l'avancée des* Panzerdivision. *Ici, un poste de radio de la* Royal Navy *retransmet aux navires de guerre des indications recueillies par un avion de reconnaissance pour leur permettre de tirer avec leurs canons lourds sur les colonnes de blindés.*
(IWM : B 6631)

2 *Écusson du commando nº 10 (interallié). Deux troupes de combattants français du 10e commando débarqueront le Jour-J avec le 4e commando et participeront à la prise du casino à Ouistreham.*

3 *Malgré le harcèlement intense subi par les forces britanniques de* Sword *au soir du 6 juin, certaines unités se dirigent déjà vers l'intérieur, comme ces fantassins à l'assaut d'une position allemande dans un village normand.*
(UPI/Bettmann)

4 *Visiblement fatigués, leur matériel éprouvé, ces « pauvres bougres » de* tommies *n'en avancent pas moins d'un pas lourd, vers Caen à travers une ville meurtrie.*
(IWM : B 5266)

5 *Ayant pris la batterie à Ouistreham, le 4e commando quitte* Sword *en direction de l'Orne et des positions établies par la 6e* Airborne.
(IWM : BU 1178)

6

6 *C'est un peu tôt pour les foules en délire, mais le Jour-J quelques Français sont dans la rue pour accueillir chaleureusement les libérateurs de l'Europe.* (IWM : BU 1188)

Pendant la Grande Guerre, la tactique d'infanterie était de plus en plus tributaire des fusils-mitrailleurs lourds. Par la suite, les militaires cherchent à augmenter la puissance de feu du soldat et des petites unités. La période 1939-1945 voit se perfectionner et se développer les armes automatiques personnelles ou de peloton : fusil-mitrailleur léger, pistolet-mitrailleur et fusil d'assaut. Ces armes doivent pouvoir être produites rapidement, à la chaîne, être peu onéreuses et efficaces avec un minimum d'entraînement. Elles ne sont ni plus ni moins que ce qu'elles paraissent, de parfaites machines à tuer.

1 *Voici en détouré le MG-42 allemand (Spandau pour les Alliés), excellent fusil-mitrailleur léger en calibre 7,92 mm alimenté par ceinturon de 50 cartouches, cadence maximale de 1 200 coups/mn.*

3 *Fantassin britannique (au centre) armé d'un fusil-mitrailleur léger Bren en position de tir de la hanche. Malgré sa cadence de tir plus lente (500 coups/mn à partir d'une boîte-chargeur de 30 cartouches, calibre 7,62 mm) que celle du Spandau, il était plus résistant et plus polyvalent.* (IWM : B 6184)

1

3

4 *Laid, parfois peu fiable : le pistolet-mitrailleur anglais Sten Mk 2 en calibre 9 mm : très économique à fabriquer et, avec sa boîte-chargeur de 32 coups, très utile pour le corps à corps.*

5 *Pistolet-mitrailleur britannique Lanchester Mk 1, calibre 9 mm, avec boîte-chargeur de 50 cartouches, copie du Bergmann MP-28 allemand, il fut mis en fabrication à la hâte en 1940. Il servira peu.*

6 *Entièrement en métal et plastique, le FM* « Schmeisser » *MP-40 allemand fut sans doute la meilleure arme de sa catégorie. Fabriqué à plus d'un million d'exemplaires entre 1940 et 1945.*

8 *Peu coûteux mais fiable : le « pistolet graisseur » M3A1 de 11,43 était, début 1945, la mitraillette de base de l'armée.*

2

2 *Fusil automatique Browning 1918 A2 en calibre 7,62 mm alimenté par une boîte-chargeur de 20 coups. Le BAR fut couramment utilisé comme arme collective dans l'armée américaine.*

7, 9 *D'abord refusé par l'armée britannique (« arme de gangster »), le FM Thompson M1A1 a bien servi les Alliés ; apprécié surtout par les commandos et autres forces spéciales pour la capacité d'arrêt de ses cartouches de 11,43.*

7

8

9

4

5

6

10 *Conçu pour les parachutistes allemands, efficace et coûteux, le fusil d'assaut FG-42 de 7,92 mm.*

10

11

11 *Premier fusil d'assaut* (« Sturmgewehr ») *à s'appeler ainsi, le MP-44 allemand de 7,92 mm entre en service en 1943. Son excellente conception aura une forte influence sur des armes ultérieures telles que le Kalashnikov AK-47.*

LES PLAGES CANADIENNES

En 1944, le Canada est encore un simple dominion de l'empire britannique, sans sa célèbre feuille d'érable ; aussi les Canadiens en Normandie sont-ils souvent pris pour des Britanniques. Or, ils méritent qu'on les distingue, ne serait-ce que pour leurs exploits le Jour-J. La 3e DI canadienne débarque avec les troupes britanniques en tant qu'élément du 1er corps à *Juno beach*, aux côtés de la 3e division à *Sword*, soutenue par les troupes de la 4e brigade de service spécial et les *Funnies*. Pendant toute la campagne, les Canadiens collaboreront de façon exemplaire à la mise en œuvre des plans de Montgomery. Mais héritiers d'une tradition et d'une identité canadiennes distinctes, le Jour-J, ils représentent la seule force nationale entièrement constituée de volontaires. Certains sont des Américains partis s'engager au Canada avant l'entrée en guerre des États-Unis. On retrouve beaucoup d'Irlandais, d'Écossais ou de Canadiens français revenus combattre pour la France. Plus d'un Canadien d'origine polonaise combattra un soldat « allemand » qui sera en fait un Polonais enrôlé de force.

Page précédente :
Débarquement des troupes canadiennes ainsi que des chars de la 1st Hussars.

1 *Blouson de combat d'un adjudant des* Royal Winnipeg Rifles *(les «Petits Diables Noirs»), troupes ayant débarqué à* Juno beach.

LE PLAN

Comme *Sword* et *Gold*, *Juno beach* est une plage de sable fin bordée de maisons de vacances, avec 4 zones fortifiées à Vaux, Courseulles, Bernières et Saint-Aubin. Une cinquième commune, Langrune, marquant la limite orientale de *Juno beach* est l'objectif du commando nº 48 de la *Royal Navy* qui doit faire la jonction 1 km plus loin à Lion avec le commando nº 41 venant de *Sword*. Au large de *Juno*, on retrouve les même récifs et bas-fonds périlleux qu'à *Sword*, ne laissant libre qu'une zone de 2 km à Courseulles. Les Canadiens choisissent de débarquer 2 brigades côte à côte, 10 minutes après les Anglais, portées par la marée haute lorsqu'elle aura recouvert les récifs. Le Jour-J, ils ont pour objectif de rallier la route de Bayeux à Caen et d'effectuer une jonction avec la 9e brigade britannique à Carpiquet. Seule concernée, la 3e DI ; le reste des forces canadiennes cantonnées en Angleterre doivent attendre, dans le cadre de l'équilibrage délicat des forces alliées, les phases ultérieures de la campagne de Normandie. Les Canadiens n'ont d'autre objectif que d'être la liaison stratégique entre les forces britanniques lancées contre Bayeux et Caen.

2 *Avions alliés arborant les «rayures de l'invasion» au-dessus d'un transport de troupes.* (Keystone)

3 *Insigne de calot,* North Shore Regiment *(*New Brunswick*).*

4

5

LES CONTINGENTS DES NATIONS ALLIÉES

Les forces canadiennes en Normandie, une seule division au Jour-J, seront finalement composées de 4 divisions : 3 d'infanterie et 1 de blindés. Le 1er bataillon de parachutistes canadiens fera toute la campagne de Normandie aux côtés de la 6e division aéroportée britannique. De même la 11e DB polonaise, constituée de volontaires rescapés de Pologne en 1939, sera rattachée à la 1re armée canadienne presque tout au long de la campagne.

Parmi les forces américaines et canadiennes, nombreux étaient les immigrants européens de première ou de deuxième génération ; les Anglais, eux, comptaient surtout des réfugiés de l'Europe hitlérienne engagés soient individuellement soit par unités entières, à l'exception des hommes du 10e commando (interallié). Les troupes de la France libre (rebaptisées Français combattants en 1944) lanceront leur 2e division blindée dans la campagne de Normandie. Deux bataillons de parachutistes français sont rattachés au service spécial de l'air britannique en vue d'opérations clandestines en Normandie, de même qu'une compagnie hollandaise. Par ailleurs, la brigade hollandaise de la princesse Irène, une force réunissant infanterie et blindés, et la 1re brigade d'infanterie belge combattront aux côtés de la 6e division aéroportée britannique lors des phases ultérieures en Normandie. Hormis les individus ou les équipages mixtes venant d'Europe et de tous les coins de l'empire britannique, les forces de l'aviation tactique britannique engagées dans la bataille de Normandie comptent 20 escadrilles de chasseurs de la *Royal Air Force* canadienne, 10 polonaises, 5 chasseurs français, 4 de la RAF néo-zélandaise, 3 de la RAF australienne, 3 tchèques, 2 norvégiens, 2 hollandais, 2 belges et 1 de Terre-Neuve. Les forces navales commandées par Ramsay et qui rendirent les opérations de débarquement possibles comprennent des bâtiments de guerre français, canadiens, polonais et norvégiens.

7

7 *Pour contribuer à la libération de leur pays, des réfugiés de l'Europe occupée rejoignent les innombrables descendants d'immigrés européens au sein des forces canadiennes, tel ce marin norvégien.*
(Keystone)

8

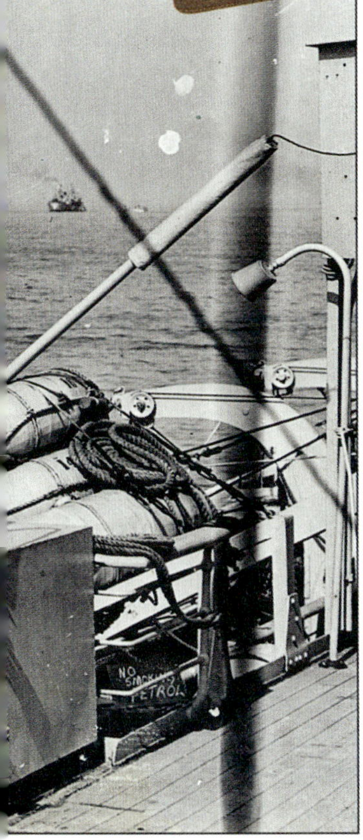

6

4 *Le premier ministre canadien Mackenzie King (debout à gauche) en conférence à Québec avec les autres dirigeants alliés.*
(Keystone)

5 *DCA Bofors de la* Royal Navy *protégeant les navires de transport au large des plages normandes.*

6 *Des bouées balisent le chemin jusqu'aux plages guidant la flotte de débarquement. La forte houle ajoutée aux récifs et aux hauts-fonds rendent le secteur de débarquement canadien particulièrement dangereux.*
(Keystone)

8 *Ces sourires ont dû paraître très accueillants aux Canadiens débarqués en Normandie. Infirmières de l'hôpital général canadien nº 10, fraîchement arrivées, photographiées à Arromanches peu après le Jour-J.*
(Archives Nationales du Canada)

1 *Sur le front de l'Est, l'armée allemande affronte une arme soviétique impressionnante qu'elle surnomme « les orgues de Staline » : un dispositif de rails, souvent monté sur camion, permet de lancer simultanément 30 à 50 roquettes de 82 mm, à poudre et à ailettes, avec une portée d'environ 6 500 m. L'Allemagne adoptera cette arme sous diverses formes, notamment le dispositif de DCA Foehn (« tempête du printemps ») capable de lancer 35 roquettes de 73 mm. Le modèle montré ici fut utilisé par l'artillerie de campagne en Normandie.*
(Bundesarchiv)

2 *Rampes de roquettes alliées prêtes à servir : ce chaland d'appui LCS (R) à équipage canadien est équipé de multiples lance-roquettes.*
(US National Archives)

JUNO BEACH

Les Canadiens commencent leur approche, appuyés par les tirs de la marine. On peut constater l'importance de quelques minutes de retard sur l'horaire tandis que le mauvais temps s'aggrave et commence à gêner sérieusement le débarquement, que la houle et la force du courant font dériver de nombreuses petites embarcations de bombardement ou de débarquement. Le temps de rassembler les forces d'invasion sur ces mers houleuses, le débarquement prend encore 10 minutes de retard, ce qui ne sera pas sans poser de problème. La mer a déjà recouvert les premières lignes d'obstacles lorsque la 7e brigade débarque à 7h45, suivie de la 8e brigade 10 minutes plus tard, passant au-dessus des poutres et des mines submergées. L'infanterie, elle, atterrit sans l'appui escompté des chars DD pour lesquels, vu la houle, on évite de prendre des risques : ils seront débarqués par les péniches, derrière l'infanterie, sur le front de la 8e brigade. C'est ce qui est également prévu sur le front de la 7e brigade, mais à la dernière minute, les chars sont lancés à 3 500 m de la plage ; 6 se perdent avant d'atteindre le rivage et seule la moitié des rescapés précèdent l'infanterie comme prévu. Sur les 40 chars Centaure de la *Royal Navy*, 6 seulement seront débarqués.

1

2

3 *Navire de débarquement ayant servi aux troupes canadiennes tranquillement échoué sur* Juno beach. *Quel contraste avec le bruit et la fureur du 6 juin à l'aube, lorsque la mer démontée retardait les débarquements et privait l'infanterie du fer de lance des blindés.*
(Archives Nationales du Canada)

3

4

5

5 *Motocyclette* Famous James *utilisée par les parachutistes et les commandos.*

4 *Noter celle que portent les hommes du 48*^e^ *commando qui débarquent avec les Canadiens à Saint-Aubin.* (IWM : B 5218)

6

6 *Comme l'insigne de calot des* Queen's Own Cameron Highlanders, *son « parrain » de la mère-patrie, celui des* Cameron Highlanders of Ottawa *montre saint André, patron de l'Écosse, avec sa croix. Les mortiers de 107 de ce régiment furent particulièrement efficaces à* Juno.

1

2

L'infanterie est consternée de voir qu'ici, comme sur les autres plages, les défenses allemandes sont encore intactes, leurs péniches de débarquement détruites et les premiers hommes tués dès qu'ils sautent à terre. Plus d'un est persuadé que le débarquement a échoué et tourne au bain de sang. Pendant un bref instant, lorsque ses péniches sont coulées, le régiment de la Chaudière croit avoir perdu toutes ses armes et débarque prêt à combattre au couteau. Mais bien qu'une partie des défenses allemandes aient échappé aux bombardements alliés, l'objectif principal, occuper les défenseurs pendant l'approche, est atteint. Sur les 3 plages anglo-canadiennes un tiers environ des péniches de débarquement sont détruites, souvent à cause d'une collision, ou endommagées après avoir déchargé les troupes. En définitive, peu d'armes seront perdues. Le débarquement canadien, quoiqu'en aient pensé ses principaux acteurs, est le plus réussi du Jour-J.

La 7e brigade dirigée par le général H. Foster débarque à Courseulles sur les 2 rives de l'embouchure de la Seulles, mais il faut attendre 8h15 pour que la première vague ait fini de débarquer. Le retard des sapeurs d'assaut et d'une partie des chars oblige la brigade, pendant les premières minutes, à lutter avec acharnement. En s'emparant de son objectif, une compagnie des *Royal Winnipeg Rifles* est réduite à 27 hommes. Mais les services de renseignements alliés avaient été d'une remarquable efficacité, les principales positions et défenses allemandes ont pour la plupart été correctement identifiées. Bien que les combats se poursuivent jusqu'à 17h, à Courseulles et à Vaux, le gros de la brigade parvient à franchir les défenses allemandes et pousse vers l'intérieur.

3

4

1 *À Bernières, portant les bicyclettes qui devaient les transporter rapidement jusqu'à Caen, les hommes des* North Novia Scotia Highlanders *et des* Highland Light Infantry *du Canada pataugent jusqu'au rivage.*
(Archives Nationales du Canada)

2 *Insigne de calot des* Queen's Own Rifles of Canada.

3 *Carabine silencieuse britannique De Lisle 11,43 utilisée par les commandos (noter le tube volumineux du canon pour le silencieux).*

4 *À* Juno, *ce fusil-mitrailleur allemand abandonné sert d'abri aux hommes du régiment de la Chaudière qui attendent de quitter la plage.*
(Archives Nationales du Canada)

5

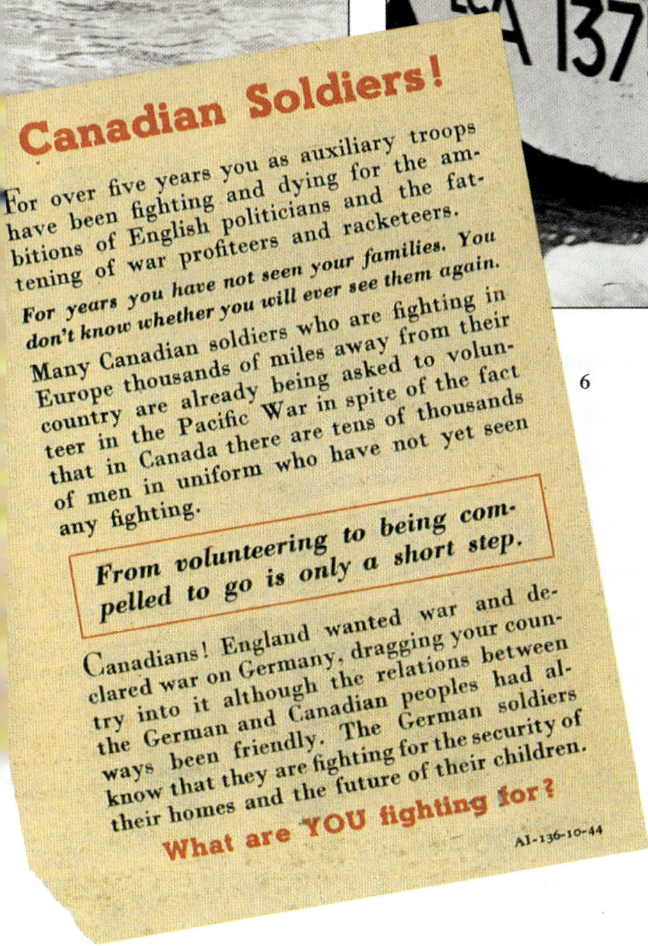

Canadian Soldiers!

For over five years you as auxiliary troops have been fighting and dying for the ambitions of English politicians and the fattening of war profiteers and racketeers.

For years you have not seen your families. You don't know whether you will ever see them again.

Many Canadian soldiers who are fighting in Europe thousands of miles away from their country are already being asked to volunteer in the Pacific War in spite of the fact that in Canada there are tens of thousands of men in uniform who have not yet seen any fighting.

From volunteering to being compelled to go is only a short step.

Canadians! England wanted war and declared war on Germany, dragging your country into it although the relations between the German and Canadian peoples had always been friendly. The German soldiers know that they are fighting for the security of their homes and the future of their children.

What are YOU fighting for?

AI-136-10-44

6

7

5 *Les péniches d'assaut du régiment de la Chaudière atteignent le rivage à* Juno.
(IWM : MH 4505)

6 *La propagande allemande incite les Canadiens à ne pas combattre pour les « ambitions des politiciens et profiteurs anglais ».*

7 *Les commandos débarquent eux aussi avec des bicyclettes qui se révéleront n'être pas très utiles.*
(IWM : BU 1184)

En 1944, la peur de l'arme chimique était partagée par les 2 camps. Cette menace pousse les Alliés à fabriquer des obus à gaz représentant un stock de 60 jours pour d'éventuelles représailles. Les aviateurs, quant à eux, recevaient un entraînement spécifique au largage de bombes gazogènes, et l'ensemble des troupes d'invasion recevaient un masque à gaz. Les renseignements allemands prévoyaient à tort que les Alliés utiliseraient du gaz dès l'attaque préliminaire ; par conséquent ils détenaient également des stocks d'obus au gaz et toutes les troupes devaient porter un masque. Les grenades étaient couramment utilisées lors de combats rapprochés dans le bocage. Grenades à manche explosives chez les Allemands, « ananas » à fragmentation chez les Alliés. Autres armes de combat rapproché : les lance-roquettes Panzerfaust *et* Panzerschreck *(sorte de Bazooka américain) et le mortier britannique PIAT.*

1

1, 2, 5 *Le* Panzerfaust *allemand était la meilleure arme antichar utilisée par l'infanterie pendant la guerre. Il comportait une petite roquette à charge creuse et à tir unique lancée d'un tube jetable et capable de perforer 200 mm de blindage à 30, à 60 puis à 100 m. Sur les 2 montrées ici* (**2**)*, l'une porte la charge primitive de 1,475 kg et l'autre l'unité standardisée de 3 kg. Ces grenades terrorisaient les chars alliés* (**5**)*, pratiquement sans défense au milieu des haies du bocage.*

2

3

3 *Panoplie d'armes de fantassins : grenade à manche allemande ; mortier et cartouche de 50,8 mm des troupes aéroportées britanniques ; grenade antichar Hawkins n° 75 (boîte de talc recyclée) ; grenade Mills n° 36 et « ananas » M2A1.*

4

5

4 *Masque à gaz standard allemand avec un étui dont le couvercle contient un filtre de rechange.*

6 *Excellent exemple de matériel antigaz allemand. Stocké dans un coffre, il fut trouvé dans un bunker d'observation du mur de l'Atlantique. Il contient notamment des masques à gaz avec étuis, porte-masque (pour faciliter le séchage après emploi), filtres, liquide de décontamination, filtres de rechange, lunettes et kit d'entretien. Le fanion jaune à tête de mort indiquait un champ de mines.*

8 *Cette photo est destinée à montrer la façon courante de porter l'étui du masque à gaz au combat.*

7 *Grenades à manche allemandes sur châssis de transport, lui-même dans un boîtier en acier embouti (***1***). Pour amorcer la grenade, il fallait dévisser le bouchon au bout puis tirer la goupille (sur une ficelle). Le détonateur à retardement laissait environ 5 secondes avant la détonation. Les grenades allemandes profitaient de l'effet explosif, tandis que les grenades alliées utilisaient la fragmentation pour tuer.*

6

7

8

1

1 *Peut-être victime des gros canons de la marine lors du bombardement préliminaire, ce soldat allemand est en partie enterré sous les décombres de sa position.* (US National Archives)

2

2 *Le visage et les gestes du général Rod Keller, commandant la 3e DI canadienne, révèlent parfaitement la pression qu'impose chaque décision impliquant un ordre de combattre à un moment crucial de la guerre. Ici devant son QG près de Bernières, Keller dut prendre des mesures pour éviter un désastre, la marée montante rétrécissant rapidement la plage sur laquelle s'entassaient ses hommes et leurs véhicules.* (Archives Nationales du Canada)

3

3 *Le canon d'un char Cromwell traverse la plage de* Juno *devant Saint-Aubin où le* North Shore Regiment *canadien débarque le Jour-J. Derrière lui, les hommes se lancent dans l'urgente et périlleuse entreprise de détection et de destruction des vastes champs de mines allemands. Ces champs situés juste derrière les plages ont parfois jusqu'à 300 m de profondeur. On estime à plus de 4 millions le nombre de mines posées le long de la côte atlantique au Jour-J.* (IWM : B 5224)

4

4 *Comme il sied à une unité canadienne française, l'insigne de calot du régiment de la Chaudière, élément de la 8e brigade débarquée à Bernières, comporte la fleur de lys.*

5 *Cette grosse péniche canadienne de débarquement d'infanterie, LCI (L), au large de* Juno beach *semble transporter plus de vélos que d'hommes ! Au début de la guerre, les Allemands en attaquant les Pays-Bas en 1940, comme les Japonais en Malaisie, avaient tiré profit de l'usage de bicyclettes pour accélérer la progression de l'infanterie.* (UPI/Bettmann)

5

À l'est, également privée d'abord de chars, la 8e brigade du général K. Blackader se heurte à une résistance allemande féroce ; dégager Bernières sans les blindés coûtera 143 hommes aux *Queen's Own Rifles*. À Saint-Aubin peu touché par les bombardements, des chars AVRE sont utilisés dans les combats de rue pour faire sauter les points forts. Débarqué à Saint-Aubin à 8h45, le commando no 48 de la *Royal Navy* se fraye, avec l'état-major de la 4e brigade de service spécial, un passage à Langrune avant d'être bloqué à l'est par une casemate allemande. Bien que le débarquement se soit bien passé, la brèche jusqu'à *Sword* ne pourra être refermée.

À 11h40 la dernière brigade de la division, la 9e, débarque avec Carpiquet comme lointain objectif. Bien que les premières troupes débarquées à *Juno* soient déjà à 8 km dans les terres, les Canadiens sont ralentis par les mêmes difficultés que les Britanniques. Dans cette course contre la montre, la digue à Bernières et à Courseulles devient un réel obstacle. En début d'après-midi, le général Keller, commandant divisionnaire, installe son QG près de Bernières pour effectuer un passage groupé des champs de mines du mur de l'Atlantique. Laissant quelques unités finir de nettoyer les villages fortifiés de la côte, la 7e brigade

6

6 *Le long des plages, de nombreux points retranchés allemands sont dotés du fusil-mitrailleur léger Maschinengewehr 42 (MG-42), (montré en détouré en* **1**, *page 114), et ici monté sur son affût tripode.*

1

1 *Roulant à grande vitesse, des chars Sherman, fer de lance de la progression canadienne en Normandie, soulèvent un nuage de poussière.*
(UPI/Bettmann)

2 *Provisoirement immobilisés par des francs-tireurs, les Canadiens de la 8e brigade cherchent un abri à Saint-Aubin où les défenseurs ont improvisé des obstacles antichars utilisant des troncs d'arbre pour barrer les rues conduisant à la mer.*
(IWM : B 5228)

3 *Autre raison d'avancer avec précaution : opération de déminage des sapeurs canadiens sur la route de Caen.*
(Archives Nationales du Canada)

4 *Le Canadien à gauche envisage un combat au corps à corps car il a attaché sa baïonnette.*
(Keystone)

2

3

pousse en direction du sud-ouest et fait la jonction à Creully avec la 50e division *(Northumbrian)* débarquée à *Gold*. Progression semblable des 8e et 9e brigades par le centre, mais la poussée canadienne en direction de Caen sera arrêtée dans la soirée à 5 km de Carpiquet par une résistance allemande plus agressive à l'est. Près des plages, la plupart des défenseurs avancés de la 716e DI ont fui, et les patrouilles des 1er hussards (6e régiment blindé canadien) atteindront tout juste la route qui relie Bayeux à Caen, leur objectif principal, avant de se retirer pour la nuit.

S'attendant à une contre-attaque pour le lendemain, les Canadiens se replient sur une ligne à environ 7 km de *Juno*, soit 5 km de moins que prévu. L'attaque de la 21e *Panzerdivision* entre *Sword* et *Juno*, en soirée, empêche la jonction avec la 3e division britannique, mais la ligne qui les relie à la 50e division *(Northumbrian)* est continue et solide. *Juno beach* verra débarquer environ 21 400 hommes, chacun vivant des expériences très diverses. Il y aura quelques combats très durs et le bilan sera de 340 tués, 574 blessés et 47 prisonniers.

5 *Cette mine antipersonnel allemande était indécelable par le matériel électro-magnétique.*

5

6

4

7

6 *Une cigarette placée contre la goupille et le détonateur indique l'échelle du piège montré en (***5***). Le couvercle en bois était maintenu ouvert par une fine baguette. La boîte se refermait dès qu'on posait le pied dessus, déplaçant la goupille et amorçant ainsi le détonateur qui faisait exploser une charge d'environ 250 g d'explosif.* (Keystone)

7 *Jeep-ambulance canadienne : noter la forme particulière du casque canadien en acier.* (Archives Nationales du Canada)

La nomenclature portée sur cette carte est traduite à la fin de l'ouvrage dans l'encadré sur les forces en présence.

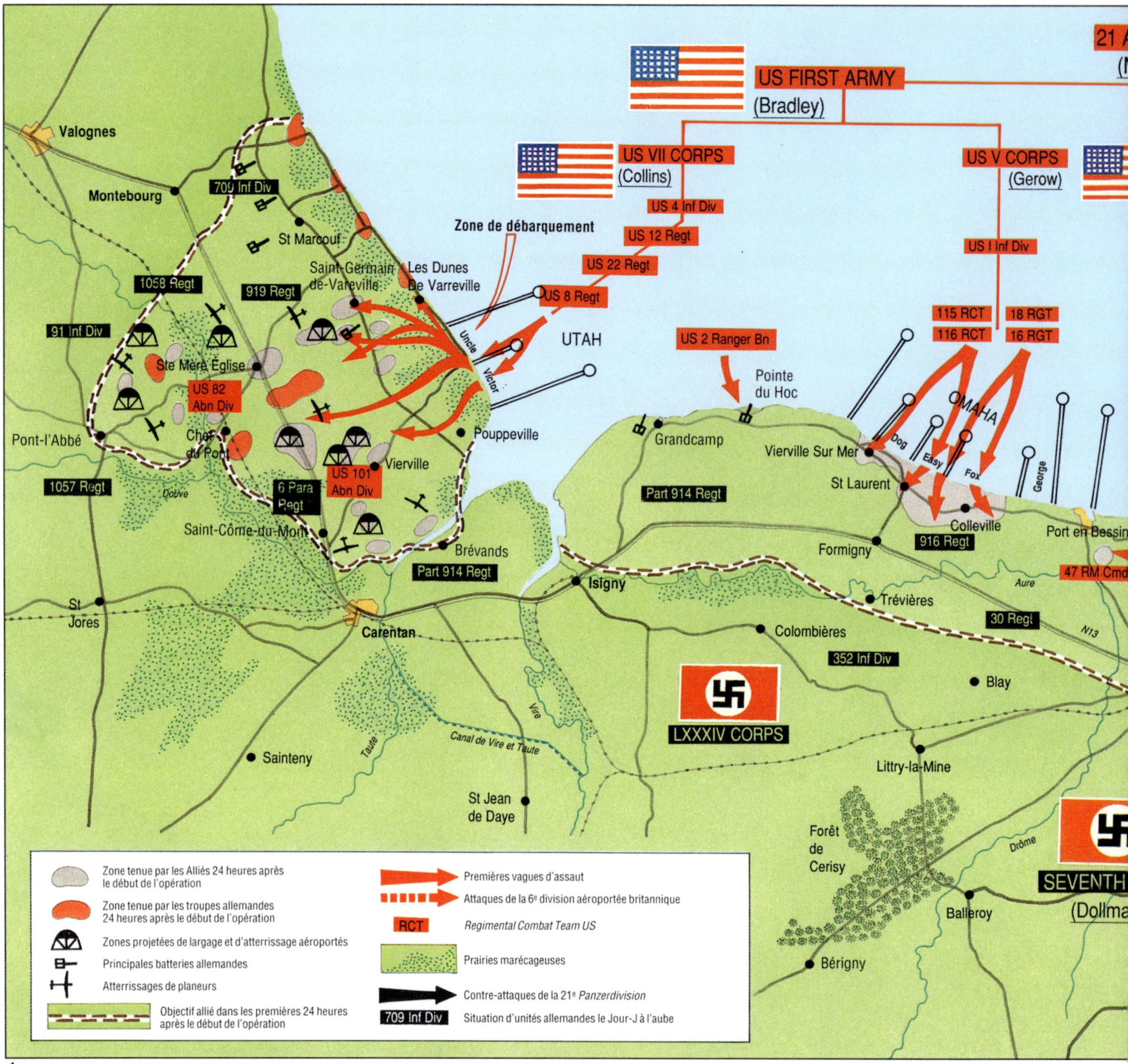

1

1 *Comme le montre la carte, les Alliés furent loin d'atteindre l'objectif idéal qu'ils s'étaient fixé pour le Jour-J (un front continu d'une centaine de kilomètres de long sur 15 de profondeur). Les Allemands avaient désormais la possibilité d'attaquer dans les brèches entre les zones libérées divisant ainsi les forces alliées.*

BILAN DU 1er JOUR

Si tout s'était déroulé exactement comme prévu, les Alliés auraient libéré dès le premier jour une bande de 15 km sur un front continu d'une centaine de kilomètres, de Quinéville à l'ouest jusqu'à Cabourg à l'est, et pris Bayeux et Caen. Montgomery dans son scénario le plus optimiste espérait que les chars de *Gold* et de *Juno* pourraient atteindre Villers-Bocage, au sud-ouest de Caen, à 27 km de la mer et que des patrouilles de voitures blindées débarquées à *Sword* pourraient effectuer une percée de 48 km au sud, jusqu'à Falaise, tandis que les divisions aéroportées américaines auraient poussé à travers le Cotentin en direction de Saint-Sauveur-le-Vicomte à 24 km à l'ouest d'*Utah*. Dans cette optique l'opération n'a pas vraiment été une réussite. Aucun des objectifs fixés n'a été atteint. Seule division à mener sa mission à bien, la 6e *Airborne* britannique ne réussit pas à détruire la batterie de Merville réduite seulement au silence. La plus grande réussite alliée et la moins coûteuse aura été à *Utah* ; plage la moins importante au regard des plans de Montgomery, bien qu'utile pour l'élargissement de la tête de pont.

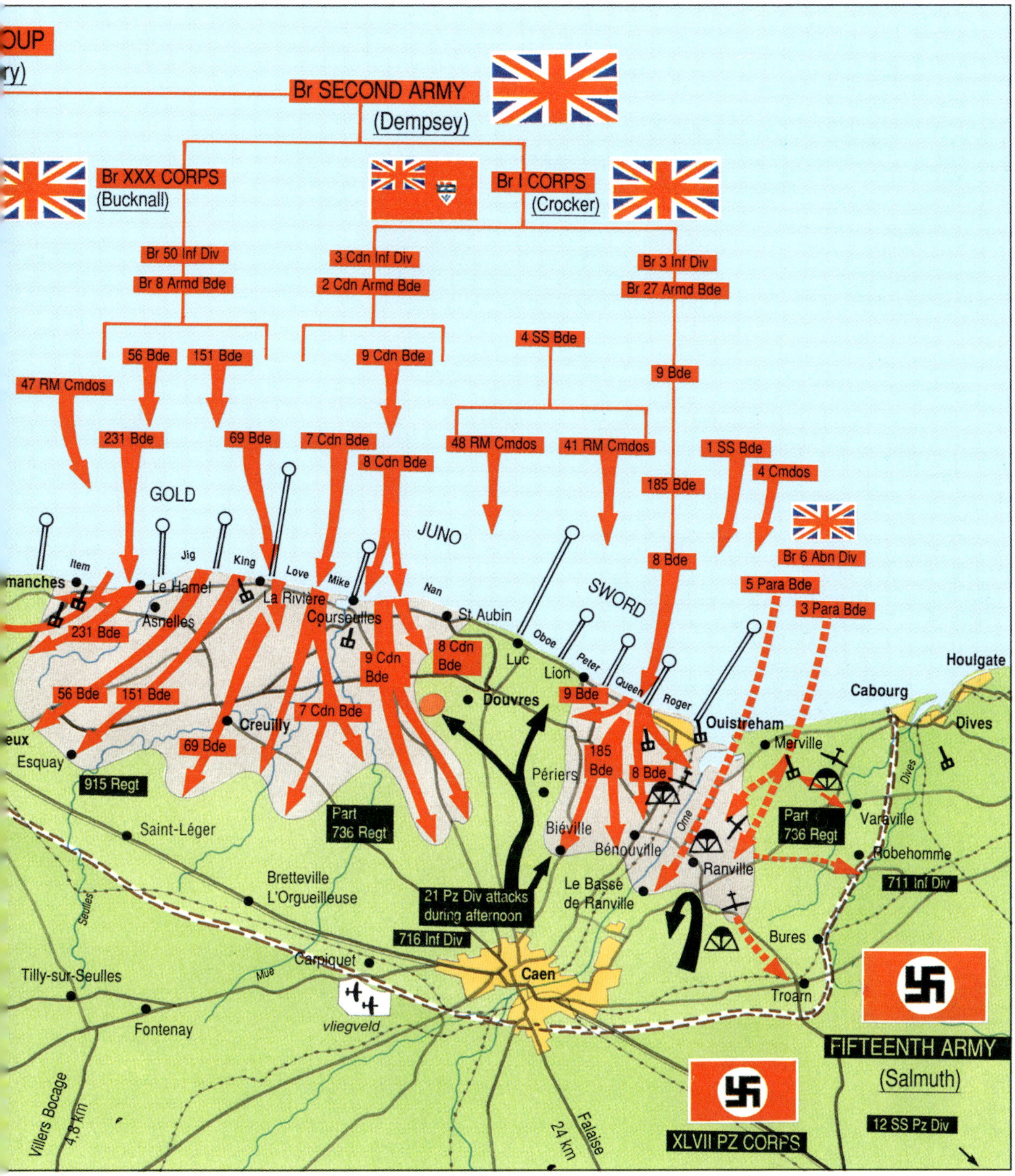

*Le 6 juin 1944 à minuit, les Alliés avaient débarqué environ 155 000 hommes en Normandie (dont 26 000 par les airs) et plus de 1 000 véhicules et canons. Leurs pertes se montaient à près de 10 000 hommes (dont la majeure partie à « *Omaha* la sanglante »). Les pertes allemandes pour le Jour-J sont estimées à 6 000.*

2

2 *Le Jour-J, l'aviation alliée effectue quelque 14 000 sorties : missions de reconnaissance, de transport permettant d'anéantir les défenses ennemies ou d'empêcher tout déploiement de troupes. Le 7 juillet, ce Lancaster survole le chaudron de Caen tandis que 450 bombardiers lourds larguent 2 500 tonnes de bombes. La ville fut dévastée ; les dommages infligés aux défenseurs allemands permettent aux troupes anglo-canadiennes d'entrer dans la ville le 10 juillet. Les Alliés avaient espéré libérer Caen dès les premières 24 heures du débarquement en Normandie, mais le secteur comprenant cet important centre nerveux ne sera définitivement tenu qu'au cours de la dernière semaine de juillet.* (IWM : CL 347)

Même à *Utah*, la ligne du Merderet n'est pas solidement établie, et la 82e *Airborne* reste isolée à Sainte-Mère-Église. La situation demeure critique à la Pointe du Hoc et à *Omaha*, séparées des autres plages par des brèches de 8 et 16 km de chaque côté. Dans le secteur britannique, Bayeux est encore occupé par les Allemands, *Gold beach* est menacée par l'ouest, et l'échec à Caen rend la tête de pont à l'est de l'Orne extrêmement vulnérable. Si les Allemands réussissent à tirer parti des espaces entre les plages, ils pourront réduire les débarquements à 4 petites poches incapables de s'entraider.

En revanche, partout sauf à *Omaha*, les Alliés sont à terre et ont complètement percé le mur de l'Atlantique. Les Allemands n'ont pu, malgré de lourdes pertes, arrêter les débarquements sur les plages. Les 709e et 716e DI ont été pratiquement anéanties et la 352e division et la 21e *Panzerdivision* sévèrement malmenées. Bien qu'il soit impossible d'établir un bilan exact, les Alliés ont perdu au total environ 10 000 hommes ; les généraux sont soulagés d'avoir évité le bain de sang qu'ils craignaient, bien que chaque soldat, marin et aviateur allié ait sa propre idée sur la question.

Du 6 juin au 15 septembre 1944, environ 2 millions de soldats alliés débarquèrent en France (40 000 furent tués et environ 160 000 blessés pendant cette période). Jusqu'alors, les blessés mouraient fréquemment ou étaient handicapés à vie. En 1914-1918, le taux de mortalité des hommes blessés à la poitrine s'élevait à 54% contre 6% en 1939-1945. En outre, les maladies du champ de bataille (dysenterie, malaria et typhus) tuaient davantage que les blessures : pendant la guerre civile américaine, les armées de l'Union perdront presque deux fois plus d'hommes tués par la maladie (environ 185 000) que par l'ennemi. Les statistiques américaines indiquent que le nombre de décès, en milliers de blessés, a chuté de 8,1 en 1917-1918 à 4,5 en 1941-1945. L'introduction des antibiotiques (pénicilline, etc.), la découverte du plasma, l'instauration de banques de sang, les hôpitaux chirurgicaux de campagne et le rapatriement des grands blessés par avion en sont les raisons principales.

3 *Les effectifs alliés évacués d'une zone de combat étaient étiquetés pour permettre leur enregistrement dès leur arrivée à l'arrière.*

3

2

1

1 *Paquets de pansements stérilisés utilisés par les infirmiers britanniques.*

2 *Des infirmiers américains évacuent un blessé sur une péniche.*
(US National Archives)

4

4 *Blessé au début du débarquement, ce GI se fait soigner par un membre du corps médical américain. Travaillant en première ligne, ces infirmiers (surtout des hommes de troupe ayant reçu un minimum de formation médicale) devaient parfois opérer des miracles en « chirurgie de gourbi ». L'exercice de leur fonction les obligeait souvent à s'exposer au feu alors même que les combattants pouvaient se mettre à l'abri : dans certaines campagnes, le taux de mortalité des infirmiers dépasse même celui des combattants. Plus de 3 000 infirmiers de l'armée américaine sont tués au combat en 1939-1945.*
(UPI/Bettmann)

5 *Le pont de ce navire de transport allié est bondé de brancards lors de l'évacuation des blessés.*
(US National Archives)

5

6

7 *Les groupes sanguins étaient vite retrouvés dans les banques de sang.*
(US National Archives)

8 *Un Allemand blessé est soigné par un infirmier anglais.*
(Bundesarchiv)

9 *Noter le flacon de plasma : commune à tous les groupes, cette partie du sang où flottent les globules sanguins pouvait être administrée sans délai.*
(IWM : B 5907)

7

6 *Équipement de l'infirmier allemand : pansements, seringues et sérum antitétanique.*

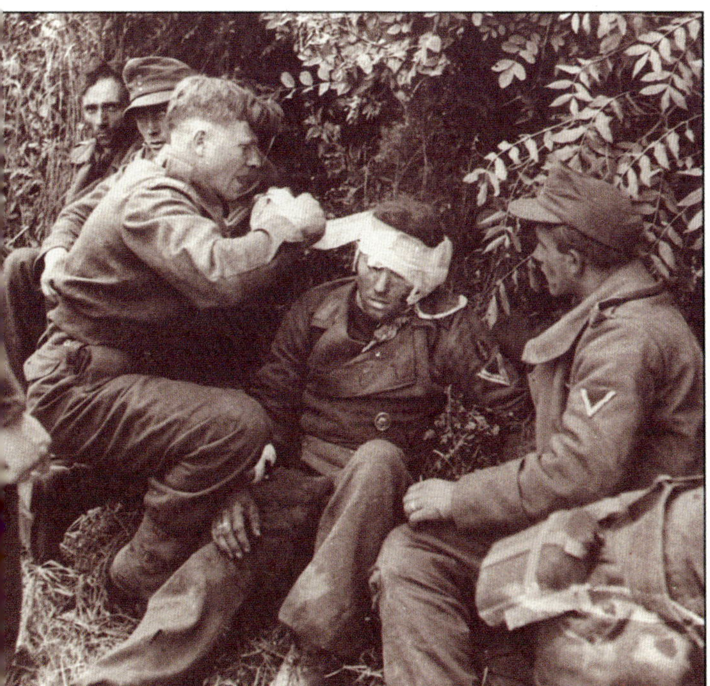

8

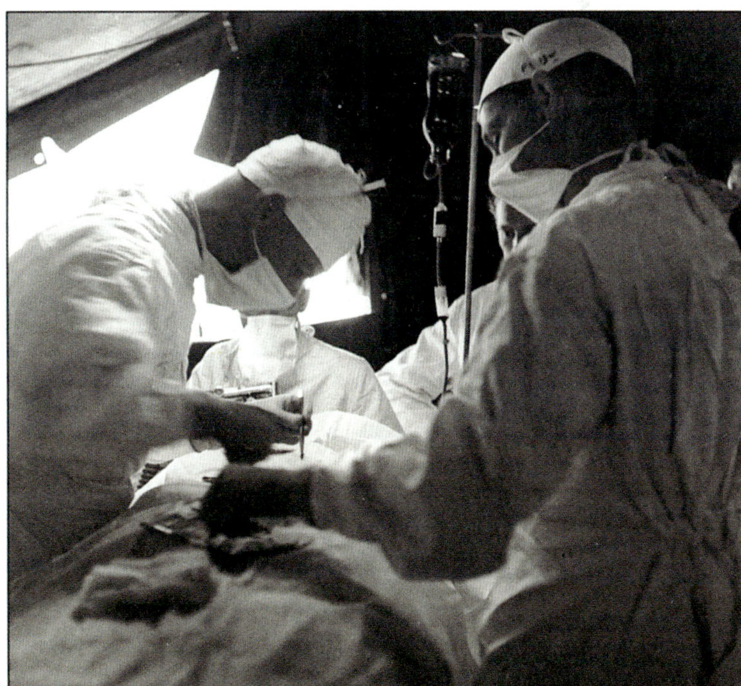

9

ÉTABLIR LA TÊTE DE PONT

Ceux qui ont combattu en Normandie disent qu'avant le Jour-J il avait été impossible d'imaginer de quoi le lendemain serait fait. Le danger, le drame et les risques du débarquement les avaient occupés tout entiers. Personne ne savait exactement ce qu'il allait se produire ; quelque soit l'issue du Jour-J, de chaque côté on était condamné à continuer. À terre, pour la plupart des soldats alliés ce sera une nuit étonnamment tranquille, troublée par le seul bruit d'un avion isolé ou celui des bombardiers allemands au-dessus des plages. Quelques unités subissent des contre-attaques locales, mais dans l'ensemble les 2 camps semblent encore sous le choc du Jour-J. Le temps pour dormir est compté. Les premiers blessés ont déjà été évacués vers le sud de l'Angleterre, et les premiers morts enterrés. Des postes de secours et des hôpitaux de toile rapidement montés, des patrouilles progressent dans l'obscurité. Sur les plages, le travail se poursuit pour nettoyer les obstacles et débarquer le flot incessant d'hommes, de matériel et de ravitaillement arrivant d'outre-Manche.

Tôt le lendemain matin, au large, Montgomery confère avec Bradley et Dempsey avant de débarquer et d'installer le QG tactique du 21e groupe d'armées. Eisenhower doit arriver un peu plus tard pour un briefing. Pour Montgomery, il faut dans l'immédiat opérer la jonction entre les plages encore largement séparées, et garder l'initiative en allant de l'avant. Il met en avant une troisième priorité : éviter tout revers et mettre définitivement au point l'organisation de la tête de pont. Montgomery n'est pas homme à prendre une initiative risquée sans être sûr qu'elle aboutira à un succès.

Le maréchal Rommel fête chez lui en Allemagne l'anniversaire de sa femme lorsqu'il apprend la nouvelle de l'invasion. Il regagne son QG à La Roche-Guyon (sur la Seine au nord de Paris) le soir du Jour-J. Lui aussi dispose de 24 heures tout au plus pour renverser la situation. Si les Alliés arrivent à prendre Caen, à effectuer la jonction entre les plages et à s'ancrer suffisamment profondément dans la campagne normande avant que la défense allemande ait pu s'organiser, alors

Page précédente : *Une colonne de soldats américains ainsi qu'une colonne de Jeep sont en route vers le front.*

1 *Dès le lendemain du débarquement, les navires de transport déversent les approvisionnements sur les plages tandis que les GIs continuent de débarquer par milliers* (**2**) *d'une péniche des garde-côtes américains.* (UPI/Bettmann, les deux)

3 *Insigne du « sanglier qui charge » du 30e corps britannique.*

4 *Présentation du secteur de Normandie dans un journal britannique.*

5

6

5 *Le général Bradley.*
(US National Archives)

6 *Insigne de la 3^{e}DI britannique.*

7

9

Rommel n'aura d'autre choix que de se retirer. En revanche, une contre-attaque allemande importante lancée entre les forces débarquées sur les plages peut encore rejeter les Alliés à la mer. Si aucun des 2 camps ne parvient à repousser l'autre, la bataille de Normandie deviendra une guerre d'usure et de logistique. Celui qui pourra apporter la plus grande puissance de feu et le maximum d'effectifs finira lentement mais sûrement par l'emporter. Et en l'occurrence ni Rommel ni Montgomery ne doutent de l'issue.

Sur les plages américaines et les zones de débarquement, l'heure n'est pas encore à l'offensive : il s'agit maintenant de s'accrocher aux terrains gagnés et de colmater les brèches de la ligne de front. La 4e division débarquée à *Utah* le 7 juin au petit matin réussit enfin à rallier la 82e *Airborne* à Sainte-Mère-Église. Peu après, dans la matinée, Sainte-Mère-Église est attaqué par un groupement tactique mixte allemand formé dans la nuit à partir de diverses formations et mené par une unité d'élite, le bataillon

7 *Un pilote de reconnaissance de la RAF court vers son Typhoon pour un décollage rapide.*
(Keystone)

8 *Contre-attaque : la 12e* SS-Panzerdivision *traverse Caen.*
(Bundesarchiv)

9 *GIs dans leur tranchée, prêts à repousser les contre-attaques allemandes.*
(US National Archives)

1

1 *Panneau indicateur à Bayeux, pris le 7 juin, montrant le chemin des batailles acharnées à venir, notamment à Villers-Bocage et à Caen.* (IWM : B 3276)

2

2 *Noter les capots métalliques sur les tuyaux d'échappement, éléments du système amphibie du char Sherman.* (US National Archives)

3

3 *Tilly-sur-Seulles, au sud-est de Caen, dévasté lors des batailles de chars.* (IWM : B 5776)

4

4 *Des Sherman du 30e corps britannique entrent dans Bayeux.* (IWM : B 5685)

d'assaut, de réserve, de la VIIe armée. Avec l'aide de la 4e DB, les troupes aéroportées repoussent l'attaque qui dure une bonne partie de la journée. Reste cependant une poche de résistance. Des soldats allemands sont coincés au sud de Sainte-Mère-Église : il s'agit en fait d'un bataillon de Géorgiens d'Union soviétique qu'un Américain parlant russe persuade de se rendre. Entre-temps, la 29e et la 1re divisions progressent vers l'est et vers l'ouest à partir d'*Omaha beach* jusqu'à l'embouchure de la Vire à Isigny ; elles établiront le contact avec les Britanniques de *Gold* à Port-en-Bessin au matin du 8 juin. Ces opérations ne rencontrent aucune résistance sérieuse, mais les objectifs du Jour-J ne sont toujours pas atteints. Le 7 juin, les Allemands abandonnent Bayeux, la vieille capitale médiévale ; la 50e division britannique débarquée à *Gold* libère la ville presque sans incident, mais avec un jour de retard. Bayeux tombe à peu près intact entre les mains des Alliés ; en revanche, de nombreuses communes normandes seront presque totalement détruites pendant cette campagne. Plus à l'est, les troupes aéroportées britanniques, comme leurs homologues américaines, résistent à la contre-attaque allemande et tentent de nettoyer les poches de résistance dans leur propre secteur. Les Allemands réoccupent la batterie de Merville qui se remet à tirer sur *Sword* et doit être réduite une nouvelle fois. Ce n'est qu'à J+6 que la dernière poche allemande sera éliminée à Bréville. Bien que les Anglo-Canadiens aient réussi leur jonction entre *Sword* et *Juno* le 7 juin, la

5

6

5 *À en croire les titres des journaux anglais, la poussée vers l'intérieur semble facile.*

6 *Insigne d'un correspondant du magazine* Yank *écrit par et pour les soldats américains.*

7 *Un correspondant de guerre britannique (à gauche) obtient un entretien en tête-à-tête avec Montgomery et le général Graham, commandant la 50e division.*
(IWM : B 5310)

8 *Personnel du service postal aérien chargé d'expédier les reportages de la presse. Noter les sacs de presse (également en* **9***).*
(IWM : CL 197)

9

7

8

poussée tentée ensuite en direction de Caen se soldera par un nouvel échec. La nouvelle attaque de la 185e brigade de la 3e DI britannique contre le bois de Lebisey est encore repoussée par la 21e *Panzerdivision*. Entre-temps, des renforts allemands, composés des premiers éléments de la 12e *SS-Panzerdivision* (« *Hitlerjugend* »), sont arrivés dans la nuit. Ils sont sous les ordres de leur commandant adjoint (plus tard commandant) le colonel plein de charisme Kurt « *Panzer* » Meyer. Celui-ci, considérant les Anglais comme de « petits poissons » tout juste bons à rejeter à la mer, lance son attaque au matin en direction des plages du débarquement. Il échoue, mais son attaque blindée écrase la 9e brigade canadienne qui marche sur l'aérodrome de Carpiquet. L'avance de toute la 2e armée britannique se trouve stoppée jusqu'à l'arrivée de renforts. Les attaques des 2 camps ayant été repoussées, la bataille de Normandie sera une guerre d'usure.

10

11

10 *Sur la jeep, ce porte-bagages de fortune permet de transporter vélo et moto.*
(US National Archives)

11 *Circulation dans les 2 sens : des DUKW se dirigeant vers l'intérieur en croisent d'autres qui reviennent à vide vers les plages pour charger une nouvelle cargaison.*

Le fusil était aussi important pour l'infanterie de la guerre de 1939-1945 que lors de la Première Guerre. Cette arme avait connu peu de modifications technologiques depuis 1918. Sa fiabilité et l'efficacité des munitions ont cependant été améliorées. En Normandie, les Américains découvrent qu'en général 15% seulement des fusiliers utilisent leurs armes au combat. Dans les haies du bocage, ce qui intéresse les troupes en première ligne c'est de pouvoir arroser la zone des combats sous un feu nourri et les armes automatiques sont bien mieux adaptées pour cela. À titre d'exemple grossier, le fusil-mitrailleur allemand MG-42 (que les Alliés appellent toujours Spandau) peut tirer à une cadence de 1 200 coups/mn, contre 16 à 20 coups/mn pour le fusil semi-automatique M1 américain. Si l'on songe que 63% des pertes alliées se comptent parmi les fantassins, il ne faut pas s'étonner des retards de la progression alliée, la majorité des hommes préférant se mettre à l'abri et attendre que l'artillerie lourde ait nettoyé l'ennemi invisible.

1

1, 9, 10, 11 *L'image classique du fantassin allemand avançant un fusil Mauser Kar 98K à la main. Ce fusil à culasse, modèle allemand standard de la Seconde Guerre mondiale, fut produit à quelque 11,5 millions d'exemplaires entre 1933 et 1945. Le Kar 98K en calibre 7,92 mm avait une boîte-chargeur interne de 5 cartouches, une hausse graduée jusqu'à 2 000 m environ et une vitesse initiale de 850 m/s.*

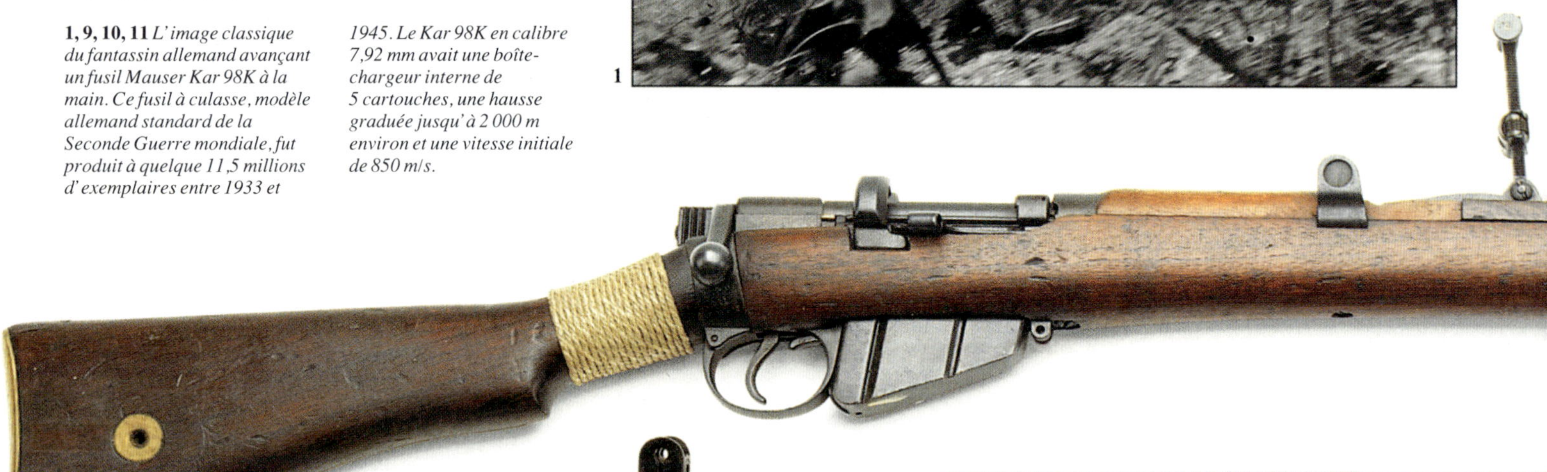
4

6

7

8

*Sélection de baïonnettes disponibles pour ces fusils : (**7**) baïonnette-épée américaine M1 ; (**8**) baïonnette britannique Spite nº 4 ; (**10**) baïonnette allemande S.84/98 montée sur le Kar 98K et détachée (**11**).*

9

10

4, 5, 9 *Deux exemples de lance-grenades adaptés à partir de fusils standards : un Lee-Enfield nº 4 avec lance-grenades Mills nº 36 et un Mauser Kar 98K avec lance-grenades et grenade antichar. Tous deux avaient une portée utile d'une centaine de mètres.*

2

3

2, 3 *Un jeune fantassin des 6*[e] Royal Scots Fusiliers *se met en position pour tirer par une ouverture à travers la haie près de Saint-Manvieu le 26 juin 1944. Il porte l'omniprésent Lee-Enfield n*[o] *4 produit à environ 3,6 millions d'exemplaires de 1940 à 1944 en Grande-Bretagne, au Canada et aux États-Unis. Ce fusil à culasse était en calibre 7,7 avec boîte-chargeur externe et détachable de 10 coups. Le fusil standard avait une hausse à charnière graduée jusqu'à environ 2 000 m (portée utile) et une vitesse initiale de 751 m/s.*

5

6 *Le fusil semi-automatique Garand M1 fut probablement le meilleur fusil de la Seconde Guerre mondiale. De calibre 7,62 mm avec boîte-chargeur interne de 8 coups, il était muni d'un dispositif de rechargement au gaz, était gradué jusqu'à 2 000 m environ et la vitesse initiale était de 835 m/s. Produit à plus de 4 millions d'exemplaires.*

11

1 *Soldat allemand pointant un Fallschirmjägergewehr 42 (FG-42), fusil d'assaut de 7,92 mm. Avant tout une arme spécialisée pour les parachutistes, le FG-42 était capable de tirer par coups ou par rafales.*
(Bundesarchiv)

LE CHAMP DE BATAILLE

L'eau, les riches pâturages et la lourde terre de Normandie produisent pommes et poires, bœufs à viande et vaches laitières, sans oublier les fruits de mer. Huîtres, cidre, calvados et camembert attendent les Alliés qui débarquent. Excellent pays de cultures, il ne favorise guère les mouvement rapides. Les Allemands ont délimité les flancs du champ de bataille en la côte ouest du Cotentin. Sachant que les chemins empruntés jadis par les chars à bœufs ont toutes les chances d'offrir une traversée plus facile de la région, Patton étudie de près les campagnes médiévales en Normandie.

Les Américains ont la partie la plus difficile du bocage, des hauteurs au sud de Saint-Lô jusqu'à la Suisse normande entre Vire et Falaise. Il s'agit plutôt en fait de pâturages et de vallées de type alpin que de haute montagne ; néanmoins le Mont-Pinçon, s'éle-

1

2

2 *Bien cachée dans des broussailles, au coin d'un bois, une pièce de campagne allemande de 75 mm est prête à engager les blindés alliés. Noter les munitions à proximité au pied de l'arbre au premier plan.*
(Bundesarchiv)

3 *Plus modéré que la plupart des tracts allemands (et même non dépourvu d'un certain humour) ce message promet aux hommes de la force expéditionnaire alliée « une chaude réception » dès leur prochaine attaque... ainsi qu'à la suivante... et la suivante.*

provoquant des inondations dont les parachutistes seront les victimes dans la nuit du Jour-J. À l'est, l'inondation de la Dives devient pour les Britanniques un avantage défensif une fois la tête de pont assurée ; elle rend cependant difficile toute progression en direction de l'est. Pendant toute la bataille, les Allemands s'attendent à un second débarquement à l'est de Cabourg qui prolongerait la ligne britannique. Sur le flanc américain, l'inondation le long de la Douve et de ses affluents est pire encore puisqu'elle détache pratiquement le Cotentin de sa base. Pour les assaillants, une verte prairie inondable en rase campagne risque d'être le plus souvent un redoutable marécage. À la limite des plages commence le pays agricole normand que Bradley appellera le « pays le plus maudit que j'aie jamais vu ». Vergers et petits herbages à perte de vue, découpés en damiers irréguliers par des talus bordés d'épaisses haies ; un dédale de chemins creux mal entretenus aux pentes raides et aux murs de pierre menant aux villages ou aux fermes dont la cour est entourée de murs de pierre solides, bâtis pour la défense à l'époque médiévale. Véritable cauchemar pour qui lit une carte, le bocage favorise les défenseurs. Les principaux axes routiers présentent, aujourd'hui encore, 6 points de passage difficiles en traversée de villages. Bayeux, très proche des plages du débarquement, sera un des objectifs principaux de la contre-attaque allemande ainsi que Carentan, situé entre *Utah* et *Omaha*, et Caen. À environ 15 km à l'intérieur des terres se trouve Villers-Bocage, où la route de Caen au sud-ouest croise celle de Bayeux au nord. La nationale file plein ouest de Villers-Bocage à Saint-Lô, puis oblique légèrement au nord-ouest jusqu'à Lessay sur

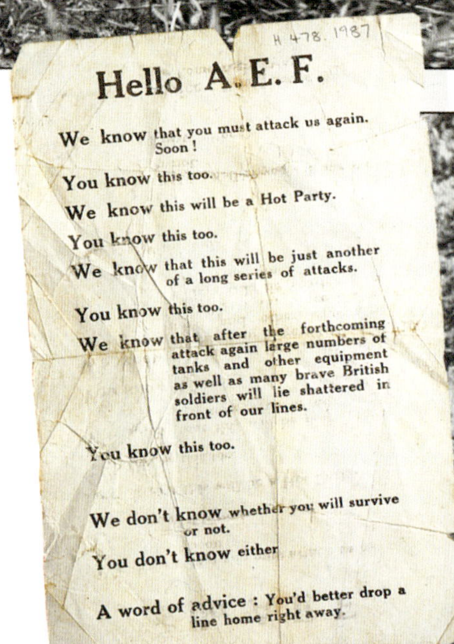

H 478. 1987

Hello A. E. F.

We know that you must attack us again. Soon !

You know this too.

We know this will be a Hot Party.

You know this too.

We know that this will be just another of a long series of attacks.

You know this too.

We know that after the forthcoming attack again large numbers of tanks and other equipment as well as many brave British soldiers will lie shattered in front of our lines.

You know this too.

We don't know whether you will survive or not.

You don't know either

A word of advice : You'd better drop a line home right away.

3

4 *Feuillage estival en Normandie : ces GIs pourraient presque se trouver en Nouvelle-Guinée ou à Guadalcanal !*
(The Bettmann Archive)

5 *Comme le montre cette « carte du terrain », l'enchevêtrement de chemins étroits, de ruisseaux et de haies nommé bocage, n'est guère propice aux chars.*

4

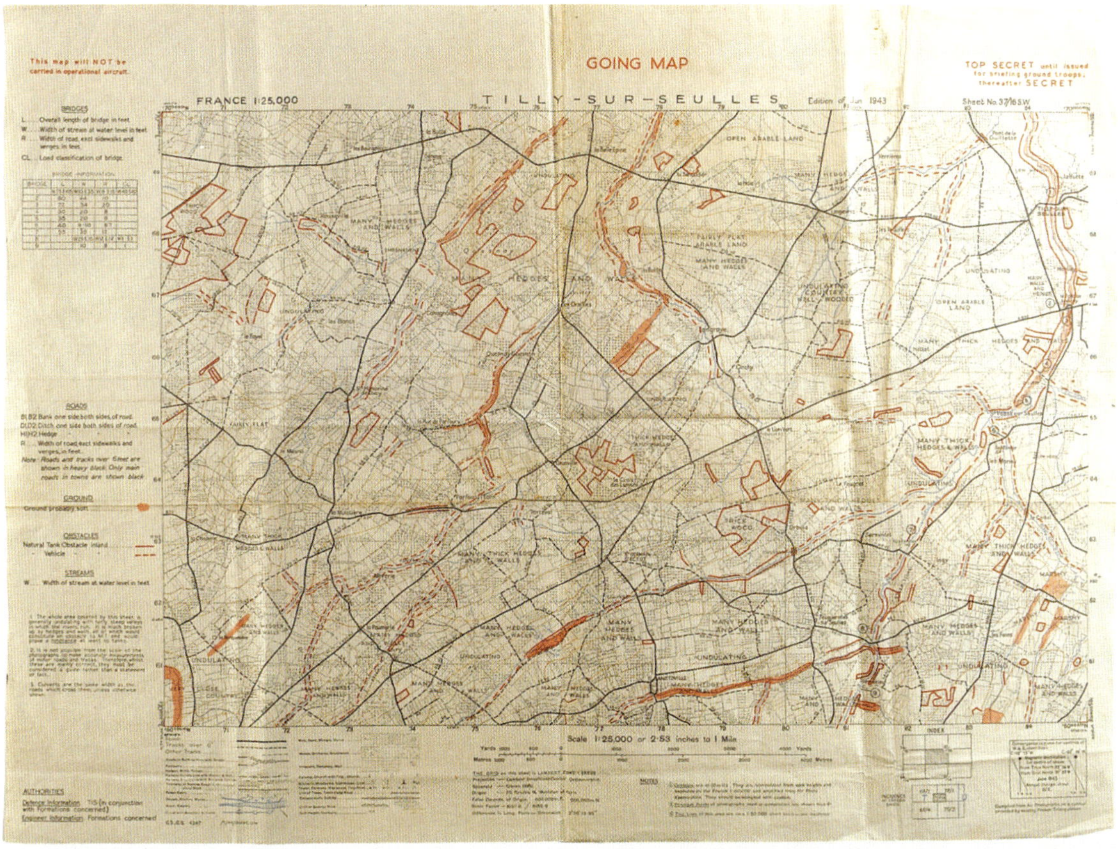

5

6

6 *Insigne de calot du* Lincolnshire Regiment, *élément de la 9e brigade de la 3e division britannique.*

7

8

vant à 365 m à l'ouest de Falaise, constitue déjà un obstacle pour les alpinistes ; et ce nom de Falaise rappelle à juste titre les gorges profondes et les falaises de la région. Des marécages du Cotentin à la Suisse normande, la bataille sera pour les Américains une succession de haies, de collines, de ruisseaux et de villages, où l'ennemi pourra souvent se camoufler. Les soldats américains qui progressent vers l'intérieur se trouvent soit en contrebas, soit sous le feu des postes d'observation allemands logés dans les tours ou les clochers normands. Durant les premières semaines,

7 *Un commandant d'unité américaine prépare sur la carte son prochain mouvement.* (US National Archives)

8 *Près de Villers-Bocage, juin 1944 : les hommes d'une unité* SS-Panzer *à côté de leur char lourd Tigre bien camouflé.* (Bundesarchiv)

LA TACTIQUE DANS LE BOCAGE

La structure du bocage offre aux Allemands un système naturel de lignes défensives semblable aux tranchées de la Grande Guerre ; aussi la tactique utilisée pour défendre la Normandie est-elle très similaire à celle utilisée alors. Une ligne étroite de fusiliers et de mitrailleurs tient une position avancée, puis se replie sur une position de combat pour y piéger les agresseurs lancés à leur poursuite. Ces derniers sont alors pris sous le feu allemand réglé au préalable (artillerie, mortiers et canons antichars). Les chars et canons fixes ou automoteurs étaient souvent enterrés pour créer un point fortifié ; mais, dès que l'attaque ennemie s'essoufflait une contre-attaque blindée était lancée. Les canons et blindés allemands plus lourds avaient un sérieux avantage, surtout lors de combats rapprochés. Les Alliés avaient beaucoup de mal à localiser la position principale d'autant qu'avec très peu de troupes, les Allemands étaient capables de tenir un front qui pouvait être pris comme la position avancée d'une force beaucoup plus importante. Le problème majeur pour les Alliés consiste à se frayer un chemin à travers le bocage. L'appui de l'aviation et de l'artillerie est essentiel pour nettoyer les points forts allemands, souvent sans coordination possible car les troupes en première ligne n'ont pas la possibilité d'indiquer leur position exacte. La coordination entre blindés et infanterie dans ce pays sans visibilité pose également un problème. Les chars qui se déplacent le long d'étroits chemins entre les talus du bocage offrent d'excellentes cibles aux fantassins ou artilleurs allemands armés de roquettes *Panzerfaust*. À la mi-juillet, les Américains adopteront le Rhinocéros : ce dispositif inventé par Curtis G. Culin, sergent de la 2e DB, consiste à équiper le tablier avant d'un char de grosses dents d'acier lui permettant ainsi de passer directement à travers les haies. Pour les 2 camps, la bataille des haies se résume à voir dégénérer, par manque de coordination, de bons plans d'attaque en une série d'escarmouches. Les Alliés s'estimeront heureux de progresser de 2 km par jour, n'ayant souvent d'autre solution que d'écraser l'ennemi sous un feu nourri.

1

1 *Une patrouille américaine se fraye un chemin à travers une haie en tirant.*
(US National Archives)

2 *L'infanterie britannique dans la même situation.*
(IWM : B 5751)

3 *Les 2 nations ont besoin de ce bulldozer blindé Sherman pour se frayer un chemin.*
(Keystone)

4 *Fantassins britanniques prêts à lancer un PIAT (*projector infantry anti-tank*).*
(IWM : B 6185)

2

3

la sanglante et coûteuse bataille des haies présente une frustration d'autant plus grande que chacun est persuadé qu'elle n'aurait jamais dû avoir lieu puisque, selon les prévisions de Montgomery, la retraite allemande aurait déjà dû être amorcée. Le problème rencontré par les Anglo-Canadiens est légèrement différent, il concerne la ville de Caen. Les combats de ville sont notoirement durs et coûteux ; aussi les villages environnants, ainsi que l'aérodrome de Carpiquet (qui, malgré plusieurs tentatives, mettra un mois à tomber) deviennent-ils des objectifs majeurs. Du haut des tours de l'aciérie de Colombelles, au nord-est de Caen, les Allemands ont une vue imprenable jusqu'aux plages. Vers l'ouest et le sud-ouest, le bocage et ses chausse-trappes s'étendent jusqu'aux pentes, anodines en apparence, de la cote 112 (112 m) qui domine tout le champ de bataille. Vers l'est s'étendent des terres cultivées plus ouvertes qui forment une plaine régulière descendant en pente douce, parsemée de petits villages agricoles et traversée, à l'époque, par 2 lignes de chemin de fer partant de Caen vers l'est, mais sans autre trait marquant jusqu'à la crête de Bourguébus au sud. Après Bourguébus le terrain redescend encore jusqu'à Falaise et l'importance tactique de cette ligne de crête n'échappe à personne. À l'ouest de Caen, les Anglo-Canadiens sont confrontés au même bocage que les Américains, à l'est à un champ de bataille ouvert et devant à un bain de sang inévitable pour eux et la population, dans les rues et les décombres de Caen. Mais entre Caen, la Dives et la mer, les Anglais sont coincés sur une bande étroite laissant peu de possibilités de manœuvres et à peine assez de place pour débarquer et déployer troupes et matériel. Une fois les lignes stabilisées, Caen devient la clé de la bataille, « l'enclume de la victoire » selon le mot d'un vétéran. Au lieu de pousser rapidement vers l'intérieur, Montgomery tente de prendre la ville, entraînant les Allemands dans une guerre d'usure pendant que les Américains avancent par le bocage. Rommel lui aussi a compris l'importance de Caen et y renforce sa défense avec l'espoir de lancer une contre-attaque jusqu'aux plages toutes proches.

4

5

6

7

8

9

5 *Le Mauser 98K, fusil standard de l'infanterie allemande.*

6, 7 *Mortier antichar PIAT avec sa bombe de 1,1 kg : arme collective d'infanterie efficace contre les blindés jusqu'à 101 m.*

8 *Les Typhoons attaquent les installations allemandes près de Caen : ce chasseur de la RAF portait 8 roquettes de 76,2 mm.* (IWM : C 4460)

9 *Insigne de calot du* Queen's Royal Regiment *qui participe aux combats acharnés à Villers-Bocage.*

Les Waffen-SS *seront des pionniers en matière de tenue camouflée ; celle-ci sera standardisée à temps pour être utilisée pendant l'invasion allemande de la France en 1940. D'abord des blouses à motif bigarré avec couvre-casque assorti qui étaient réversibles : la plupart vert côté printemps-été, jaune-brun côté automne-hiver. L'armée allemande préférait sa propre tenue réversible avec motif à « éclats » tout à fait différente. Les Alliés avaient un certain retard sur les Allemands en matière de tenue léopard. Les Américains ont bien sorti quelques tenues à motif moucheté dans le Pacifique, mais elles ont dû être rapidement abandonnées car elles prêtaient à confusion avec la tenue SS, déclenchant des tirs amis.*

1

1 *Blouses de combat camouflées des* Waffen-SS, *côté printemps-été. Le grade est indiqué au col (la chemise n'a donc pas de col, mais une fermeture en cordon). Noter également les poches en fente à accès vertical.*

2

2 *Un franc-tireur de l'armée allemande portant son uniforme camouflé deux-pièces, posté à un endroit parfaitement choisi dominant les lignes alliées.*

3

3 *La suprématie aérienne alliée en Normandie rendait indispensable le camouflage des hommes et des machines. Ici les buissons ont été utilisés pour camoufler une pièce de la DCA allemande, la Flak 38 de 20 mm montée sur* half-track *(véhicule semi-chenillé) SdKfz 10/4. L'infanterie a, elle aussi, fait un effort utilisant le feuillage de la haie !*

4

4 *Gros plan sur l'uniforme camouflé d'exercice* Waffen-SS *très distinctif : le motif à pois y est clairement visible. Introduit vers le milieu de 1943, ce deux-pièces de fabrication bon marché n'étant ni hydrofuge ni réversible se portait souvent avec d'autres vêtements tels que la blouse (en* **1***). On voit également ici le fusil d'assaut automatique MP44, 2 jeux de triples cartouchières, l'étui de masque à gaz et le couvre-casque.*

5

5 *Resplendissant dans sa blouse de combat camouflée et couvre-casque, ce* Schütze *(soldat) de la division «* Hitlerjugend *» aide à positionner un obusier devant Caen.*

6 *L'armée américaine distribua ces cottes camouflées à un certain nombre d'unités lors de la campagne de Normandie. Elle les retira assez rapidement car ceux qui les portaient étaient souvent pris pour des SS et essuyaient des tirs amis. Ici on voit également le casque réglementaire, la cartouchière, le fusil Garand M1 avec sa baïonnette, la gourde et la pelle à tranchée.*

6

7

8

7 *Camouflage rudimentaire en première ligne, ces fantassins allemands portent de l'herbe et de la paille attachées à leur casque et* (**8**) *le chef de la division «* Hitlerjugend *» rampe dans un terrain vague.*

1 *Insigne de calot des* Royal Ulster Rifles *qui participèrent à la campagne de Caen comme éléments de la 9e brigade de la 3e division britannique.*

1

2 *L'énorme tourelle du char d'assaut lourd allemand, le Tigre VI (modèle E).*

4 *Villers-Bocage : une voiture de communications allemande et un Panzer Mk IV convergent vers une épave de Cromwell Mk IV britannique.* (Bundesarchiv)

VILLERS-BOCAGE

Les premiers jours, chacun travaille d'arrache-pied à renforcer ses positions sur le champ de bataille. Les avions alliés retardent et harcèlent les 8 divisions allemandes envoyées en renfort, tandis que sur mer les Alliés, en raison des revers du premier jour et du mauvais temps qui empire encore, se battent de plus en plus durement pour conserver la couverture militaire initialement prévue dans la Manche et sur les plages. Le 10 juin, les Britanniques pensent l'emporter en lançant la 7e DB au sud de Bayeux. La situation se présente bien pour les « Rats du Désert » qui se heurtent à une résistance féroce. Ils contournent les blindés allemands couvrant Caen à l'ouest et poussent au sud et au sud-est en direction de Villers-Bocage. Il était prévu, si tout se passait bien, d'exécuter un spectaculaire double encerclement de Caen avec la non moins célèbre 51e division (*Highland*) attaquant à l'est de Caen en direction du sud, et la 1re division aéroportée britannique encore tenue en réserve en Angleterre, larguée au sud de la ville de manière à compléter l'encerclement. Ainsi Montgomery espère prendre Caen rapidement et sans trop de pertes. Encore faut-il que la 7e DB tienne le carrefour routier à Villers-Bocage et les hauteurs alentour.

4

2

3 *Avec ses troupes de la 2e compagnie du 101e bataillon SS de blindés lourds, le lieutenant Michael Wittmann (manteau de cuir, vu de face) en conférence avec son commandant de bataillon, le lieutenant-colonel von Westernhagen (vu de face, uniforme camouflé).* (Bundesarchiv)

3

WITTMANN

Michael Wittmann est le plus grand de tous les as tankistes de l'Allemagne nazie. Son palmarès est de 138 chars et canons d'assaut ennemis et de 132 canons antichars détruits. Un record inégalé en temps de guerre. Né en 1914, il entre dans l'infanterie allemande en 1934. En 1937, il rejoint le « *Leibstandarte Adolf Hitler* », les gardes du corps SS d'Hitler, qui au cours de la Seconde Guerre mondiale deviendra la 1re *SS-Panzerdivision.* Lors des campagnes en Pologne et en France, Wittmann commande une voiture blindée puis dirige un canon d'assaut lors de l'invasion de la Grèce et de la Yougoslavie. En 1941, Wittmann obtient son premier char et se taille une réputation contre les Russes sur le front de l'Est : l'*Opération Barbarossa* lui vaut une croix de fer. Collectionnant les victoires, il est nommé chef d'un des premiers chars Panzer VIE Tigre. Début 1944, il reçoit la croix du chevalier avec feuilles de chêne. En avril, il est muté en Normandie au nouveau 101e bataillon de chars lourds *Waffen-SS*, toujours comme chef de Tigre. À Villers-Bocage, il est promu capitaine et ajoute des épées à ses feuilles de chêne. Le 8 août 1944, encerclé par les chars canadiens au sud de Caen, il est tué avec son équipage.

5

6

7

7 Fanion de la 7e division blindée (les « Rats du Désert »).

8 Panneau indicateur d'un chemin difficile pour les chars alliés et allemands !
(IWM : B 8485)

8

5 L'as des tankistes Michael Wittmann : promu capitaine après Villers-Bocage, mais il sera tué au combat près de Caen.
(Bundesarchiv)

6 Ce chef de char de la 12e SS-Panzerdivision *savoure le soleil normand du haut de la tourelle de son char Panthère.*
(Bundesarchiv)

Le 12 juin, menée par la 22e brigade blindée sous le commandement de l'excentrique et courageux général Hinde, la division blindée britannique se met à avancer dans la brèche qui sépare les défenseurs de Caen des troupes allemandes face aux Américains à l'ouest. Tôt le 13 juin, à bord de chars Cromwell, un groupe formé du premier régiment de la brigade, (4e *County of London Yeomanry*, tireurs d'élite), avec l'infanterie du 1er bataillon (brigade des fusiliers) en soutien, prennent Villers-Bocage d'assaut sans rencontrer de grande résistance. Caen semble sur le point de tomber lorsque, par malheur, les tireurs d'élite et les fusiliers rencontrent une petite force de 4 ou 5 Tigre allemands (et un Panzer Mk IV) commandés par le plus redoutable tankiste de

1 *Cadavres de fantassins allemands gisant dans un chemin du bocage. Les défenseurs allemands utilisaient les chemins et les haies comme « dispositifs de tranchées », la manœuvre consistait à tirer puis à reculer pour attirer les attaquants vers une zone contrôlée par des pièces d'artillerie préréglées.* (US National Archives)

la Seconde Guerre mondiale, le lieutenant *Waffen-SS* Michael Wittmann, détenteur du record absolu de chars ennemis détruits. Son attaque à Villers-Bocage est si rapide que même les témoins oculaires ne sont pas d'accord sur son déroulement exact. Il semble qu'après avoir traversé Villers par la route de Caen, l'escadron britannique se soit arrêté pour attendre le reste de la brigade. Laissant ses autres chars surveiller la colonne, Wittmann aurait mené son Tigre à travers champs et contourné les blindés anglais pour arriver à Villers par le nord-est. Il surprend alors et détruit les 4 chars de l'état-major régimentaire, fait demi-tour face à la riposte britannique et réintègre son unité. Privés de commandement et s'imaginant sans doute que Wittmann a été mis hors de combat, les Britanniques ne réagissent pas. Aussi lorsque les Tigre ouvrent soudain le feu, la majeure partie de l'escadron est détruite.

Tandis que les chars allemands se retirent pour se ravitailler, les Britanniques cherchent à se remettre de cette attaque soudaine. Lorsque Wittmann revient à la charge l'après-midi dans les rues étroites de Villers-Bocage, cette nouvelle attaque se passe moins bien. Son char perd une chenille soufflée par un canon antichar, les Allemands se replient avec un Tigre de moins. En revanche les Anglais ont perdu 27 chars et la pression croissante des Allemands leur laisse peu d'espoir d'obtenir des renforts. L'escadron se retire de Villers dans la nuit ; Wittmann s'en sort indemne avec son équipage. L'action de celui-ci a entièrement stoppé la progression de la 7e DB qui autrement aurait pu poursuivre jusqu'à la banlieue caennaise sans rencontrer de grande résistance. Le 14 juin est marqué par l'arrivée des premiers éléments de la 2e *Panzerdivision* venus combler la brèche à l'ouest de Caen. Reprenant Villers, ils menacent les Britanniques d'être pris dans un étau. Dempsey annule l'attaque et les « Rats du Désert » se replient sur une position plus facile à défendre. Une fois encore, la ligne devant Caen aura résisté aux tentatives britanniques de progresser sans pertes excessives.

2 *Parmi le matériel laissé par les Allemands lors de leur retraite de Villers-Bocage, ce canon sur rails* « Kurze Bruno » *de 280 mm.* (IWM : B 8752)

3

4

5

3 *Les Panzer IV de 25 tonnes constituaient environ la moitié du parc des blindés en Normandie.* (Bundesarchiv)

4 *Le Panzer IV avait un équipage de 5 hommes entassés.* (Bundesarchiv)

5 *Le char britannique Cromwell était armé d'un canon de 75 mm.* (Bundesarchiv)

6

6 *Villers-Bocage, brièvement occupé par la 7e DB britannique à partir du 13 juin, fut repris lorsque celle-ci se retira. Ici on voit l'état de la ville le 5 août au moment où elle fut prise par la 50e division britannique. Parmi les ruines, un Sherman détruit (noter l'insigne des « Rats du Désert » de la 7e DB) témoigne des batailles acharnées entre blindés qui eurent lieu ici.* (IWM : B 8632)

7 *Cette vue aérienne de Villers-Bocage montre l'étendue des destructions.*

7

Les grandes batailles de blindés de la campagne de Normandie se résument en un affrontement entre la quantité (côté Alliés) et la qualité (côté Allemands). On ne peut déterminer avec exactitude le nombre de chars ayant participé à la campagne ; toutefois on estime que l'avantage était de 2 contre 1 en faveur des Alliés. L'offensive de Montgomery en direction de Caen, lancée le 10 juin, alignait environ 1 350 chars contre quelque 670 Panzer. Le cheval de labour des unités blindées alliées (deux tiers environ des effectifs) était le Sherman M4 américain. Le Sherman luttait à peu près à armes égales contre le Panzer Mk IV plus léger mais mieux blindé et mieux armé et qui équipait environ la moitié du parc allemand. Comme les chars britanniques Churchill et Cromwell, il était surclassé par les Panthère et les Tigre allemands. Le bocage normand favorise les manœuvres défensives où l'emploi des canons de calibre supérieur des blindés allemands, plus lourds et mieux protégés, compense largement les avantages en effectifs, la vitesse et la mobilité des chars alliés.

1 *Char d'infanterie britannique Churchill Mk IV franchissant un talus. Ce char de 40 tonnes, armé habituellement d'un canon de 75 mm, fut le char britannique le plus utilisé en Normandie. Il était lent (vitesse maximale sur route 24 km/h) et malgré son blindage lourd (épaisseur de 15 cm à l'avant) s'avéra vulnérable au canon rapide de 75 mm du Panzer Mk IV plus léger, dans les combats rapprochés fréquents dans le bocage. Il se révélait précieux comme élément d'appui des véhicules blindés spécialisés : ponts, déminage, récupération blindée, lance-flammes, etc.*
(IWM : B 6122)

3 *Tenue de tankiste américain en Normandie comprenant une combinaison et une ceinture de forte toile avec une cartouchière, une trousse de premiers secours (à droite), et un étui de pistolet. Noter le casque en cuir avec des trous d'aération et les lunettes.*

2 *L'obusier américain autopropulsé M7 (surnommé le « Priest », prêtre, à cause de son affût en forme de chaire où était logée sa mitrailleuse antiaérienne de 12,7 mm) portait un obusier M2 de 105 mm sur une caisse de char M3 ou M4.*
(US National Archives)

4 *Sur le Churchill Mk VII version Crocodile, un lance-flammes remplaçait la mitrailleuse frontale. La remorque blindée contenait 1 800 litres de combustible et 5 cylindres d'azote comprimé servant à pomper le combustible jusqu'au lanceur. Celui-ci projetait une flamme à une distance d'une centaine de mètres.*
(IWM : B 9682)

5 *Le char d'assaut lourd Tigre I (Panzer VI) de 55 tonnes se tailla une redoutable réputation en Normandie. Son manque relatif de mobilité et sa propension à tomber en panne ne présentaient pas un gros handicap pour les actions défensives de proximité si fréquentes ici. Actions où son canon rapide de 88 mm fit preuve d'efficacité contre le blindage de tous les chars alliés.* (Bundesarchiv)

5

6 *4 des 5 hommes de l'équipage de ce Tigre I (modèle E, VIE) qui se dirige vers Villers-Bocage en juin 1944, en train de prendre l'air. Le Tigre avait une vitesse de pointe sur route de 38 km/h. Cette machine puissante ne sera fabriquée qu'à 1 350 exemplaires environ.* (Bundesarchiv)

7 *D'un poids avoisinant les 70 tonnes, lent et maladroit mais armé d'un long canon de 88 mm qui frappait fort, l'énorme Tigre II (« Tigre royal » ou « Tigre roi ») devint opérationnel aux alentours du Jour-J. Il ne fut construit qu'à 485 exemplaires environ, dont la plupart destinés au front de l'Est.* (Bundesarchiv)

6

7

8

9

8 *Char lourd allemand en embuscade. Le bocage normand offrait un terrain idéal pour ce genre de tactique. Les chars n'intervenaient probablement qu'à des distances comprises entre 100 et 300 m.* (Bundesarchiv)

9 *Les 2 camps utiliseront des « chasseurs de chars » ou « destructeurs de chars » : de puissants canons antichars montés sur caisse blindée. Cet exemple allemand comporte un canon antichar Pak 40 de 75 monté sur la caisse d'un char français Hotchkiss H-39.* (IWM : MH 390)

1 *Ce véhicule blindé léger allemand SdKfz 250 servant au transport de troupes connut plusieurs variantes. Pesant environ 12 tonnes, il pouvait transporter 4 hommes entièrement équipés, plus 1 chauffeur et 1 chef de bord.*

4 *Tableau de bord du SdKfz 250 semi-chenillé dont la vitesse maximale sur route était de 60 km/h.*

2 *Véhicule blindé de transport de troupe SdKfz 251 camouflé. Les Allemands utilisaient volontiers les* half-tracks*. Pour le déplacement d'infanterie, le SdKfz 251 était capable de transporter 10 hommes, plus 1 chauffeur et 1 chef de bord. Il était par ailleurs utilisé comme support mobile de canons antichars ou antiaériens et de lance-roquettes ; comme véhicule lance-ponts, lance-flammes, etc.* (Bundesarchiv)

3 *Le polyvalent SdKfz 251 existait également en version blindage complet pour le transport de munitions ou comme véhicule d'observation pour l'artillerie.*

CARENTAN

Entre-temps, priorité est donnée, côté américain, à la jonction des forces d'*Utah* et d'*Omaha*. Objectif : prendre Carentan, à la base de l'embouchure de la Vire, tenu par le coriace 6e régiment de parachutistes allemands. Cette tâche sera confiée à l'infanterie de la 101e *Airborne* ; les troupes avancent par moment en file indienne sur les digues et les passerelles de la Douve et les rives du canal de Carentan. Cette action, toute modeste et sous-estimée qu'elle fût, marque un tournant important puisque c'est le dernier endroit où la bataille de Normandie aurait pu connaître une issue rapide, à l'avantage des Allemands qui plus est. Avec l'arrivée de la 117e *SS-Panzergrenadierdivision* et, pour peu que le 6e régiment de parachutistes tienne Carentan, les Américains du Cotentin sont coupés du reste de la force de débarquement.

Attaquant par le bocage, les *Screaming Eagles* arrivent à portée de Carentan le 10 juin, et la nuit suivante lancent une attaque féroce avec mortiers, artillerie, artillerie navale et chasseurs de char (fusils d'assaut automoteurs américains) en appui. Tôt le matin du 12 juin, la première infanterie aéroportée américaine réussit à pénétrer dans la ville pour s'apercevoir que la plupart des Allemands se sont retirés et ont établi une nouvelle position défensive au sud. Tandis que les Américains consolident leur position,

4

5 *Un mitrailleur ferme la marche tandis que ces GIs avancent le long d'un chemin de campagne en Normandie.* (US National Archives)

6 *La bannière étoilée hissée triomphalement au-dessus d'un monument aux morts de la Première Guerre mondiale à Carentan, pris par les forces américaines les 12 et 13 juin.* (UPI/Bettmann)

5

6

7

8

les services de renseignements alliés (signaux *Ultra*) informent Bradley d'un renforcement de la 17e *SS-Panzergrenadier* et de 2 autres divisions allemandes au sud et à l'ouest prêtes à reprendre la ville. L'attaque allemande au matin du 13 juin repousse les parachutistes à 500 m de Carentan sans réussir à percer, alors que l'artillerie et les blindés américains se précipitent en renfort. Au soir du 13 juin, la ligne américaine devant Carentan est consolidée.

7 *Une partie de l'équipement d'un GI de la 2e DI.*

8 *Le* Nebelwerfer *allemand, lance-roquettes de 6 tubes, surnommé «* Screaming Memmie *» à cause du bruit de ses missiles.* (IWM : B 7785)

1 *Retour à l'âge de la charrette : les habitants des villes normandes en ruine n'avaient ni essence ni bien souvent de maison.* (US National Archives)

2 *Fin juin, la tempête empêchera provisoirement le décollage des avions ; ici un Seafire britannique est dirigé sur une piste détrempée.* (Keystone)

3 *Un brise-lames formé de navires de transport sabordés protège la Normandie pendant la grande tempête du 19 au 21 juin.* (UPI/Bettmann)

1

2

3

Les principaux objectifs américains sont désormais Cherbourg et Saint-Lô, tâches difficiles. Le 17 juin, malgré une vaillante offensive vers Saint-Lô, le front paraît se stabiliser. « Les chars essayaient vainement de progresser car ils s'enlisaient, se plaint un commandant de bataillon, et l'infanterie s'est retirée sur des positions défensives. » Incapables de percer, à moins de 8 km de Saint-Lô, les Américains resteront bloqués pendant plus d'un mois.

LA TEMPÊTE

Un bon plan de guerre doit être à l'épreuve du mauvais temps. Le 19 juin, les 2 camps cherchent une fois encore à forcer la décision en Normandie. Déjà médiocre pour la saison, le temps tourne à la tempête pendant trois jours. Pour les Britanniques, principaux responsables du transport maritime, c'est une véritable catastrophe « la pire tempête de mémoire d'homme » qui aura coulé ou endommagé plus de vaisseaux que les Allemands pendant toute la campagne du nord-ouest de l'Europe. Les Américains lui accorderont bien moins d'attention. Le port artificiel qu'ils sont en train de construire à *Omaha* est démoli, mais s'avérant déjà peu satisfaisant, il sera complètement abandonné après la tempête.

Pendant la durée de la tempête, les prévisions alliées seront révisées à la baisse ; les cadences de débarquement ne représentent plus que le tiers de celles prévues. Les convois sont rapatriés vers leur port d'origine, et de nombreuses embarcations sont perdues. Plus de 800 péniches viennent s'échouer en Normandie et ne pourront pas être remises à flot avant la grande marée suivante, un mois plus tard. Tout ceci est révélateur de la qualité de la préparation alliée puisque les effets de la tempête n'ont en aucune manière compromis la tête de pont. La prudence de Montgomery s'en trouvait ainsi pleinement justifiée. Cela souligne également l'incapacité notable des Allemands à renforcer leurs positions et à lancer une contre-attaque alors même que l'aviation alliée est clouée au sol en Normandie comme au sud de l'Angleterre. Après l'épreuve de la tempête, les 2 camps devront s'arrêter pour faire le point.

CHERBOURG

Le ravitaillement et le transport sont la clé de la bataille de Normandie, aussi les Alliés ont-ils absolument besoin d'un grand port. C'est ce qui détermine le dernier mouvement rapide de la bataille au cours des semaines suivantes : une poussée à travers le Cotentin par le 7ᵉ corps américain commandé par un aventurier irascible, le général Lawton Collins. Le 14 juin, Collins attaque vers l'ouest les défenseurs allemands déjà affaiblis, et rejoint la côte à Barneville le 17 juin, isolant ainsi 3 divisions allemandes au nord. Les marais et les inondations du Cotentin enferment maintenant les Allemands qui cherchent à s'échapper. Obliquant au nord 24 heures plus tard, Collins se lance à l'assaut des défenses extérieures de Cherbourg le 22 juin ; une manière intelligente de s'emparer d'une forteresse maritime, en la prenant à revers, soutenu par un bombardement aérien et naval. Bien que n'ayant rien à gagner, les défenseurs opposent une résistance

4 *Un civil cherbourgeois porte le drapeau américain. Ce port vital fut libéré fin juin par le 7ᵉ corps américain.* (Keystone)

5 *Appui naval : le croiseur britannique* Glasgow *lance ses obus de 133 sur Cherbourg.*

6 *En route pour Cherbourg, un* « Priest » *M7 descend ce qui subsiste d'une rue de village dans le Cotentin.* (US National Archives)

4

5

6

1

2

4

1 *Vestes de campagne : (en haut) sergent-fourrier, 1*[re] *DI américaine ; (en bas) sergent, 7*[e] *corps, 1*[re] *armée américaine.*

2 *Soldat allemand posant une charge de démolition. Le port de Cherbourg sera complètement saboté.* (Keystone)

3 *Des plongeurs de la* Royal Navy *procèdent au déminage de Cherbourg.* (US National Archives)

4 *La garnison de Cherbourg capitulera les 26 et 27 juin.* (US National Archives)

5 *Des GIs avec une voiture de liaison allemande « libérée ».* (US National Archives)

5

6

3

7

8

acharnée. Deux médailles d'honneur seront décernées ce jour-là, l'une au caporal John « Commando » Kelly et l'autre au lieutenant Carlos Ogden. Malgré les consignes répétées d'Hitler de tenir jusqu'au dernier homme, le général Karl-Wilhelm von Schlieben, commandant Cherbourg, capitulera le 26 juin avec le gros de ses forces. Comme von Schlieben lui-même le fera remarquer avec regret : « On ne peut pas s'attendre à voir des Russes et des Polonais combattre des Américains en France au profit de l'Allemagne ». Von Schlieben refuse cependant d'ordonner la capitulation générale ; les derniers îlots de résistance tiendront jusqu'au 1er juillet. Véritable exploit militaire qui consolidera définitivement la tête de pont en Normandie, la prise de Cherbourg n'apporte toutefois pas le bénéfice attendu. Le port a été si entièrement saboté par les Allemands qu'il sera pratiquement inutilisable pendant un mois. « Un travail magistral, rapporte l'ingénieur américain chargé de reconstruire le port, sans aucun doute la démolition organisée la plus complète et la plus intensive de l'Histoire. » Entre-temps, le port Mulberry et les plages demeureront la seule voie d'approvisionnement pour les forces alliées.

9

6 *Reddition de troupes allemandes.* (Keystone)

7, 9 *Des civils jubilent en arrachant le panneau de l'organisation Todt qui avait recours aux travaux forcés sur les chantiers de construction militaire (les drapeaux alliés vont le remplacer).* (US National Archives)

8 *Le général de corps d'armée Karl-Wilhelm von Schlieben se rend à Cherbourg.* (Planet News)

10 *Insigne du 7e corps américain.*

10

1 *Un membre de la « légion étrangère » hitlérienne, de l'unité des volontaires turcs venue d'Europe orientale, est interrogé par un officier de la 51ᵉ DI britannique (*Highland*).* (IWM : B 66267)

PLANS ET RÉALISATIONS

Un vieil adage militaire prétend qu'aucun plan de bataille ne résiste au contact avec l'ennemi. Avant le débarquement, les stratèges du 21ᵉ groupe d'armées avaient établi des « lignes de phase » pour donner une idée du territoire qui serait vraisemblablement libéré à chaque phase de la bataille. Il s'agissait davantage d'estimations que d'un calendrier à respecter, mais ces estimations semblaient parfaitement raisonnables. Au vu de ce programme, à J+25, les armées alliées auraient dû avoir libéré toute la péninsule normande, sur un front au sud englobant Saint-Malo, Rennes et Alençon. Or, elles sont immobilisées à quelques kilomètres de leurs plages de débarquement par un ennemi toujours plus fort et sans aucune perspective de percée immédiate. À l'est Caen, objectif du Jour-J, reste solidement tenu par l'ennemi. Au centre, les attaques sur Villers-Bocage et Saint-Lô ont été stoppées net. À l'ouest, Cherbourg s'est révélé inutile. Il fallait un optimisme têtu ou une vision très large des choses pour croire que Montgomery était en train de remporter la bataille. Mais ses armées étaient fermement établies sur un front continu et défendable ; et seul un miracle

1

2

3

6

4

5

2, 3 *Par chemin de fer jusqu'au front : des tankistes allemands en tenue d'été se détendent pendant le transport de leurs Panthère camouflés en Normandie. Une tâche essentielle de l'aviation tactique alliée consistait à disloquer le réseau ferroviaire.* (Bundesarchiv)

4 *Compte rendu de fin de mission en Normandie pour ces pilotes de reconnaissance de la RAF.* (Fox Photos)

5 *Petit déjeuner rapide pour des pilotes d'avions d'attaque au sol Thunderbolt P-47.* (Keystone)

6 *Renforts blindés pour les Alliés, juillet 1944. Ces Sherman devaient équiper la 2ᵉ DB française.* (IWM : EA 32615)

La nomenclature portée sur cette carte est traduite à la fin de l'ouvrage dans l'encadré sur les forces en présence.

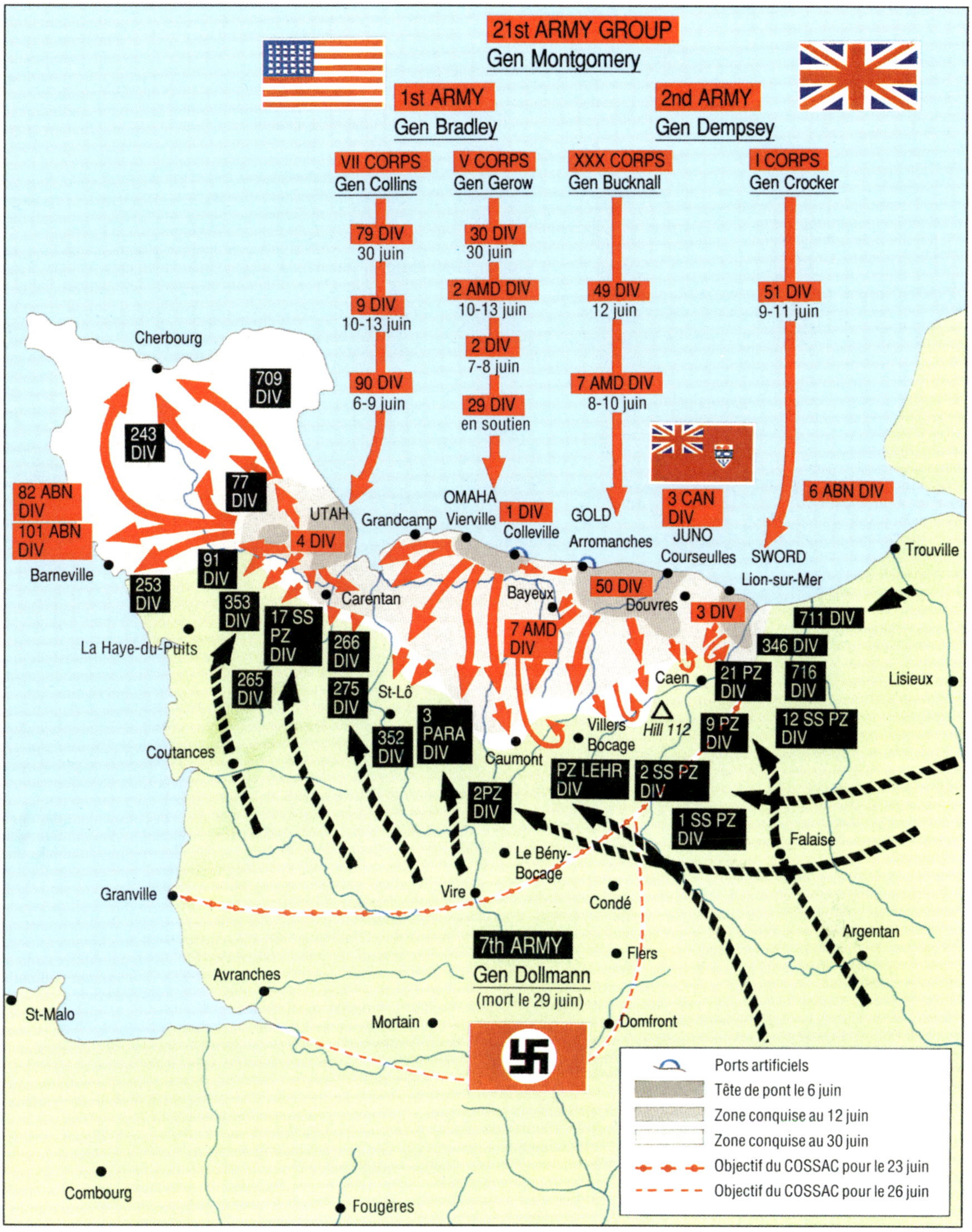

7

allemand pouvait maintenant les rejeter à la mer. Le flot ininterrompu d'hommes et d'approvisionnement ayant repris après la tempête, la bataille de la concentration des forces est en train d'être gagnée, d'autant qu'il devient de plus en plus difficile aux Allemands, face à la puissance aérienne alliée, d'envoyer des renforts et des ravitaillements en Normandie. Et la bataille d'usure qui se met en place sera beaucoup plus coûteuse côté allemand, leurs pertes s'élevant chaque jour à 2 000 victimes de plus que les remplaçants acheminés simplement pour tenir.

Le gros des blindés allemands est occupé à défendre Caen ce qui soulage les Américains sur le terrain difficile du bocage. Le mois à venir devait cependant fournir de nouvelles occasions de forcer les lignes allemandes jusqu'à la rupture. La situation est parfaitement claire pour les Allemands, mais du côté allié la confiance enjouée de Montgomery exaspère les critiques. Bradley partage le pessimisme de ceux, nombreux, qui désespèrent de voir le front percé un jour et redoutent que l'hiver ne surprennent les Alliés au même endroit.

7 *Comme l'indique cette carte, les objectifs fixés par les stratèges avant le Jour-J n'ont pu être atteints. Néanmoins, fin juin, les Alliés avaient consolidé une tête de pont continue et bien défendue à partir de laquelle ils pouvaient s'attaquer au front allemand.*

LES PORTS ARTIFICIELS

Dieppe a appris aux Anglais qu'aucun port français ne peut être libéré sans qu'il ne devienne complètement impraticable. Lorsqu'il était chef des opérations combinées, l'amiral lord Louis Mountbatten avait alors lancé l'idée de construire un port en pièces détachées et de le remorquer jusqu'à l'endroit choisi. En juin 1943, lors d'une conférence entre stratèges est établi un cahier des charges pour la construction d'un port praticable pendant 90 jours au moins et capable de résister à une tempête de force 6.

Baptisés Mulberry, 2 de ces ports seront construits et remorqués outre-Manche, l'un, surnommé Port-Winston, dans le secteur anglais à Arromanches et l'autre dans le secteur américain devant Saint-Laurent (*Omaha*). Chacun se compose de 4 éléments principaux. La rade est délimitée par 2 rangées de Bombardons, brise-lames flottants à des intervalles de 400 m. À l'intérieur, une digue est installée au moyen de caissons Phoenix en béton, étanches le temps de la traversée puis coulés une fois en place. Des *blockships*, vieux navires (Gooseberry) sabordés en eau peu profonde forment la troisième et dernière ligne et viennent enfin les Whales, jetées flottantes reliées à la terre par une chaussée métallique flottante. Un total d'environ 144 000 tonnes de béton, 850 000 tonnes de lest et 105 000 tonnes d'acier.

Les premiers éléments seront installés dès J+1, les *blockships* à J+5, et à J+13 la tempête se lèvera avant l'achèvement des travaux. Le Mulberry américain ne s'en remettra pas, il sera abandonné pour le port britannique qui accueillera 12 000 tonnes de matériel par jour. Les énormes caissons sont encore visibles aujourd'hui devant Arromanches.

3

1

1 *À partir du Jour-J, de nombreux bâtiments hors d'usage furent sabordés au large de la Normandie pour en faire des brise-lames Gooseberry permettant de constituer une rade pour le déchargement des navires de transport. Ces Gooseberry formaient la digue intérieure des ports Mulberry.*
(UPI/Bettmann)

2, 6 *Vestiges de Port-Winston : quelques-uns des énormes caissons Phoenix sont encore visibles au large d'Arromanches.*

2

4

5

3 *Les « seabees » d'un bataillon de construction de la marine américaine travaillent au montage d'un ferry Rhinocéros : chaland à moteurs hors-bord capable de transporter 30 à 40 véhicules ou leur équivalent en approvisionnement, entre les navires de débarquement et la plage.*
(US National Archives)

6

7

4 *Vue aérienne du port artificiel à Arromanches. Ce Mulberry recevait environ 12 000 tonnes de ravitaillement par jour. De gros navires de transport, vraisemblablement des Liberty-ship de 10 000 tonnes, sont à l'ancre à l'intérieur de la dernière ligne de caissons en béton.*

5 *Dernier tronçon avant la terre ferme : Sherman britannique débarquant le long d'une chaussée flottante à Arromanches.*

7 *Des approvisionnements sont déchargés sur l'une des jetées flottantes (Whale) à Port-Winston.*

CAEN

Caen est la clé de Cherbourg ; ce message qui semble avoir été transmis à Bradley par Montgomery le 25 juin suscite cet amer commentaire de Collins : « Brad, télégraphiez-lui qu'il nous envoie la clé ! » Caen est le point de cristallisation des désaccords stratégiques avec Montgomery sur la bataille de Normandie. Objectif manqué le Jour-J, c'est un obstacle incontournable qui empêche la progression des Alliés et immobilise les Britanniques si près des plages de débarquement qu'un mois après le début des combats, les cuirassés ancrés au large peuvent encore appuyer l'infanterie de leurs canons lourds. Cet échec qui va déterminer toute la bataille ternira sérieusement la réputation de Montgomery, surtout auprès de ses alliés américains. Il causera, en Angleterre, de sombres angoisses à tous ceux qui attendent, à commencer par Churchill et Eisenhower. Bradley écrira : « Les lecteurs des journaux alliés réclamaient à cor et à cri qu'on leur apporte ce que Monty leur avait promis mais ne leur livrait pas : Caen. »

Montgomery n'est pas partisan d'une attaque directe sur Caen car elle anéantirait la ville et ses habitants, d'autant que les Allemands risquent de défendre chèrement leur peau. Deux options s'offrent alors : pousser à l'est à découvert jusqu'à la crête de Bourguébus et au-delà, ou effectuer un crochet vers l'ouest pour effacer l'échec de Villers-Bocage. Dempsey choisit d'attaquer par l'ouest avec la 2e armée britannique. Son plan de bataille n'a rien de bien révolutionnaire. Il engage la totalité de son armée dans un assaut prudent appuyé par l'aviation, assaut qui sera ajourné, en raison de la tempête, jusqu'au rétablissement des opérations de débarquement. Ce plan porte le nom d'un hippodrome anglais, *Epsom*. Saint-Léger, nom commun à un des villages des environs et à une course hippique célèbre, n'y est peut-être pas étranger.

1

Page précédente :
Des soldats des Royal Canadian Engineers se tiennent à côté d'un panneau de l'entrée de Caen.

2

3

1 *Fantassins britanniques s'abritant derrière un Sherman.*

2 *Opérateur de lance-flammes sur un semi-chenillé allemand portant un masque et des lunettes protectrices.*
(Bundesarchiv)

3 *Une patrouille des* Seaforth Highlanders *derrière son joueur de cornemuse.*
(IWM : B 6000)

Le 8e corps britannique est placé sous les ordres du meilleur des commandants de corps de Dempsey, le général Richard O'Connor. En fer de lance, 2 divisions d'infanterie, dont la redoutable 15e division écossaise qui marche au combat au son de la cornemuse ; O'Connor veut se frayer un couloir à travers les défenses allemandes à l'ouest de Caen jusqu'à l'Odon. L'offensive doit se développer progressivement dans le bocage, franchir la ligne de l'Odon, atteindre la cote 112 derrière Caen et se rabattre jusqu'à l'Orne qui traverse la ville à quelques kilomètres plus au nord. Pour faire diversion, le 1er corps britannique lance, 3 jours avant l'assaut principal, une offensive à l'est de Caen. Pour l'appuyer sur le flanc est, le 30e corps passe à l'offensive 24 heures plus tard sur l'arête de Rauray. Le 26 juin, les 60 000 hommes et 600 chars du 8e corps, accompagnés de 700 canons, passent à l'attaque.

4

7

5

8

4 Sous-officier britannique en position de tir avec son fusil Lee Enfield. (IWM : B 8558)

5 *Fantassins britanniques alignés derrière un char.* (IWM : B 8555)

6 *Un tapis de feu : les hommes des* Queen's Own Rifles of Canada *essaient un lance-flammes «* Wasp *» (guêpe). Parmi les 600 chars participant à l'*Opération Epsom *figurent des chars lance-flammes.* (Archives Nationales du Canada)

Dans le brouillard et sous une pluie battante, les fantassins des premiers bataillons montent à l'assaut des positions allemandes avec, labourant la terre à leurs côtés, des chars Sherman et Churchill et le redoutable char lance-flammes Crocodile. Une progression massive étant impossible dans le bocage, il s'agit plutôt d'infiltration par de petits groupes qui livrent des combats acharnés pour investir des fermes isolées. Chaque arrêt est marqué par une avancée des chars, des échanges radio entre officiers artilleurs cherchant à toucher la bonne cible. Certains hameaux seront presque totalement anéantis. À la tombée de la nuit, les Britanniques ont atteint la ligne de l'Odon et luttent pour traverser la rivière sous des trombes d'eau. Dans les champs de blé des fusils sont plantés, baïonnette en

6

7 *Un officier de l'artillerie royale embarque pour observer les tirs des canons alliés.* (IWM : B 6623)

8 *Briefing pour ces observateurs aériens de l'artillerie royale.* (IWM : B 6628)

1 *Ces hommes d'une unité blindée allemande consultent leurs cartes. L'un porte un calot* Feldmütze, *l'autre, à bord d'un* half-track, *un casque en acier.* (Bundesarchiv)

2 *Posté en défense, ce mitrailleur allemand regarde en direction de la fournaise.* (Bundesarchiv)

3 *Un obusier de 155 mm de l'artillerie royale fait feu sur une concentration de forces allemandes près de Tilly-sur-Seulles, à l'ouest de Caen.*

1

2

3

4 *Le général Miles Dempsey prend le commandement de la 2e armée britannique en janvier 1944. Ses efforts courageux en Normandie lui vaudront, la même année, le titre de chevalier.* (IWM : EA 38785)

terre, la crosse surmontée d'un casque : chacun indique l'endroit où un homme est tombé.

La nuit sera marquée par quelques échanges de coups de feu et par de rares embuscades. À l'aube du 27 juin, une forte attaque écossaise établit une tête de pont sur l'Odon et les chars de la 11e DB progressent contre l'infanterie et le génie de la 12e *SS-Panzerdivision*. L'infanterie lutte pour consolider les positions acquises et nettoyer les nids des francs-tireurs allemands irréductibles. Des fanatiques des jeunesses hitlériennes bardés d'explosifs se jettent sur les chars anglais ou maintiennent une bombe en place sur la paroi d'un char jusqu'à ce qu'elle explose. Deux jours plus tard, au matin du 29 juin, sous une pluie torrentielle, les blindés anglais tiennent la face nord de la cote 112 tandis que les Allemands s'accrochent toujours aux pentes sud. Les mortiers et l'artillerie des deux camps continuent à pilonner la colline alors même qu'Allemands et Anglais ne se trouvent qu'à 5 m les uns des autres. Avec l'arrivée de nouvelles formations allemandes, l'offensive *Epsom* commence à s'essouffler et tourne définitivement en faveur des Allemands lorsque le 29 juin ceux-ci lancent dans la bataille le 2e corps *SS-Panzer*, 2 divisions blindées acheminées directement, dès le 12 juin depuis le front de l'Est, par rail et par route. Les attaques britanniques se brisent sur la crête stratégique de Rauray qui reste aux mains des Allemands, donnant aux 2 divisions *Waffen-SS* l'espace nécessaire pour déployer leurs blindés sur les pentes de Villers-Bocage à Rauray. Alertées par message *Ultra*, l'aviation et l'artillerie alliées réussissent à stopper l'avance allemande. Le 30 juin, les bombardiers lourds de la RAF survolent pour la première fois la Normandie en plein jour et déversent 1 100 tonnes de bombes sur Villers-Bocage. Le lendemain, l'attaque des *Waffen-SS* est à nouveau contrée par l'aviation, le feu nourri de l'artillerie et une défense solide des blindés et de l'infanterie. Bien que l'avance ennemie soit stoppée, Dempsey commande à O'Connor d'abandonner la cote 112 et d'assurer la ligne de l'Odon. Pour enrayer l'*Opération Epsom*, les Allemands auront engagé 5 divisions blindées, dont 4 *Waffen-SS*, mais Caen reste imprenable par l'ouest.

DEMPSEY

Miles Christopher Dempsey est né le 15 décembre 1893. Il passe son enfance à Shrewsbury et fait ses études à Sandhurst. Commandant du *Royal Berkshire Regiment*, il combat dès 1916 sur le front ouest où il reçoit la croix militaire. Légèrement gazé en 1918 et après une courte convalescence, il reprend du service avec son bataillon en Iraq en 1919 et 1920. Après une carrière standard (il reçoit le surnom de « Bimbo » qu'il n'expliquera jamais), Dempsey est promu commandant du 1er bataillon *Royal Berkshire* en 1939. Il se distingue d'abord en mai 1940 à Arras à la tête de la 13e brigade d'infanterie. Il sera nommé chef d'état-major auprès des corps canadiens en Grande-Bretagne, puis commandant de la 46e DI, puis de la 42e DB (laquelle ne participera jamais au combat). En décembre 1942, il est nommé nouveau commandant du 13e corps dans la 8e armée de Montgomery ; il commandera ce corps en Sicile et en Italie.

Désormais principal subordonné attitré de Montgomery, Dempsey restera toujours dans l'ombre de son prestigieux commandant, tout en se taillant une réputation personnelle dans l'armée britannique. En janvier 1944, au cours de la campagne au nord-ouest de l'Europe, il reçoit le commandement de la 2e armée passant en quatre ans de lieutenant-colonel à général de corps d'armée. Il est fait chevalier en juillet 1944. Il sera ensuite successivement commandant de la 14e armée en Extrême-Orient, commandant des forces terrestres du Sud-Est asiatique, et commandant en chef de la zone du Moyen-Orient. En 1946, il est promu général d'armée, mais choisit de se retirer. De 1947 à 1951, il collabore avec le comité de contrôle des paris mutuels avant de prendre une retraite définitive ; il décède le 5 juin 1969.

4

5 *Des vétérans allemands attendent tranquillement l'assaut allié.* (Bundesarchiv)

6 *Dans l'attente d'une éventuelle contre-attaque, ce char britannique Churchill s'abrite derrière des ruines près de la cote 112.* (IWM : B 8051)

7 *Des équipes de mortiers allemandes ont réglé leur tir sur les véhicules blindés, ou non, déployés lors de l'offensive* Epsom *et détruisent ce camion de munitions touché de plein fouet.* (IWM : B 6017)

5

6

7

1 Insigne en tissu porté par le personnel du théâtre européen des opérations.

2 En Normandie, le 15 juin 1944, Eisenhower avec Ernest King, chef des opérations navales américaines.
(UPI/Bettmann)

1

L'AVIS DU SHAEF

En dépit d'un mois de durs combats en Normandie, les troupes du front allié restent dans l'ensemble étonnamment confiantes en la victoire finale. On ne peut cependant pas en dire autant des commandants supérieurs et des membres de l'état-major d'Eisenhower. Selon les prévisions des stratèges, les Alliés auraient dû, dès la fin juin, avancer suffisamment et avoir débarqué assez de troupes pour permettre de constituer le 12e groupe d'armées sous les ordres de Bradley. Alors seulement, Eisenhower prendrait le commandement suprême des opérations à la place de Montgomery, lui laissant un 21e groupe d'armées réduit aux seules forces anglo-canadiennes. Cela semblait aller de soi sur le papier, mais chaque échec diminue la confiance dans la capacité de Montgomery à diriger les opérations, et l'immobilisation des forces devant l'abcès de fixation qu'est devenu Caen empêche la constitution du 12e groupe d'armées qui permettrait de relever Montgomery. En guerre depuis cinq ans, ayant subi crises et défaites, les Anglais sont par nature et par expérience plus flegmatiques que les Américains qui ne voient qu'un vulgaire général britannique, comptant pour l'emporter sur les vies et le matériel américains, en train de perdre une bataille. L'égotisme notoire de Montgomery qui sermonne ses subordonnés et ignore ses supérieurs n'arrange rien.

Les officiers de l'aviation alliée sous les ordres de Tedder et Leigh-Mallory portent également de violentes critiques contre Montgomery. À ce stade, le point de vue des aviateurs sur la Normandie, voire sur la guerre entière, est très différent de celui des commandants au sol. Ils sont persuadés que ce sont leurs interventions aériennes qui, en bloquant les renforts allemands et en écrasant troupes et chars ennemis sous les bombes et les roquettes, font basculer la bataille. « Et malgré tous nos efforts, se plaint Leigh-Mallory, l'armée de son côté ne fait absolument pas son travail. » Les aviateurs aimeraient que les troupes terrestres gagnent davantage de terrain pour augmenter le nombre de pistes d'atterrissage disponibles. Des histoires circulent rapportant que les conditions sont si dégradées que les avions de reconnaissance doivent se frayer une voie au milieu des tirs alliés, que les aérodromes sont construits à portée de l'artillerie allemande et que des pilotes s'écrasent stupidement en essayant d'atterrir sur des terrains trop petits, sans parler des luttes farouches pour l'espace vital entre soldats et aviateurs. Plaintes et critiques à l'encontre de Montgomery s'accumulent et il faudra tout le doigté d'un chef de coalition tel qu'Eisenhower pour faire la part des choses.

2

4

3

3 Un général de brigade du 30e corps britannique donne ses directives aux commandants des unités.
(IWM : B 5599)

4 Jour-J+2, ces prisonniers allemands étonnés reconnaissent le général Montgomery (assis dans la Jeep, en blouson).
(IWM : B 5179)

5 Le général sir Arthur Tedder, commandant suprême adjoint.
(IWM : CH 14706)

6 Le général John Lee (à gauche), expert en logistique auprès d'Eisenhower.

7 Le général Omar Bradley, commandant de la 1re armée américaine de janvier à août 1944. (Fox Photos)

5

6

BRADLEY

Omar Nelson Bradley, connu comme « le général des GIs » ou plus simplement surnommé « Brad », est né le 12 février 1893 dans le Missouri. Il sort de West Point en 1915 dans la même promotion qu'Eisenhower (promotion « bénie par le ciel » tant elle contient de futurs généraux). Bradley s'engage dans l'infanterie sans pour autant participer à la Première Guerre mondiale. Il attire l'attention du futur général George Marshall sous les ordres duquel il travaille à l'école d'infanterie de Fort Benning. En 1940, Marshall le nomme commandant de l'école d'infanterie en tant que général de brigade (première étoile pour la promotion de 1915). Bradley monte alors rapidement les échelons, commandant la 82e division d'infanterie (plus tard aéroportée) puis la 28e DI. Envoyé en Afrique du Nord pour acquérir l'expérience de l'état-major comme expert itinérant d'Eisenhower, Bradley devient commandant adjoint du 2e corps blindé sous les ordres de Patton en janvier 1943,

7

puis en prend le commandement, toujours sous les ordres de Patton, en Sicile et en Italie.

Bradley a une réputation de soldat modeste, proche des hommes. En janvier 1944 pour la campagne en Europe, on le préfère à Patton. Il dirige la 1re armée qui deviendra en août 1944 le 12e groupe d'armées. Il est considéré comme le plus sensé des subordonnés d'Eisenhower. Bradley obtient sa quatrième étoile dès 1944. Après la guerre il devient administrateur des anciens combattants, puis en 1948 chef d'état-major de l'armée et en janvier 1949, président des chefs d'état-major interarmées. En 1950, il reçoit sa cinquième étoile comme général d'armée avant de prendre sa retraite en 1953. Il décède à New York le 8 avril 1981.

LES BOMBARDIERS LOURDS

Les bombardiers lourds qui participent à l'*Opération Overlord* sont des Lancaster et des Halifax de la RAF et des Forteresses Volantes B-17 et Liberators B-24 de la 8e *US Air Force*. Officiellement sur 3 440 bombardiers lourds, la RAF en aligne 1 470 et l'USAAF 1 970. Placées sous le contrôle de leurs commandants respectifs, le général sir Arthur Harris et le général James Doolittle, ces forces dépendent, en ce qui concerne la direction générale des opérations basées en Angleterre, du commandant suprême.

Plusieurs mois avant le Jour-J, elles sont engagées dans l'*Opération Pointblank* (voir « Puissance aérienne », pages 38-39) et vont jusqu'à effectuer 62 524 sorties et larguer 160 000 tonnes de bombes. La RAF opère généralement de nuit, l'*US Air Force* de jour. Dans la nuit du 5 au 6 juin, 1 015 bombardiers lourds de la RAF prennent pour objectif 10 batteries côtières de gros calibre et à longue portée situées dans la zone du débarquement. Le poids des bombardements est plus ou moins également réparti : environ 500 tonnes de bombes sur chaque cible. Ces batteries seront pratiquement réduites au silence pendant toute la durée de l'assaut. Dans le Pas-de-Calais, pour inciter l'ennemi à penser que le débarquement est prévu dans ce secteur, d'autres escadrons de bombardiers lourds effectuent des opérations de diversion très sophistiquées. De l'aube à l'Heure-H, 1 361 bombardiers lourds de la 8e *Air Force* attaquent les défenses de trois plages de débarquement, la quatrième sera soumise au feu de la 9e *Air Force*.

Dans la journée du Jour-J, les bombardiers font tout pour bloquer les routes aux endroits stratégiques et empêcher ainsi les mouvements de troupes ennemies en Normandie. La couche nuageuse, plus dense que prévue dans les zones où sont situés les objectifs, nuit considérablement à l'efficacité des opérations d'autant que les techniques de bombardement sans visibilité ne sont pas encore suffisamment au point pour permettre des attaques précises et efficaces.

Au lendemain du Jour-J, un bombardement en masse de cibles tactiques est également prévu. Par cible tactique on entend les concentrations de troupes, juste devant les forces au sol. La première opération importante de ce type a lieu dans la soirée du 7 juillet dans le cadre de l'assaut britannique sur Caen *(Opération Charnwood)*. À la tombée de la nuit, 450 bombardiers accompagnés d'une puissante escorte de chasseurs survolent le front britannique puis déversent plus de 2 000 tonnes de bombes sur les défenses ennemies. Si son influence sur le moral des forces alliées au sol est évident, rien n'indique que cette opération ait eu quelque efficacité sur l'attaque elle-même. La peur d'être pris sous les bombardements amis est si grande que la ligne de bombardement sera établie à 5,5 km devant le front britannique, c'est-à-dire loin derrière le gros des forces ennemies.

L'efficacité des bombardiers lourds contre des cibles tactiques étant loin d'être établie, leur participation à *Overlord* reste principalement du même type que celle qui eut lieu au cours de l'*Opération Pointblank*.

2

2 *Pilote canadien de la* Royal Air Force. (Keystone)

5 *Un bombardier lourd Forteresse Volante B-17 de la 8e* US Air Force *touche un objectif tactique.* (UPI/Bettmann)

1 *Le bombardier moyen Mitchell B-25 était muni d'environ 3 000 livres de munitions.*

3 *Équipe au sol chargeant les bombes sur un Avro Lancaster de la RAF ; ce bombardier lourd portait une charge utile allant jusqu'à 10 tonnes.* (Fox/Keystone)

4 *Insigne de la 8e* US Air Force.

3

1

4

6 *Veste de combat, blouson de cuir (portant le sobriquet de son avion), casque d'aviateur et divers effets d'un sergent-fourrier de l'armée de l'air américaine.*

7 *Forteresses Volantes B-17G en formation au-dessus de l'Angleterre où opéraient courant 1944 quelque 2 000 bombardiers lourds américains.* (US Air Force)

7

8 *Insigne de la 9e US Air Force, force de frappe tactique basée en Angleterre entre 1944 et 1945.*

8

6

1 *Guerre psychologique : sous-officiers d'une unité britannique installant un haut-parleur, vraisemblablement pour envoyer des messages démoralisants aux troupes allemandes.* (IWM : B 6352)

2 *Guerre des nerfs : tireurs d'élite britanniques embusqués dans l'espoir de dénicher un franc-tireur.* (IWM : B 8964)

1

2

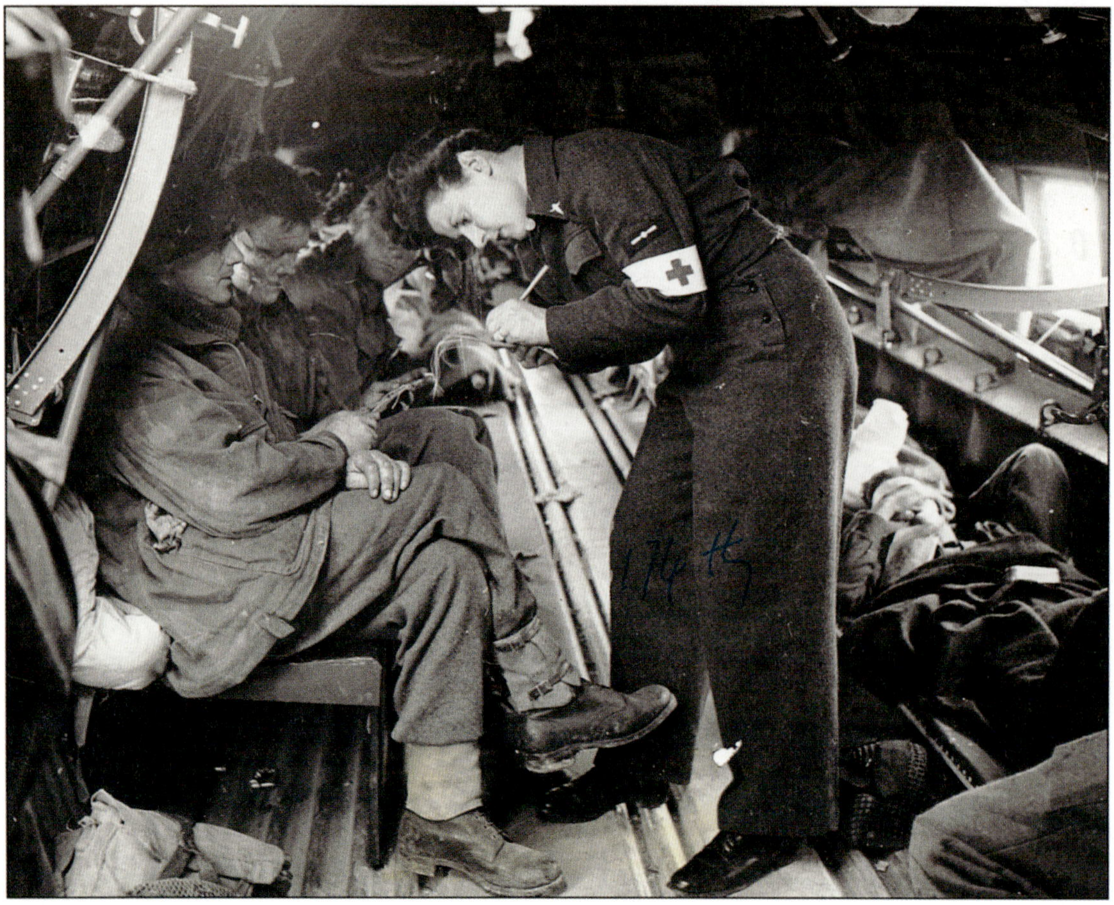

3

5

4

L'AVIS DES COMBATTANTS

L'un des clichés les plus éculés concernant la guerre veut qu'au cœur de l'action le combattant en ignore totalement le déroulement. Souvent sensibilisés à ce problème par leurs propres souvenirs de la Première Guerre mondiale et sachant que les hommes se battent mieux s'ils ont foi en leur cause et comprennent pourquoi ils risquent leur vie, tous les commandants alliés en Normandie, à commencer par Montgomery, s'efforcent d'informer les troupes en première ligne sur l'évolution de la bataille et de motiver chaque attaque. Le courrier des proches, les émissions de radio et les actualités des cinémas mobiles installés derrière le front, tout y contribue. Grâce aux quotidiens arrivés d'outre-Manche certains, à peine débarqués, ont pu lire dès le soir du Jour-J les manchettes annonçant leur débarquement.

La bataille de Normandie durera moins de trois mois, mais pour beaucoup de soldats cela représente une vie entière. En Normandie, vu l'exiguité de la tête de pont alliée et les dangers multiples (francs-tireurs, mines, pièges, attaques aériennes et d'artillerie), nul n'est à l'abri, pas même les généraux. Les causes de décès ou de blessure sont nombreuses, allant de l'accident de la circulation au cran d'arrêt défectueux. Mais ce sont les petits groupes de combattants des premières lignes qui, dans chacune des armées, subissent des pertes exorbitantes. Cela concerne aussi bien les équipages de chars et de canons d'assaut, les servants de l'artillerie, le génie, les pilotes de chasseurs-bombardiers et d'avions de reconnaissance que les fantassins qui subiront néanmoins à eux seuls 90% des pertes. Bradley écrira : « Derrière chaque rivière, il y a une autre colline, et derrière cette colline, une autre rivière. Après des semaines ou des mois sur le front, seule une blessure peut offrir au combattant le confort et la sécurité d'un abri et d'un lit. »

Lent et dangereux, le combat dans les hameaux et les haies du bocage normand rappelle l'aspect le plus sanglant du front occidental au cours de la Première Guerre mondiale. Et aujourd'hui encore l'on ne sait toujours pas si les perfectionnements apportés aux chars, aux avions et à l'artillerie ont facilité la vie du fantassin ou l'ont tout simplement rendu plus vulnérable en le lançant dans la bataille sous le feu conjugué des deux camps. En Normandie, pour répondre à la demande, les Alliés se verront obligés de doubler les contingents prévus pour la relève en hommes, en ravitaillement et en munitions. À l'inverse de l'ennemi, les Alliés ne manqueront jamais de troupes de remplacement ni de munitions, mais il arrivera régulièrement qu'un bataillon perde tous ses officiers, tués ou blessés, ou qu'il demande plus de remplaçants que l'effectif initial.

Depuis la guerre précédente, on note une indéniable amélioration dans le traitement des blessés. Les chances de survie à la suite d'une blessure, même sérieuse, sont bien meilleures. Les blessés sont évacués par avion vers des hôpitaux spéciaux en Angleterre dans les 24 heures. Mais le taux de pertes au cours des principales offensives reste élevé. L'*Opération Epsom* coûtera plus de 4 000 hommes au

3 *L'évacuation rapide des blessés sauvera de nombreuses vies. Cette infirmière-soldat de première classe soigne des blessés à bord de l'avion qui les transporte en Angleterre.*

4 *Un fantassin canadien très chargé avance d'un pas lent dans la poussière soulevée par les véhicules qui passent en direction d'un pont sur l'Orne.* (Archives Nationales du Canada)

6

7

5 *Marcher ou creuser ! Des sapeurs du génie s'attaquent énergiquement à l'élargissement d'un chemin.* (IWM : B 6369)

6 *Les tracts de propagande constituaient une forme simple de guerre psychologique. Cet exemple allemand évoque la Première Guerre mondiale, avec ses soldats anglais « marchant en rang vers la mort ». La division de guerre psychologique du* SHAEF *a largué environ 1,5 milliard de tracts au-dessus de l'Europe entre 1944 et 1945.*

7 *La séduction était considérée comme une composante essentielle dans le recrutement des femmes.*

Les chefs alliés de la Seconde Guerre mondiale étaient conscients de l'importance du moral des troupes. Hormis les premières lignes, les soldats du théâtre européen des opérations étaient souvent mieux servis que les civils en articles « de luxe » (viande rouge, œufs, fruits, bonbons, cigarettes et alcool) tous sévèrement rationnés voire introuvables en Europe et manquant même parfois aux États-Unis (en Angleterre les GIs semblaient si bien approvisionnés que les tommies *se plaignaient de ces* yankees *« sur-payés, sur-alimentés, sur-sexués, et* ***surtout-présents*** *! »). Les organisations des services unis (USO) avaient créé, partout où se trouvaient des militaires américains, des clubs où étaient envoyés des artistes qui se produisaient jusque dans les secteurs de combat ; l'institut interarmées (NAAFI) et l'association du spectacle pour les forces armées (ENSA) en faisaient autant pour les troupes de Grande-Bretagne et du Commonwealth.*

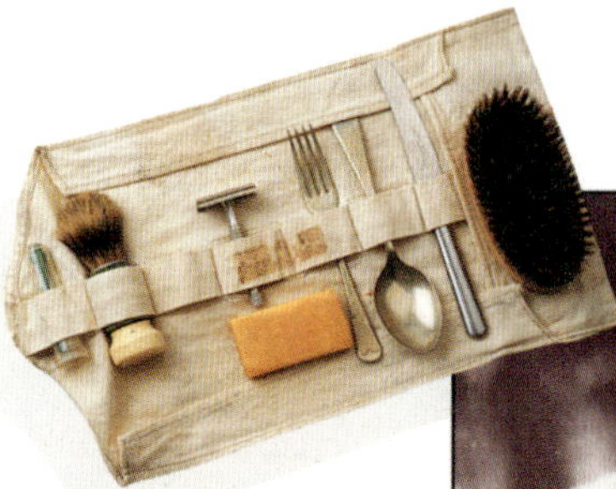

1

1 *Ce rouleau de toile, modèle datant de la Première Guerre mondiale, était pratique pour transporter les effets personnels d'un soldat : couvert, brosse à cheveux, nécessaire à raser…*

4 *… qu'utilise ici ce GI en campagne.*
(US National Archives)

4

2 *Partitions de chansons populaires anglaises de l'époque :* All Clear *(lorsque sonnera la dernière « fin d'alerte » aérienne) chantée par Vera Lynn, la coqueluche des forces armées.*

5 *Sans doute manque-t-il quelques touches à ce piano « libéré » pour jouer un concerto, mais ces GIs chantent à tue-tête.*
(US National Archives)

2

3

5

6

7

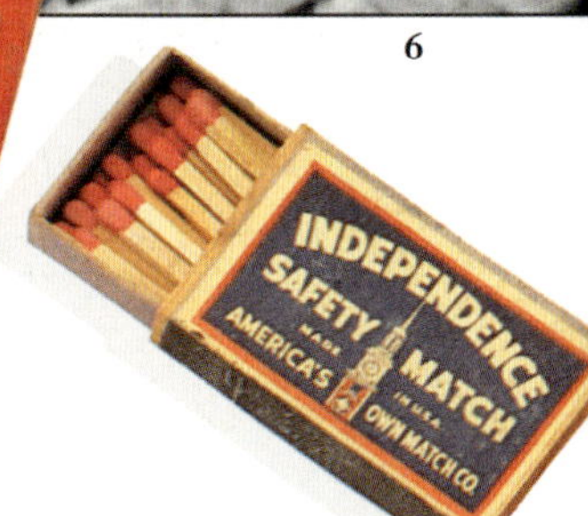

3, 7, 9 *Des marques oubliées mais naguère réconfortantes. Pendant la Seconde Guerre mondiale, les fumeurs étaient majoritaires ; le tabac à pipe était indispensable aux militaires hommes et femmes.*

6 *Pour les militaires britanniques (comme ces membres de l'équipage d'un navire de débarquement de la* Royal Navy, *ici au repos en terre normande), les cigarettes avaient des noms familiers (clopes, sèches ou cibiches en français).*
(US National Archives)

8

9

8 *Autre manière de se détendre : le jeu. Ici le travail de pro d'un bookmaker amateur encaissant les paris lors de la plus grande course hippique en Angleterre, le Derby.*
(IWM : B 5667)

10 *Tout ce qu'il faut à un soldat britannique pour s'offrir le plaisir d'un bain : tapis de sol, jerrycan d'eau et l'abri d'un char.*
(IWM : B 6152)

11 *À part quelques exceptions (par exemple les sergents-pionniers des régiments d'infanterie britanniques), les soldats devaient être rasés de près.*

11

10

1 Juillet 1944 : chars et infanterie britanniques remontent à l'assaut de Caen.

2 Pour ceux-ci la guerre est finie : soldats blessés de la division Waffen-SS « Hitlerjugend » *se rendent, les mains en l'air.* (IWM : B 6008)

8e corps britannique, plus de la moitié appartenant à la 15e division (écossaise) et la plupart à des bataillons d'infanterie inexpérimentés. Dans les rudes combats de Normandie, véritable épidémie, les pertes pour motif psychiatrique se montent bientôt à 1 sur 5. Une étude médicale américaine montre qu'après quelques jours nécessaires pour s'acclimater aux dangers du champ de bataille, le fantassin reste un combattant efficace pendant moins de quinze jours. Puis les tensions de la bataille le rendent dépressif ou dangereux

2

1

3

4

*3 Le général John Crocker (à gauche), commandant le 8e corps britannique, dont la 3e division canadienne, lors de l'*Opération Charnwood. (IWM : B 7753)

4 Insigne de calot des Royal Winnipeg Rifles, *élément de la 3e division canadienne.*

5 Fusilier et fusilier-mitrailleur britanniques bien à l'abri derrière un mur en ruine (noter l'insigne à l'épaule effacé par un censeur contemporain).

5

pour ses camarades. Un commandant de bataillon britannique demandera que son unité, soumise à une telle tension nerveuse qu'elle se trouve dans l'incapacité de combattre, soit relevée. Des divisions entières sont « engluées » ou « complètement sonnées ». Le meilleur remède reste le repos. Dans chaque unité, on essaiera de ménager quelques jours loin du danger aux soldats du front. Beaucoup évoquent des plaisirs simples : un bain, se changer, laver son linge, écrire son courrier, lire ou dormir au soleil, avant de se replonger dans la bataille.

Les armées alliées en Normandie ne perdront jamais totalement confiance en elles-mêmes ; sans pour autant minimiser les aptitudes guerrières des troupes allemandes, ni les qualités de leurs chars Panthère et Tigre. En se défendant pied à pied, derrière les haies et dans les fermes, les Allemands possèdent un avantage énorme dans le combat rapproché et l'augmentation des pertes augmente la tentation chez les Américains de ne compter que sur leur puissance de feu, de « ne jamais envoyer un homme là où une bombe ou une balle pourraient faire l'affaire ». C'est la réalité de ce que Montgomery appelle l'« amortissement » des forces allemandes dans une guerre d'usure. La désillusion des chefs de l'aviation du *SHAEF* contraste avec l'acharnement des fantassins qui luttent pour percer le front ennemi.

6

6 *Un transporteur de troupes léger semi-chenillé apporte des renforts à la division* « Hitlerjugend ». (Bundesarchiv)

CAEN ET LES CANADIENS

Fin juin le temps se dégage enfin ; les problèmes changent. L'humidité, le froid et la boue font place à la chaleur, à la poussière et aux mouches. Des panneaux « POUSSIÈRE = MORT » avertissent les véhicules que soulever la poussière en roulant c'est servir de cible à l'ennemi. À l'arrière du front s'entassent plus de 875 000 hommes, 150 000 véhicules et 570 000 tonnes de ravitaillement allié. Malgré quelques combats sporadiques, la bataille dans le bocage s'enlise. Impossible de déployer les forces alliées sans élargir la tête de pont. Après l'échec d'*Epsom* visant à prendre la cote 112 et la ligne de l'Orne, Montgomery n'a d'autre solution que d'attaquer Caen de front.

Devant Caen, les positions sont pratiquement les mêmes qu'à J+1. Les Allemands occupent la ville protégée par une série de villages retranchés à la périphérie vers l'ouest et le nord-ouest. Avant d'attaquer ces villages, il faut prendre l'aérodrome et le village de Carpiquet à l'ouest de Caen, deux objectifs assi-

7

7 *Les bombardements tactiques étaient un élément essentiel de la puissance de feu alliée. En vue de bombarder des cibles avec précision, des groupes de contrôle visuel (un officier de l'armée et un de la RAF, comme ici) en véhicule blindé s'approchaient aussi près que possible de la zone visée pour informer leur PC respectif de la précision du bombardement.* (IWM : CL 565)

8

8 *Des raids préliminaires exécutés par les bombardiers lourds préalablement à l'offensive en direction de Caen* (Charnwood)*. Ici, des Lancaster de la RAF pilonnant une base allemande de ravitaillement.*

1 *Insigne en tissu de la 50ᵉ division d'infanterie britannique (*Northumbrian*).*

2 *Un canon britannique Mk II de 114,3 mm participe au bombardement intensif qui précède l'aube du 8 juillet, juste avant l'attaque baptisée* Charnwood *sur Caen.*

gnés le Jour-J à la 3ᵉ division canadienne. Le 4 juillet, la 8ᵉ brigade canadienne conduite par Blackader, appuyée par les blindés spéciaux de la 79ᵉ DB et avec le soutien massif de l'aviation et de l'artillerie, attaque la division « *Hitlerjugend* » (désormais aux ordres de « *Panzer* » Meyer) qui défend Carpiquet et l'ouest de Caen. Malgré l'énorme puissance de feu utilisée, les Canadiens, s'ils prennent le village, ne dépasseront pas la partie nord de l'aérodrome et perdront 350 hommes. Un tiers de ces pertes pour un seul bataillon, les *Royal Winnipeg Rifles*, qui se retrouvera en fin de journée sur sa ligne de départ face au feu allemand.

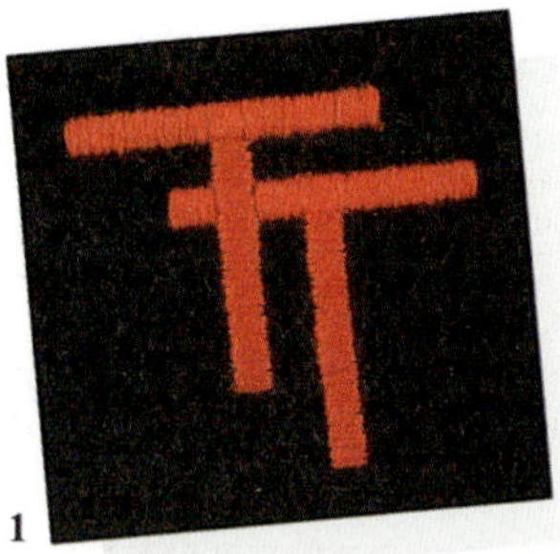

1

Pour libérer Caen tout en évitant l'hécatombe alliée et sur la recommandation d'Eisenhower, Montgomery demande aux bombardiers lourds de la RAF d'attaquer la partie située au nord de la ville. Le 1ᵉʳ corps britannique commandé par le général John Crocker, comportant la 3ᵉ division canadienne, doit attaquer ensuite à travers les décombres. Près de 500 bombardiers largueront 2 500 tonnes de bombes mais une grande confusion marque le déroulement ultérieur de l'opération dont le succès est beaucoup le fruit du hasard. Pour des raisons de sécurité, la zone de bombardement est fixée à 5,5 km en avant des positions anglo-canadiennes, aussi les bombes tombent-elles sur des maisons françaises au lieu d'atteindre les villages retranchés allemands autour de Caen. L'attaque étant prévue pour le 8 juillet au matin, le bombardement a lieu la veille au soir au lieu d'intervenir juste avant l'attaque. Ce bombardement a surtout un effet psychologique et remonte le moral des troupes d'assaut, ce qui paraît être l'essentiel.

À l'aube du 8 juillet, les Britanniques et les Canadiens lancent leur offensive, baptisée *Charnwood*, appuyée par un bombardement de l'artillerie désormais classique. Les Canadiens la décriront comme une journée de combats féroces et sanglants. En fait, il faudra aux troupes alliées jusqu'au lendemain matin pour repousser les Allemands du nord de Caen jusqu'à l'Orne qui traverse la ville. La 3ᵉ division canadienne perdra plus d'hommes ce jour là que le Jour-J. Les secteurs est et sud de Caen, y compris l'aciérie de Colombelles, restent aux mains des Allemands. Heureusement, depuis le 12 juin, la Résistance à Caen est convenue avec le haut commandement allié de préserver des zones refuges protégées des bombardements alliés dans le centre-ville. Les combats feront néanmoins 500 victimes civiles et davantage si on remonte au 6 juin. À la Libération, un survivant dira « ma joie est grande et pourtant retenue ».

2

3

3 Standartenführer *(colonel) et futur* Gruppenführer *(général de division), Kurt «* Panzer *» Meyer (à droite) vu ici avec Fritz Witt (à gauche) alors commandant de la 12*[e] SS-Panzerdivision.
(Bundesarchiv)

4

5

7

6

4 *Civils français réfugiés dans des caves pendant le pilonnage de Caen par l'artillerie et les bombardiers alliés.*
(IWM : B 7457)

5 *Voiture d'état-major Volkswagen attendant devant le portail du QG de la division «* Hitlerjugend *» près de Paris avant le Jour-J.*
(Bundesarchiv)

6 *Des hommes de la 16*[e] *division terrestre de la* Luftwaffe *déambulent au milieu des ruines de Caen.*
(Bundesarchiv)

8

7 *Vue aérienne de Caen montrant l'étendue des dégâts.*

8 *Fritz Witt, ici en tenue de* Standartenführer *(colonel), portant au cou la croix du chevalier avec feuilles de chêne ; il commandait la division* Waffen-SS *«* Hitlerjugend *» jusqu'à ce qu'un tir d'obus de la marine le tue dans son PC, le 16 juin.*
(IWM : MH 6106)

GOODWOOD LA PRISE DE CAEN

Impatiente, la presse anglaise salue l'*Opération Charnwood* comme la libération de Caen et le début de l'avancée alliée. Mais celle-ci dépend du nettoyage complet de la ville et de la prise de la crête de Bourguébus et de la cote 112. Les diverses attaques vers Caen ont eu pour conséquence d'attirer le gros des blindés allemands et de l'artillerie en renfort. La pression est maintenue par des attaques locales, y compris des tentatives renouvelées contre la cote 112 dans l'ancien saillant d'*Epsom*. Mais le *SHAEF* doutant de plus en plus de ses capacités à diriger les opérations, Montgomery a besoin d'une victoire importante.

Considérant Caen comme la clé de la victoire américaine et celle de la bataille de Normandie, Montgomery surveille attentivement la manière dont Dempsey, commandant la 2e armée, mène la bataille,

1

1 *Insigne de calot du* Herefordshire Regiment *: les 1er* Hereford *étaient rattachés à la 159e brigade d'infanterie.*

2

2 *Tenue de marche du fantassin britannique en campagne : une sacoche avec une cape imperméable pliée, une pelle à tranchée en-dessous.*

3

3 *Insigne de calot des gardes irlandais : trèfle d'Irlande sur l'étoile de la Jarretière (ordre de noblesse britannique).*

4

5

5 *Insigne de l'infanterie légère* Oxfordshire and Buckinghamshire *portant le clairon.*

6

6 *Vue de face d'un soldat engagé des* Seaforth Highlanders, *élément de la 46e brigade (*Highland*). Noter le béret écossais (*tam-o'-shanter*), les cartouchières de base et les guêtres en forte toile au-dessus des gros « godillots ».*

7

4 *Chars* « Priest » *prêts à envoyer des obus de 105 mm sur Caen.* (IWM : B 6574)

7 *Des* Royal Scots Fusiliers *écossais baïonnette au canon.* (IWM : B 5968)

8 *Un canon antichar britannique de 2,8 kg commande une rue de Caen.*

9 *Une équipe britannique servant ce mortier de 76,2 mm.*

10 *Fusilier britannique à Caen.* (IWM : B 6725)

11 *Insigne du* Hampshire Regiment, *43e division.*

11

8

9

10

laissant les mains beaucoup plus libres à Bradley. Que Bradley dirige tout seul la moitié américaine de la bataille correspond au tempérament de Montgomery tout en étant bénéfique pour la coalition. Alors même que les Anglo-Canadiens bataillent pour Caen, les troupes de la 1re armée américaine livrent, deux semaines encore après la chute de Cherbourg, de rudes combats dans le bocage et les marais. Bradley préfère, aux attaques séparées traditionnelles, un front beaucoup plus large, engageant d'abord un corps avant d'élargir puis d'étendre la bataille sur toute la ligne du front. Tout comme la méthode anglaise, c'est une guerre d'usure mais les progrès en sont plus lents. Si Caen échappe toujours aux Britanniques, début juillet les Américains n'ont toujours pas pris le carrefour clé de Saint-Lô.

Le 10 juillet, Bradley annonce une nouvelle offensive pour déborder Saint-Lô et sortir du bocage ; il demande à Montgomery de lancer une diversion pour immobiliser les blindés allemands sur le flanc est de la tête de pont. Telle que la prévoit Dempsey, l'offensive doit permettre de résoudre plusieurs problèmes. Tenus en échec au nord de Caen et manquant toujours cruellement d'espace, les Britanniques doivent percer au sud. Dans le même temps, la bataille des haies a fait des ravages parmi l'infanterie de Dempsey, mais ses 3 divisions blindées ont été relativement épargnées. Son plan *(Opération Goodwood)* consiste à pousser les blindés à travers le terrain dégagé à l'est de Caen, à franchir la crête de Bourguébus et au-delà, et à regrouper les divisions blindées en un seul corps, le 8e, sous le commandement d'O'Connor. Au lieu d'une percée de l'infanterie suivie des blindés, on utilisera, comme précédemment pour *Charnwood*, les bombardiers lourds pour détruire le front allemand sous un bombardement aérien massif.

L'idée de cette offensive est accueillie avec enthousiasme par Eisenhower et l'état-major du *SHAEF*, heureux de faire une nouvelle fois appel aux bombardiers lourds de la RAF. Moins enthousiaste, Montgomery réduit les ambitions du plan de Dempsey cantonné à prendre Caen et à affaiblir les forces blindées allemandes. Montgomery envisage cependant sérieusement de prendre la crête de Bourguébus et à pousser ses voitures blindées au-delà en direction de Falaise. La prudence de Montgomery, la confusion à tous les échelons quant aux objectifs de *Goodwood* préparent à un nouvel échec britannique.

Le 18 juillet à 5h30 exactement, prêts à partir, les soldats du 8e corps regardent les premiers bombardiers lâcher leurs chapelets de fusées éclairantes sur les positions allemandes. Au cours des 45 minutes qui suivent, plus de 1 000 bombardiers lourds alliés déverseront 5 650 tonnes de bombes. Ce sera suivi par plus de deux heures de pilonnage laissant les soldats allemands rescapés complètement étourdis par les déflagrations. Les chars Tigre sont retournés comme des fétus de paille par la force des bombes. Quand la 11e DB s'élance vers l'est, les Allemands incapables de résister sortent de leurs abris pour se rendre. Mais peu à peu, les chars laissent de plus en plus loin derrière

1

1 *Une patrouille britannique ratisse Caen le 9 juillet à la recherche de poches de résistance allemandes. L'*Opération Charnwood *permet aux troupes anglo-canadiennes d'occuper la ville les 8 et 9 juillet ; il reste toutefois de puissantes forces allemandes aux périphéries sud et est.*
(IWM : B 6686)

2

2 *Pendant la retraite à travers Caen, un fantassin allemand pointe son Maschinenpistole MP-40* (Schmeisser*). Le pistolet-mitrailleur était idéal pour les combats de rues, et le* Schmeisser *faisait partie des plus performants de sa catégorie : il arrivait aux soldats alliés d'échanger leur propre mitraillette contre un MP-40 capturé.*
(Bundesarchiv)

3

3 *Insigne des* Grenadier Guards *britanniques en forme de grenade antique.*

4

4 *La coopération entre les Alliés et la Résistance permit de regrouper les civils dans des « zones épargnées » pendant les combats ; néanmoins plusieurs centaines de civils seront tués à Caen. Ici un soldat anglais aide une personne âgée au milieu des ruines…*
(IWM : B 6794)

7 *… et cet autre soulève une jeune rescapée.*

5

Dally---2,075,000
Sunday-3,700,000
DAILY NEWS
NEW YORK'S PICTURE NEWSPAPER
FINAL
Vol. 26. No. 21
New York, Wednesday, July 19, 1944*
44 Main + 4 Manhattan Pages
2 Cents

BRITISH SPLIT CAEN LINE

Reds Cross Bug River, Roll Toward Lwow, Brest Litovsk

Stories on Page 3

5 *Ce titre d'un journal new-yorkais exagère la réussite de l'*Opération Goodwood.

6 *Les Alliés se tendent la main : les chefs de la Résistance à Caen accueillent les troupes britanniques dans leur ville.*

6

7

8

8 *Insigne de la brigade des fusiliers (*Prince Consort's Own Rifle Brigade*).*

On ne peut pas dire que, depuis la fin de la cavalerie à cheval, l'arme de poing, pistolet ou arme blanche ait joué un rôle primordial sur le champ de bataille. Le pistolet-mitrailleur est bien plus efficace que le revolver ou pistolet autochargé (automatique) et guère moins léger et compact. Les armes de poing sont surtout conservées pour des raisons de prestige (en principe délivrées uniquement aux officiers et aux sous-officiers ayant un grade élevé, aux tankistes et aviateurs travaillant en espace clos et aux membres des forces spéciales). Ces derniers, qui pouvaient avoir à tuer de façon discrète et rapprochée, utilisaient également des poignards. Les parachutistes portaient un couteau qui n'était pas une arme (bien qu'il ait pu remplir cette fonction à l'occasion) mais permettait de se dégager rapidement de son parachute à l'atterrissage. Voici quelques pistolets et poignards standards utilisés lors de la Seconde Guerre mondiale.

1 *Pistolet Revolver Enfield n° 2, Mk I de 9,65 : l'arme standard des forces britanniques pendant la Seconde Guerre mondiale.*

1

1 *Le revolver montré ici est à simple action ; un revolver Enfield Mk I* à double action était également distribué. Avec le Mk I*, il suffisait d'appuyer sur la détente, nul besoin d'armer ; il était d'ailleurs dépourvu de la crête de chien visible ici sur le Mk I. Les tankistes surtout préféraient le Mk I* car cette crête de chien avait tendance à se prendre sur tout ce qui dépassait dans l'espace confiné d'un véhicule blindé.*

2 *Poignard avec coup-de-poing intégré ; plus répandu au cours de la Première Guerre mondiale où les corps à corps étaient fréquents dans les attaques de tranchées et autres actions similaires.*

3 *Poignard typique, semblable au poignard à lame fixe américain, avec une poignée à base d'anneaux de cuir pour une meilleure prise et une garde solide.*

4 *Gaine métallique pour le poignard (**3**). Munie d'une boucle en cuir pour l'accrocher à la ceinture. Toutefois les photos de guerre laissent à penser que la plupart des hommes portaient leur poignard dans une gaine de poitrine, parfois cousue sur l'uniforme ou bien dans une gaine fixée à la jambe ou à la cheville.*

2

3

4

5

6

6 *Malgré son évidente efficacité silencieuse, le coup-de-poing en cuivre, arme non réglementaire, était sans doute plus souvent utilisé dans les rixes que dans les combats militaires.*

7

7 *Compact, durable, fiable, d'un emploi facile et avec une capacité d'arrêt suffisante, le fameux pistolet Colt Government Model (M1911) de 11,43 fut la meilleure arme autochargée de tous les temps. C'est le pistolet standard des forces américaines depuis la Première Guerre mondiale jusqu'aux années 1980. Colt et d'autres fabricants agréés en produiront plus de 3 millions d'exemplaires. Son chargeur contenait 7 cartouches.*

8

8 *Surnommé Luger, d'après son concepteur, ce pistolet fut l'arme standard des Allemands avant la Première Guerre mondiale et jusqu'en 1938 ; beaucoup serviront au cours de la Seconde Guerre mondiale. Fabriqué d'abord par Deutsche Waffen und Munitionsfabrik (DWM), puis par Mauser (en deux calibres : le Luger Parabellum Model 1908 (P08) et plus tard le Luger 7,65 mm 08/20). Les deux armes ont un aspect presque identique, avec chacune un chargeur de 8 cartouches.*

5 *Fantassins britanniques en action dans le bocage. Le soldat de droite pointe son revolver. On distingue à peine le cordon tressé dont une extrémité est attachée à un anneau sur la crosse du revolver (voir en* **1***) et l'autre autour de l'épaule. Pendant la Seconde Guerre mondiale, le général américain George Patton, lui, portait des pistolets à poignée d'ivoire depuis l'expédition punitive au Mexique en 1916 et 1917. Là, au cours d'une escarmouche, Patton (membre de l'équipe de tir olympique américaine en 1912) tua l'un des lieutenants de Pancho Villa d'un coup de pistolet.*

10

9

9, 10 *Le pistolet autochargé Walther P38 remplacera le Luger comme arme standard des Allemands à partir de 1938. Muni d'un chargeur de 8 cartouches de 9 mm, la conception fiable à double action du P38 permettait de le transporter sans danger avec une autre cartouche dans la chambre.*

l'infanterie qui perd du temps à nettoyer les petits villages. À l'arrière, soulevant une poussière suffocante, les blindés qui tentent d'atteindre le front créent un gigantesque embouteillage. La dernière division, la 7e DB y passera la journée sans arriver à portée de l'ennemi. Désormais sans appui, les chars de la 11e DB pris en embuscade sous le tir des chars, des canons d'assaut ou des canons antichars allemands dissimulés dans les villages se heurtent à une résistance acharnée. Un chef de char du 3e *Royal Tank Regiment* placé en fer de lance se souvient : « Je voyais les Sherman en flammes les uns après les autres, et j'ai bien cru que le régiment allait être anéanti en quelques minutes. » Les chars devront s'arrêter. La division blindée des gardes vivra une expérience similaire, prise entre le feu de canons antichars de 88 mm postés à Cagny (supposé dégagé d'Allemands), et la menace des Tigre par derrière. Un Sherman, commandé par le lieutenant Gorman de la 2e division des gardes irlandais, se trouvera brusquement à 200 m d'un Tigre. Son canon s'enraye après un premier coup tiré qui rebondit sur le blindage du Tigre. Gorman intime aussitôt l'ordre à son chauffeur d'éperonner le Tigre et les deux équipages sautent à terre. Pendant ce temps, la 3e division britannique attaque à l'est du 8e corps, tandis qu'à l'ouest les 2e et 3e divisions canadiennes se joignent enfin pour dégager Caen et l'aciérie de Colombelles. Les Canadiens captent la dernière transmission radio des Allemands à Colombelles : « PC du bataillon entouré. Vive le *Führer* ! » Mais après avoir beaucoup promis, l'*Opération Goodwood* aura seulement permis de dégager Caen. Après une nouvelle journée de durs combats, les Britanniques prennent Bourguébus et le flanc principal de la crête : une progression de 12 km à peine et la perte de plus de 400 chars et de 5 000 hommes. Montgomery peut trouver un certain réconfort dans le fait que pour arrêter son attaque les Allemands ont de nouveau engagé 2 divisions blindées *Waffen-SS*.

1 *Les Allemands laisseront Caen truffé de mines. Comme le montrent ces tankistes britanniques, un moyen relativement sans danger de déminer était ce dispositif nommé Scorpion ou Crabe. En tournant, le tambour monté sur le devant de ce char entraîne le fléau de chaînes qui déclenchent les mines se trouvant sur le chemin.*

2 *Insigne « à tête d'Indien » de la 2e division d'infanterie américaine datant de la Première Guerre mondiale.*

3 *Écusson du 19e corps américain.*

4 *Cet* Obersturmführer SS (lieutenant)*, le bras en écharpe, se fait transporter en side-car par un blessé porteur de la croix du chevalier.* (Bundesarchiv)

5 *À plat ventre pour ne pas déclencher le feu des francs-tireurs ou de l'artillerie, les GIs du 19e corps américain pénètrent avec précaution dans Saint-Lô le 18 juillet.* (Keystone)

LES AMÉRICAINS À SAINT-LÔ

Un seul verrou bloque désormais la progression alliée : Saint-Lô. Sa libération est l'occasion d'une autre bataille secondaire qui va se perdre dans l'histoire générale de la bataille de Normandie mais qui aidera à faire pencher la balance en faveur des Alliés. Saint-Lô a déjà terriblement souffert. Bombardé par les Alliés depuis le premier jour du débarquement, ce carrefour routier devait servir de barrage contre les Allemands, et il devait être pris par les Américains à J+10. À environ 5 km au nord-est, la ville est domi-

6 *Une fumée épaisse s'élève au-dessus de Saint-Lô, occupé par les Allemands. Cette photo a dû être prise bien avant l'assaut final lancé par les Américains les 17 et 18 juillet, sinon les nombreux civils visibles ici auraient sûrement cherché un abri.* (Bundesarchiv)

6

7

7 *Le motif de l'insigne de la 35e division d'infanterie (« Santa Fe ») est inspiré des marqueurs posés le long de la célèbre piste de Santa Fe.*

8 *Saint-Lô. Un sous-officier américain examine avec ses hommes du matériel abandonné par les Allemands dans une tranchée.* (UPI/Bettmann)

8

née par une crête stratégique qui mène au sommet de la cote 192. Mais tout le secteur américain est un pays accidenté couvert de haies. Après l'expérience de la bataille des haies en juin, Bradley change son fusil d'épaule et concentre ses divisions pour une offensive unique dans le style britannique devant Saint-Lô. Les deux divisions du 9e corps américain du général Charles Corlett, la 35e DI fraîchement arrivée et la 29e DI, les vétérans d'*Omaha*, ont pour objectif la ville elle-même. À leurs côtés, la 2e DI du 5e corps doit s'emparer de la cote 192. Redoutable perspective pour la 2e division qui y a déjà perdu 1 200 hommes lors de la tentative manquée de juin.

L'appui aérien étant gêné par une brume de chaleur, l'offensive débute le 11 juillet après un très rapide bombardement de l'artillerie. Les Allemands sont plus résolus que jamais. Il faudra 20 000 obus d'artillerie pour les chasser de la cote 192 et d'un petit

1 *Les chemins étroits et les haies autour de Saint-Lô fournissaient aux canons et aux francs-tireurs allemands d'excellentes positions de tir. Ici ce sont les fantassins américains qui profitent de cette protection en avançant vers la ville, défendue avec acharnement par le 2e corps de parachutistes allemands aux ordres du général Eugene Meindl.* (IWM : EA 30511)

2 *Des fantassins américains s'approchent d'un château en ruine près de La Haye-du-Puits, à l'ouest de Saint-Lô, libéré le 18 juillet.*

3 *Vue aérienne montrant les destructions à Saint-Lô.* (UPI/Bettmann)

4 *Le « cœur pourpre » (*purple heart*) était remis à tout personnel américain, armée, marine ou garde-côtes, tué ou blessé au combat. Il en sera remis beaucoup trop à Saint-Lô où une partie du terrain sera surnommée « goulet du cœur pourpre ».*

goulet sous la crête au nom sinistre de « *Purple Heart* » (nom d'une médaille, voir ci-dessous) qui seront ensuite nettoyés par la 2e division. Cela permet à la 29e division de pousser jusqu'au village de Martinville en bas de la crête, puis vers la cote 122 juste au nord de la ville. L'attaque est encore une fois menée par la 116e infanterie qui s'est distinguée à *Omaha* et dont les origines remontent à la vieille « *Stonewall Brigade* » de l'armée confédérée. Mais deux jours après le début des combats, ayant perdu près de 1 000 hommes, la division n'a pas encore atteint ses objectifs. Corlett en conclut que cette cote 122 devra être prise de front.

Quoique novice dans la bataille des haies, la 35e division progresse bien ; elle prend position sur la cote 122 à la tombée de la nuit le 15 juillet. Le même jour, la 116e infanterie remonte au combat, tandis que le 2/116e pousse jusqu'au carrefour de La Madeleine,

5

4

6

7

à 1 km de la ville. Les Américains vont triompher lorsque le feu de l'artillerie allemande et des francs-tireurs dans les haies isole le 2/116e à environ 1 km devant le reste du régiment : le voilà pris au piège. La suite va entrer dans la légende. Au matin du 17 juillet, le commandant régimentaire, le colonel Philip Dwyer, ordonne au commandant Thomas Howie du 3/116e, qui avait bien dirigé ses hommes à *Omaha*, de rejoindre le bataillon piégé. Après plusieurs heures de manœuvres silencieuses, la jonction est faite entre les deux bataillons ; Dwyer dit à Howie de pousser jusqu'à Saint-Lô. « OK » répond Howie. Quelques minutes plus tard, il est tué par des tirs d'obus allemands et les deux bataillons se retrouvent isolés. Il faudra encore une journée de combats avant qu'une division expéditionnaire conduite par Cota, pénètre dans Saint-Lô. Ses hommes transportent sur une Jeep le corps d'Howie qui est placé sur le perron de l'église Sainte-Croix en ruine, dans le centre-ville, drapé de la bannière étoilée. Pendant deux jours, un hommage silencieux sera rendu à celui qui avait promis d'atteindre Saint-Lô. La voie de la Normandie est ouverte.

5 *Dernier panneau indicateur avant Saint-Lô, et derniers instants de liberté pour cet Allemand qui vient de se rendre à un policier militaire américain (MP).* (UPI/Bettmann)

6 *Soldats allemands isolés cueillis dans la ville.* (UPI/Bettmann)

7 *Des prisonniers cherchent un abri contre les tirs de l'artillerie allemande.* (UPI/Bettmann)

« FAITES LA PAIX IMBÉCILES ! »

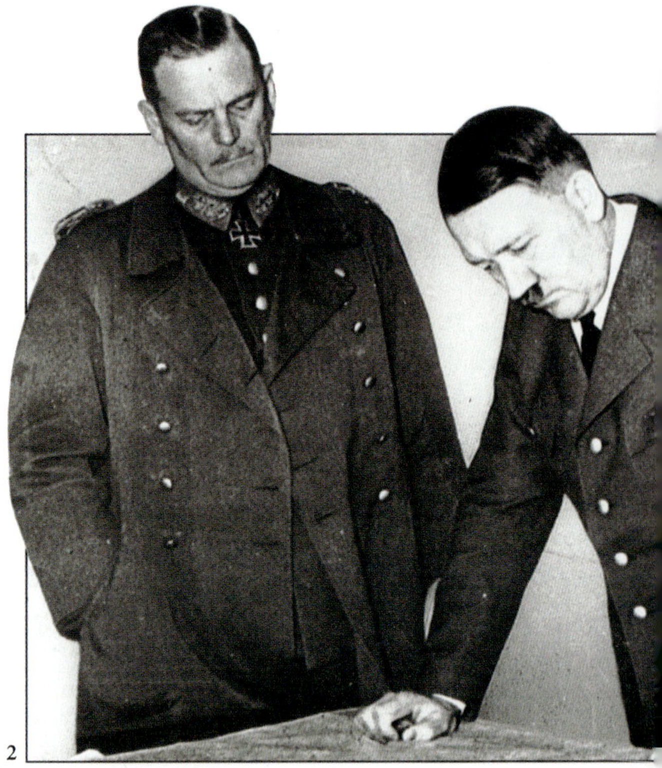
2

Quand une bataille semble tourner mal, les bons généraux cherchent à voir les événements du point de vue de l'ennemi. Grâce à *Ultra* et à diverses autres sources de renseignements, les commandants alliés connaissent en partie la position allemande. Mais après deux mois de durs combats, alors que le 21e groupe d'armées n'est toujours qu'à quelques kilomètres des plages de débarquement, personne n'imagine à quel point les Allemands sont déconcertés par le fait que les Alliés ne marchent pas tout simplement au travers de leurs lignes de défense tant leurs troupes sont épuisées par cette bataille d'usure. Pour la plupart des commandants allemands, la bataille de Normandie a été perdue dès les premiers jours du débarquement. Quant à la guerre, ils savent depuis longtemps qu'elle est perdue.

Contents des victoires portées jusque-là à leur crédit, en 1944, les généraux allemands supportent de plus en plus mal l'intervention croissante d'Hitler dans la conduite des opérations qui leur enlève toute chance de gagner la Seconde Guerre mondiale ou du moins de retarder la défaite. Pour la libération de la France, les Alliés ont établi un système de commandement unifié qui fonctionne grâce au génie d'Eisenhower et qui encourage la coopération entre forces aériennes, terrestres et navales. Morcelé, le système allemand ne peut fonctionner efficacement. Les combattants du front auront beau multiplier les exploits, ils sont victimes d'un État et d'une machine de guerre nazis qui les placent dans une situation désespérée.

1

Page précédente :
Assis sur la plage d'Omaha Beach, et le visage illuminé d'un large sourire, des prisonniers allemands attendent d'être embarqués dans un camp en Angleterre.

1 *Tout véhicule arborant ce fanion devait être salué par les hommes de troupes car il indiquait la présence d'un membre du haut commandement allemand à bord. Le fanion était recouvert d'un étui en cuir en l'absence de l'auguste occupant du véhicule.*

Depuis 1934, le *Führer* cumule le rôle de commandant en chef des forces armées : armée, marine et *Luftwaffe*. En décembre 1941, il a également renvoyé le commandant en chef de l'armée et pris sa place, divisant la guerre en deux zones distinctes. L'état-major de l'armée (OKH) contrôlera la guerre sur le front de l'Est où passe le gros de l'effort de guerre allemand, tandis que l'état-major des forces armées (OKW) est chargé de l'ensemble des autres fronts. En fait, à mesure que la guerre progresse, Hitler, depuis son état-major suprême (RFH) à la Tanière du loup près de Rastenberg en Allemagne orientale, prend chaque jour davantage la direction des opérations sur les deux fronts. Se fiant entièrement à ses jugements et à son intuition, ne travaillant que sur des cartes, Hitler donne des ordres jusqu'au niveau divisionnaire, contournant souvent sa propre chaîne de commandement. Le maréchal Wilhelm Keitel, chef d'OKW à partir de 1941, est d'une telle servilité auprès d'Hitler qu'on le surnomme en douce *Lakeitel* (petit laquais).

Le commandant en chef pour le front ouest (OB-Ouest), nommé en 1942, est un vieil aristocrate prussien, le maréchal Gerd von Rundstedt. Contrairement à Eisenhower, en tant que commandant de l'armée von Rundstedt n'a aucun contrôle direct sur les forces navales ou aériennes. La *Luftwaffe,* sous les ordres d'Hermann Goering, *Führer* adjoint d'Hitler, mène sa propre guerre. Les *Waffen-SS* d'Himmler ont un commandement indépendant et un approvisionnement distinct de celui de l'armée. Von Rundstedt a très peu de marge de manœuvre. Obnubilé par le front de l'Est, Hitler mésestime la puissance maritime et la force croissante des États-Unis ; pour lui l'Ouest n'est pas une priorité.

Von Rundstedt se plaint constamment de la faiblesse du mur de l'Atlantique auquel il ne croit guère. Même en 1944 il ne dispose que de 60 divisions pour défendre 4 800 km de littoral, et il ne comprend absolument pas pourquoi les Alliés n'ont pas débarqué dès 1942 ou 1943. L'idée ne lui serait pas venue, pas plus qu'aux autres d'ailleurs, que les Alliés puissent

3

4

2 *Le maréchal Wilhelm Keitel, chef des* Oberkommando der Wehrmacht *(chef du haut commandement des forces armées, OKW), regarde Hitler en train d'étudier une carte. Prenant chaque jour davantage en main la conduite de la guerre, le* Führer *ne tient aucun compte des recommandations de ses commandants sur place. Dans ses* Mémoires, *Keitel se décrit comme un « porte-étendard d'Adolf Hitler ». En allant jusqu'à approuver les plans les plus farfelus de son chef, il deviendra la risée des autres généraux qui l'appellent le « petit laquais » ou « l'âne qui fait oui ».*

3 *Comme Keitel, le général Alfred Jodl (au premier plan), chef des opérations à l'OKW, était complètement incapable d'opposer quelque argument que ce soit à Hitler.*

4 *Brassard du* Volksturm *(armée populaire), la milice allemande de défense du territoire. Constituée fin 1944, cette force de conscrits est entièrement composée d'hommes entre 16 et 60 ans jusque-là jugés trop âgés, trop jeunes ou inaptes au service militaire.*

VON RUNDSTEDT

Karl Rudolf Gerd von Rundstedt est né le 12 décembre 1875 à Halberstadt. Fils aîné d'un officier hussard, il est issu d'une vieille famille prussienne aux traditions militaires remontant au XVIIIe siècle. Bien entendu, il devient soldat et s'engage dans le 83e régiment d'infanterie royale de Prusse en juin 1893 ; il reçoit une formation au sein de l'élite militaire allemande, l'état-major général, où il occupe plusieurs postes durant la Première Guerre mondiale. Il termine la guerre comme chef d'état-major auprès du 15e corps sur le front occidental.

En 1929, il obtient le commandement de la 2e division de cavalerie. Général commandant le district militaire de Berlin en 1932, puis le 1er groupe d'armées, le plus important de la petite armée allemande, il semble à l'apogée de sa carrière. Son éducation traditionnelle fondée sur les valeurs fondamentales de la famille et de l'armée l'éloigne des nazis dont l'armée se rapproche de plus en plus. *Generaloberst* en 1938, il se retire.

La montée des tensions qui vont conduire à la Seconde Guerre mondiale provoque son rappel. En 1939, au cours de la campagne de Pologne, il commande le groupe d'armées sud puis le groupe d'armées A qui effectue la percée décisive en France en juin 1940. En juillet 1940, il est promu maréchal et commandant en chef ouest en octobre. Modeste, von Rundstedt porte l'uniforme de colonel (représentant le 18e régiment d'infanterie dont il était colonel en chef) avec son insigne de maréchal. En avril 1941, il est nommé commandant du groupe d'armées sud qui prépare l'offensive *Barbarossa* contre l'Union soviétique. En 1942, toutefois, il est relevé de son commandement sur le front de l'Est suite à un désaccord sur la conduite de la campagne et nommé à nouveau commandant en chef ouest. Le deuxième départ en retraite de von Rundstedt en juillet 1944 sera de plus courte durée que le premier. Le 4 septembre, il accepte à contre-cœur et par devoir le poste de commandant en chef du secteur ouest malgré son profond pessimisme et son antipathie pour les nazis. Il sera l'un des rares commandants supérieurs à rester à l'écart des complots et des accusations de la fin de l'Allemagne hitlérienne. Il restera en place jusqu'à la fin de la guerre ou presque. En mars 1945, il est capturé par les troupes américaines tandis qu'il suit un traitement contre l'arthrite à l'hôpital. Inculpé pour crimes de guerre en 1948, il est considéré comme trop malade pour être jugé ; il décède le 24 février 1953.

5

6

5 *Soldat de carrière et membre de l'aristocratie prussienne, Gerd von Rundstedt a pu mépriser Hitler, dont il critiquait parfois le jugement militaire, mais il l'a bien servi. Von Rundstedt était commandant en chef ouest au moment des débarquements du Jour-J. Limogé en juillet 1944, il sera rapidement rappelé.* (The Bettmann Archive)

6 *Von Rundstedt (2e à gauche) et Rommel (à droite) étaient en désaccord sur la manière de repousser le débarquement. Rommel était partisan de combattre à partir de positions avancées pour empêcher les Alliés de prendre pied en Normandie ; von Rundstedt était plus circonspect.* (Bundesarchiv)

4

5

ROMMEL

Fils d'instituteur, Erwin Johannes Eugen Rommel est né le 15 novembre 1891 en Souabe, au sud de l'Allemagne. En 1910, il rejoint le 124e régiment d'infanterie ; il prend part aux combats sur les fronts de l'Italie et de l'Ouest pendant la Première Guerre mondiale, où il est promu capitaine et gagne le « Pour Le Mérite » ou « Max Bleu », la plus haute distinction de l'armée impériale allemande. Il reste dans l'armée après la guerre, devient en 1935 conseiller militaire des jeunesses hitlériennes, puis commandant des gardes du corps d'Hitler en 1938. Ambitieux mais politiquement naïf, Rommel doit sa carrière à Hitler sans jamais pour autant devenir un nazi convaincu. En 1940, ses bons services sont récompensés lorsqu'Hitler le nomme commandant de la 7e *Panzer-division* (*Fantôme*) avec laquelle il se taille une excellente réputation en France en 1940.

En janvier 1941, Rommel est nommé commandant du nouveau *Afrikakorps*. Ses attaques blindées rapides et audacieuses dans les déserts d'Afrique du Nord augmentent encore sa réputation. En juin 1942, il devient le plus jeune maréchal de l'armée allemande. Son commandement s'étend, devenant d'abord la *Panzer* armée Afrique, puis le groupe d'armées Afrique. Incapable de percer en Égypte, Rommel est finalement repoussé par Montgomery en octobre 1942 lors de la seconde bataille d'El Alamein. En mars 1943, pour empêcher sa capture par les Alliés avec ce qui reste du groupe d'armées en Tunisie, il est rappelé en Allemagne en congé de maladie.

En juillet 1943, il est nommé à la tête du groupe d'armées B, encore à l'état de projet et qui dépend du maréchal Kesselring en Italie. En novembre, il est inspecteur général des fortifications ; le groupe d'armées B formé en décembre reprend les troupes du nord de la France et la Belgique. Rommel prépare les défenses avec son énergie habituelle, mais en dépit d'une solide réputation de vainqueur, aucune de ses campagnes ne sera victorieuse : la Normandie sera sa troisième grande défaite face à Montgomery. Blessé le 17 juillet 1944, Rommel n'obtiendra plus aucun commandement. Le 14 octobre, en convalescence chez lui à Ulm en Souabe, on lui laisse le choix entre le poison ou un procès public pour sa participation indirecte à l'attentat contre Hitler. Le même jour, on annonce son décès à l'hôpital. Le projet de l'État nazi d'un grand monument en son honneur ne verra jamais le jour.

1 *Le* Hoheitsabzeichen *(insigne national), ici en version gris argenté pour les engagés de l'armée et la* Luftwaffe, *se portait sur la coiffe et sur la poitrine, à droite.*

2 *L'*Allgemeines Sturmabzeichen *(insigne d'assaut général), porté sur la poitrine à gauche, était décerné après trois assauts minimum.*

3 *Souriants, Rommel et Hitler se serrent la main, mais en 1944, sur ordre du* Führer, *le maréchal sera contraint de se suicider.*
(US National Archives)

3

6

1

2

4 *« Les valets de Moscou débarquent » titre ce journal nazi, le* Volkischer Beobachter.

5 *Cette propagande a-t-elle incité les jeunes Allemands à résister avec plus d'acharnement ?* (Bundesarchiv)

vouloir réduire leurs pertes ou l'étendue des destructions. Hitler est par ailleurs obsédé par la nécessité politique de conserver les terrains conquis et bouleverse souvent les plans de ses subordonnés en leur interdisant toute retraite. Dans la bataille de Normandie, Hitler ordonne de tenir les positions du mur de l'Atlantique « jusqu'à la dernière goutte de sang ». Von Rundstedt ne pourra qu'en atténuer les termes en donnant l'ordre de « résister jusqu'à la dernière cartouche ».

En décembre 1943, Hitler nomme un protégé, Rommel, à la tête du groupe d'armées B chargé de défendre la côte au nord de la France et de la Belgique. Sous le commandement de von Rundstedt, il a cependant toute liberté de manœuvre pour assurer la défense de la côte. Pour von Rundstedt, ce fils d'instituteur d'Allemagne méridionale, son cadet de près de vingt ans, n'est qu'un parvenu. Leurs rapports seront corrects mais distants : von Rundstedt accepte que, bien que son subordonné, Rommel, ayant l'écoute d'Hitler, pourra toujours imposer son point de vue.

DÉSACCORD STRATÉGIQUE

Au cours des mois précédant le Jour-J, un désaccord fondamental intervient entre von Rundstedt et Rommel, il porte sur le moyen le plus efficace de repousser l'invasion alliée, chacun étant cependant persuadé qu'elle se portera sur le nord de la France. Von Rundstedt estime que le mur de l'Atlantique ne pourra pas tenir plus de 24 heures et que ses 120 000 hommes seraient mieux employés ailleurs. Tout en admettant que l'ennemi devra être anéanti sur les plages dès les premières minutes du débarquement, il est moins sûr du ou des sites choisis par les Alliés. Pour les groupes d'armées B et G (ce dernier couvrant le sud de la France), l'OB-Ouest ne dispose que d'une seule réserve blindée, le *Panzergroupe*-Ouest, soit 6 divisions commandées par le général Leo Frieherr Geyr von Schweppenburg. Ce dernier et von Rundstedt veulent garder ces divisions en réserve à plus de 50 km de la côte, jusqu'à ce que les Alliés aient dévoilé leurs intentions. Contrant immédiatement la moindre avancée des Alliés, le *Panzergroupe*-Ouest doit les repousser jusqu'aux plages. Cette stratégie, élaborée par un soldat de métier réputé prudent, qui consiste à céder pas mal de terrain en Normandie tout en gardant une réserve intacte et toute sa liberté de manœuvre correspond à la bataille que Montgomery s'attend à livrer. Les deux ennemis sont toutefois en désaccord quant au résultat probable. La guerre finie, von Rundstedt persistera à croire qu'il aurait pu faire payer très cher la victoire alliée s'il avait eu les mains libres.

Montgomery avait aussi prévu la réaction de Rommel : « Il fera son possible pour nous chasser comme à Dunkerque : au lieu de livrer la bataille blindée sur le terrain de son choix, il cherchera à l'éviter en avançant ses propres chars et empêcher les nôtres de débarquer. » À la différence de von Rundstedt, Rommel a déjà été confronté à la puissance aérienne alliée et ne croit pas à la possibilité de lancer une contre-attaque blindée importante

7 *La* Deutsche Kreuz *(croix allemande) en argent, ici accompagnée d'une citation signée par le maréchal Keitel, était remise à ceux qui faisaient preuve d'éminentes qualités de chef, qualités dont l'Allemagne avait grand besoin en 1944. La même croix en or récompensait une action d'éclat.*

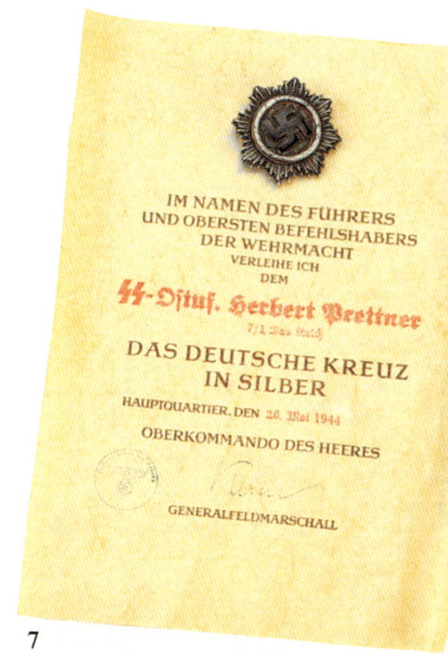

7

6 *Rommel passe en revue, sur le mur de l'Atlantique en 1944, l'équipage d'un canon automoteur (noter que celui-ci est monté sur la caisse d'un char léger français Hotchkiss, capturé en 1940). Rommel était en désaccord avec von Rundstedt qui avait décidé de garder en réserve une importante force blindée et de ne contre-attaquer qu'une fois parfaitement informé du développement de l'offensive alliée. Convaincu que les forces aériennes alliées sont en mesure d'entraver considérablement le déploiement des unités blindées, Rommel choisit de les concentrer très en avant dans les secteurs menacés par un débarquement. Hitler trouvera un compromis lui permettant d'avancer certaines unités blindées, tout en gardant la mainmise sur les réserves les plus importantes qu'il était impossible de déplacer sans son ordre.* (Bundesarchiv)

1 Ce jeune soldat, vêtu d'une blouse de combat camouflée de la Luftwaffe *par-dessus sa cotte de l'armée, paraît confiant devant l'offensive qui se prépare.* (Bundesarchiv)

1

2

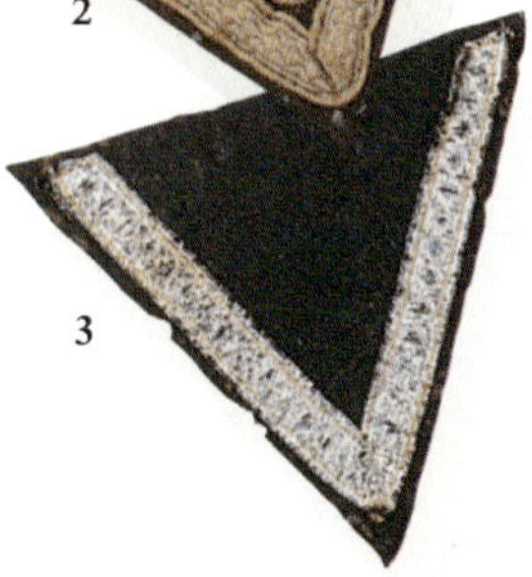

3

2 Chevrons de grade portés sur la manche d'un Obergefreiter *(caporal-chef) ayant moins de six ans de service. Un sous-officier faisant état de plus de six ans portait un seul chevron renfermant une étoile.*

3 Chevron de grade d'un Gefreiter *(soldat de première classe).*

4 Comme si vous y étiez : vue prise depuis une position de tir allemande à la Pointe du Hoc, de nos jours.

sous le feu des bombardiers et chasseurs bombardiers anglo-américains. Il veut rapprocher autant que possible les blindés du *Panzergroupe*-Ouest de la côte de Normandie et du Pas-de-Calais pour intervenir contre les Alliés dès le Jour-J. Rommel répètera souvent qu'il est impossible d'arrêter les Alliés s'ils réussissent à prendre pied en France.

Comme d'habitude, Hitler va diviser pour régner, réglant cette dispute par un compromis bancal qui ne correspond à aucun des deux plans. Trois divisions blindées vont être placées sous les ordres du groupe d'armées B et mises en position près de la côte par Rommel. Cependant, seule la 21e *Panzerdivision* se trouve en Normandie dans la zone de la VIIe armée et ne pourra être déplacée sans l'aval du groupe d'armées B. Rommel laisse les deux autres divisions blindées avec la XVe armée dans le Pas-de-Calais, d'où elles ne pourront être transférées que sur ordre d'Hitler en personne. Les autres divisions sont maintenues loin de la côte par von Rundstedt, mais bien que placées pendant les manœuvres sous les ordres d'OB-Ouest, elles ne peuvent bouger sans l'autorisation d'Hitler.

Cette chaîne de commandement compliquée joue en faveur des Alliés car, le Jour-J, elle ralentira l'intervention de la 21e *Panzerdivision* puis celle des autres divisions du commandement blindé ouest. Après le débarquement, ce commandement devient un état-major opérationnel sous les ordres de Geyr von Schweppenburg, chargé de la défense de Caen, en remplacement de la VIIe armée, toutes deux commandées par le groupe d'armées B de Rommel. L'ordonnancement des forces qui en résulte met la 1re armée américaine face à l'infanterie de la VIIe armée allemande dans le bocage près de Saint-Lô, tandis que la 2e armée britannique affronte aux abords de Caen les blindés du *Panzergroupe*-Ouest (rebaptisé Ve *Panzer* armée en août). Vieux adversaires, Rommel et Montgomery qui s'étaient affrontés en octobre 1942 à El Alamein se retrouvent.

L'ARMÉE ALLEMANDE EN NORMANDIE

Les forces affectées à la défense de la Normandie sont caractéristiques des choix allemands en la matière. Les Alliés tiennent les troupes blindées en haute estime ; les divisions *Waffen-SS* surtout ont une réputation de combattants féroces. La nouvelle 12e *SS-Panzerdivision* (« *Hitlerjugend* ») fera preuve d'un fanatisme et d'une âpreté qui surprennent la plupart des divisions alliées peu habituées au combat. Mais une fois capturés, les soldats *Waffen-SS,* que rien n'avait préparé à une éventuelle capitulation, sont étonnamment dociles. Les autres divisions blindées allemandes sont également composées de soldats en âge de combattre, mais leur équipement est hétéroclite et se compose souvent d'armes réquisitionnées d'origine française, tchèque, polonaise ou yougoslave. La 21e *Panzerdivision* chargée de la défense de Caen est équipée d'une telle quantité de chars français qu'elle est jugée inapte à servir sur le front de l'Est. La plupart des divisions alliées, mieux armées et avec des effectifs supérieurs, sont plus performantes que les meilleures divisions allemandes d'autant qu'elles sont souvent renforcées par des brigades blindées supplémentaires.

Les parachutistes allemands, de l'avis commun de von Rundstedt et des Alliés, font partie de ces troupes d'élite. Bien qu'en 1944 la plupart n'aient jamais sauté au combat, une sévère sélection et un entraînement spécifique en font des combattants redoutables. Mais ces divisions aéroportées sont rattachées à la *Luftwaffe* et non à l'armée. Vers la fin de la guerre, la *Luftwaffe* créera ses propres divisions d'infanterie à partir des sureffectifs au sol. L'une d'elles, la 16e *Feldsdivision,* prend part à la défense de Caen et sera pratiquement anéantie sous les bombardements de *Charnwood* et de *Goodwood.* De même, les canons antichars de 88 mm, canons antiaériens à l'origine, redoutables pour les chars alliés, dépendent de la *Luftwaffe.* Aussi les ordres

4

donnés aux artilleurs par les commandants de l'armée seront-ils souvent annulés ou ignorés. Le colonel Hans von Luck de la 21e *Panzerdivision* devra contraindre, sous la menace de son pistolet, le lieutenant de la *Luftwaffe* responsable d'une batterie de choisir entre une mort immédiate de sa main et une décoration éventuelle, ce dernier choisira la décoration. Cette solution ne résoud absolument pas le problème créé par la manière dont Hitler a préparé (ou n'a pas préparé) l'Allemagne pour la guerre.

Hormis les blindés et les parachutistes, les forces allemandes sur le front de l'Ouest sont sous-équipées et sont composées de soldats trop âgés ou handicapés exigeant un régime particulier, tels ces « bataillons de l'estomac » et autres « bataillons de l'oreille » ou « bataillons du pied ». La plupart des transports allemands sont effectués à bord de véhicules tirés par des chevaux et plusieurs divisions côtières en sont même totalement dépourvues et rejoignent les zones d'affrontement à pied. Il est intéressant de constater qu'au cours de la bataille de Normandie 1 soldat sur 10 por-

5

6

5 *La Normandie sera un cimetière pour de nombreux véhicules blindés.*
(US National Archives)

6 *Soldats de la 12e* SS-Panzerdivision *(«* Hitlerjugend *», jeunesse hitlérienne).*
(Bundesarchiv)

7 *Des fantassins font du stop sur ce chasseur de chars Jagdpanzer IV bien camouflé.*
(Bundesarchiv)

8 *Chacun prête main forte pour mettre en place ce canon antichar.*
(Bundesarchiv)

7

8

1, 2 *Écussons d'uniforme portés par les volontaires allemands de l'Europe de l'Est. Outre les hommes des républiques soviétiques de Géorgie (***1***) et d'Azerbaïdjan (***2***), des milliers d'opposants au régime communiste soviétique venant d'Ukraine et des républiques baltes occupées par l'Union soviétique (Lettonie, Estonie, Lituanie) ont combattu pour l'Allemagne.*

1

2

3

4

5

3 *Un membre de la « légion étrangère » allemande : un Géorgien blessé (noter l'insigne au bras).* (IWM : HU 3416)

4 *Des auxiliaires* Hilfswilliger *(«* Hiwis *») capturés.*

5 *« Nous combattons, vous devez travailler pour la victoire », proclame ce fier soldat aux travailleurs allemands.*

tant l'uniforme allemand n'est pas allemand. Dans certaines divisions, un quart des hommes viennent d'Europe de l'Est. À côté de volontaires authentiques qui se sont engagés par opportunisme ou par idéologie, on trouve de nombreux prisonniers de guerre aussi peu coopératifs dans l'armée allemande qu'ils l'ont été dans l'armée soviétique. Capturés par les Alliés en Normandie, de nombreux prisonniers ignorent dans quel pays ils se trouvent.

L'efficacité de l'aviation alliée et l'absence de la *Luftwaffe,* en isolant la Normandie du reste de la France, impliquent des jours voire des semaines de retard quant à l'acheminement vers le front des renforts allemands soumis à un pilonnage aérien. Chargé de renforcer les défenses de Caen, le commandant de la *Panzerlehrdivision* (division d'entraînement qui perd 5 chars, 84 blindés légers et 130 véhicules avant même d'être opérationnelle) qualifie son itinéraire de « course-poursuite avec les chasseurs bombardiers ». Les véhicules allemands doivent se cacher de jour et ne se déplacer que de nuit. Une plaisanterie amère circule : « Si un avion passe et qu'il est peint en blanc, il est américain ; s'il est peint en noir, il est anglais ; s'il ne passe pas du tout, c'est la *Luftwaffe.* » Bien camouflés mais incapables de manœuvrer, les canons d'assaut et les chars sont de plus en plus employés comme des casemates blindées dans le bocage et dans les villages. Même si combattants et véhicules parviennent à atteindre le front, la puissance aérienne alliée provoque une pénurie endémique en hommes, en munitions et en combustible. Le groupe d'armées B subit des pertes intolérables. Après la libération de Caen et de Saint-Lô, les divisions allemandes sont devenues squelettiques, réduites pour certaines à la taille d'un bataillon si ce n'est moins.

6

6 *« L'ennemi voit tes lumières, camoufle-les ! »*

7

7 *Les chemins de fer et le matériel roulant servent souvent de cibles aux bombardements alliés. Cette locomotive ne livrera jamais son contingent de blindés...*

8

8 *... qui ont peut-être fait cruellement défaut à ces soldats.*
(US National Archives)

Connaissant leur propre faiblesse, les commandants allemands sont aussi surpris que les aviateurs alliés de la lenteur de la progression du 21e groupe d'armées. Ils peuvent toujours se flatter d'être de meilleurs combattants que les Alliés. En première ligne, pour reprendre des positions prises par l'ennemi, les officiers allemands affirment qu'il suffit aux chefs de section ou de peloton de se lancer en avant en proférant ce bon vieux « hourra ! » pour galvaniser les troupes inexpérimentées. Quelques-uns choisiront même de lancer leurs troupes à l'attaque au son du clairon. Cette tactique s'avère efficace dans de simples accrochages, mais l'ordre venu d'en haut de ne céder aucun pouce de terrain et de contre-attaquer systématiquement pour reprendre les positions perdues provoquent des pertes très lourdes. Rendant impossible toute coordination des forces dans le dédale de ces terres agricoles, le bocage normand avantage le défenseur et si les Alliés échouent devant une ligne allemande pourtant ténue, si les Allemands réussissent à freiner ou à limiter à quelques kilomètres chèrement conquis les grandes offensives anglo-américaines, le terrain perdu l'est définitivement. Peu à peu, la progression alliée va user les défenseurs, jusqu'à ce que, à la fin du mois de juillet, les commandants de division puissent affirmer que la prochaine attaque sera la bonne.

1 *Sur la gauche de sa veste camouflée, ce vétéran porte la croix de fer de première classe surmontée de l'agrafe de corps-à-corps de l'armée (*Nahkampfspange des Heeres*), remise après au moins 30 jours de combat ininterrompu. Il porte un pistolet-mitrailleur* Schmeisser *MP-40 de 9 mm, des cartouchières triples à la ceinture, chacune contenant une boîte-chargeur de 32 coups ; autour du cou, des jumelles standard 6x30 et en-dessous, accrochée à la veste, une torche de signalisation à faisceau capuchonné.* (Bundesarchiv)

2 *Modèle de brassard porté par la police de protection des usines (*Werksschutzpolizei*).*

3 *Croix du mérite de guerre (ici deuxième classe avec épées) récompensant la vertu militaire en général, à la différence de la croix de fer décernée uniquement pour des actes de courage.*

4 *Fusil Mauser 98k de 7,92 mm, l'arme standard du fantassin allemand tout au long de la Seconde Guerre mondiale, posé sur une veste de campagne et une veste camouflée. La première porte à la manche droite l'écusson spécifique du* Funkmeister *(opérateur radio) ; posée dessus, une baïonnette Mauser Model 84/98 dans une gaine en acier, ainsi qu'une cartouchière triple en toile et cuir (visible également en* **1***). À la gauche de la seconde, un insigne de parachutiste. Coiffes : casque de parachutiste (à gauche), sans le bord évasé du casque en acier modèle 1942 (en* **1***) ; casquette de campagne tropicale (à droite) portant la cocarde et l'aigle national.*

LA CRISE DU COMMANDEMENT

N'ayant pu empêcher le débarquement, Hitler se contente d'interdire à ses troupes de céder le moindre pouce de terrain et d'ordonner une contre-attaque pour rejeter les Alliés à la mer. Mais déjà une semaine après le début des combats, c'est devenu totalement impossible. « Je suis saigné à blanc et pour rien, dira à Rommel le général Josef (Sepp) Dietrich, commandant du 1er corps SS et ancien chef de la garde personnelle d'Hitler, il nous faut encore 8 ou 10 divisions dans les

5 *Ce* Sturmmann Waffen-SS *(soldat de première classe) astiquant ses bottes a l'air d'un enfant, préfigurant la chute du Reich en 1945 lorsque les membres des jeunesses hitlériennes seront envoyés au feu dès l'âge de 13 ans.* (Photo Three Lions)

5

6

6 *Noter les boutons coulissants de couleur de la lampe de signalisation montrés ici et qui permettaient de passer des bandes en acétate rouge, jaune ou vert devant la lentille.*

48 heures ou nous sommes fichus. » Le 18 juin, les diverses attaques alliées auront tué 1 commandant de corps, 4 commandants de division et tué ou blessé environ 40 000 soldats allemands. Tandis que la pression alliée sur le champ de bataille et le contrôle des routes et chemins de fer par l'aviation entament les forces allemandes en Normandie, Rommel et von Rundstedt s'accordent de plus en plus pour dire qu'il faut céder du terrain pour retarder la victoire alliée et renforcer l'autorité des commandants de division sur leurs propres troupes. Répondant aux nombreux appels téléphoniques et demandes écrites des deux maréchaux, Hitler se rend en avion jusqu'à Soissons le 17 juin. Il ne s'approchera jamais davantage de la zone des combats. À Soissons, Rommel et von Rundstedt essaieront de le convaincre que la bataille de Normandie est perdue, et que la bonne stratégie consiste à se retirer jusqu'à la Seine pour empêcher l'avance des Alliés. Hitler s'y oppose, von Rundstedt recommande alors une grande contre-attaque des blindés. Ce plan est approuvé, une grande tempête est annoncée qui doit gêner considérablement les opérations alliées au sol et surtout dans les airs. Malheureusement les divisions prévues n'arriveront pas à temps ou alors seront englouties dans la guerre de positions.

Comme toujours, Rommel en quittant Hitler sera à la fois plus inquiet et rassuré par sa confiance et son charisme. Le *Führer* compte alors sur les bombes

1 *Le général Friedrich Dollmann fut si secoué par l'offensive de l'*Opération Epsom *qu'il se suicida en s'empoisonnant à son PC, aux alentours du 28 juin.*
(Bundesarchiv)

2 *Le maréchal (Hans) Gunther von Kluge (à droite), vu ici avec le général Eberbach, fut surnommé « Hans le malin » après ses exploits en Russie. Il remplaça von Rundstedt le 2 juillet.*
(Bundesarchiv)

3 *Rommel (assis) parle à son adjudant Hellmuth Lang tandis que les généraux Meindl et Hausser (veste de camouflage) regardent la scène.*
(Bundesarchiv)

1

2

3

4

5

volantes V-1 dont les attaques ont commencé le 16 juin contre Londres et les ports anglais de la Manche. Mais les doutes de Rommel sur la situation désespérée du groupe d'armées B vont s'amplifiant. Fin juin, les deux maréchaux retournent voir Hitler en Allemagne, sans résultat. C'est pendant leur absence qu'est lancée l'offensive *Epsom*. Convaincu qu'une percée est inévitable, le commandant de la VIIe armée, le général Friedrich Dollmann, se suicide. Entre-temps, dans un rapport, Geyr von Schweppenburg indique que le seul moyen d'empêcher ses forces de « s'évaporer » est d'évacuer Caen, rapport que von Rundstedt transmet à l'état-major des forces armées accompagné de son aval personnel. Peut-être Hitler a-t-il déjà décidé de se défaire du vieil aristocrate prussien qui n'a jamais su cacher son dédain envers les nazis, mais l'attitude de von Rundstedt rendra bientôt cette décision inévitable. Le 1er juillet, lors d'un long entretien téléphonique avec Keitel, il expose la situation en Normandie. « Que faire ? Que faire ? » demande plaintivement Keitel. « Que faire ? répondra von Rundstedt, faites la paix, imbécile ! » Le 2, von Rundstedt est relevé de son com-

4 *Le général des* Panzertruppen, *Heinrich Eberbach, relèvera Geyr von Schweppenburg, commandant du* Panzergroupe-Ouest, *congédié en raison de son attitude « défaitiste ».*
(Bundesarchiv)

5 *Ce* Sturmmann Waffen-SS *(soldat de première classe) astiquant ses bottes a l'air d'un enfant, préfigurant la chute du Reich en 1945 lorsque les membres des jeunesses hitlériennes seront envoyés au feu dès l'âge de 13 ans.* (Photo Three Lions)

5

6

6 *Noter les boutons coulissants de couleur de la lampe de signalisation montrés ici et qui permettaient de passer des bandes en acétate rouge, jaune ou vert devant la lentille.*

48 heures ou nous sommes fichus. » Le 18 juin, les diverses attaques alliées auront tué 1 commandant de corps, 4 commandants de division et tué ou blessé environ 40 000 soldats allemands. Tandis que la pression alliée sur le champ de bataille et le contrôle des routes et chemins de fer par l'aviation entament les forces allemandes en Normandie, Rommel et von Rundstedt s'accordent de plus en plus pour dire qu'il faut céder du terrain pour retarder la victoire alliée et renforcer l'autorité des commandants de division sur leurs propres troupes. Répondant aux nombreux appels téléphoniques et demandes écrites des deux maréchaux, Hitler se rend en avion jusqu'à Soissons le 17 juin. Il ne s'approchera jamais davantage de la zone des combats. À Soissons, Rommel et von Rundstedt essaieront de le convaincre que la bataille de Normandie est perdue, et que la bonne stratégie consiste à se retirer jusqu'à la Seine pour empêcher l'avance des Alliés. Hitler s'y oppose, von Rundstedt recommande alors une grande contre-attaque des blindés. Ce plan est approuvé, une grande tempête est annoncée qui doit gêner considérablement les opérations alliées au sol et surtout dans les airs. Malheureusement les divisions prévues n'arriveront pas à temps ou alors seront englouties dans la guerre de positions.

Comme toujours, Rommel en quittant Hitler sera à la fois plus inquiet et rassuré par sa confiance et son charisme. Le *Führer* compte alors sur les bombes

Le Führer *a ordonné : « Le bombardement à distance de l'Angleterre débutera à la mi-juin. » Ainsi commence l'ordre du* Führer *du 16 mai 1944 adressé au haut commandement des forces armées (OKW). Celui-ci décrète : « Il éclatera en pleine nuit comme un coup de tonnerre avec le Fzg 76... » Le nom de code Fzg 76 signifie* Flakzielgerät *(dispositif de pointage antiaérien) et désigne la bombe volante Fieseler Fi. 103, premier « engin téléguidé » à jouer un rôle stratégique dans une guerre. Ce* Vergeltungswaffen Eins *(engin de vengeance numéro un, V-1) est utilisé en représailles après l'offensive des bombardiers alliés contre l'Allemagne. Il sera suivi de la fusée V-2 (A-4), le premier engin balistique que le monde ait connu. Le V-3, lance-missiles multi-tubes dont les missiles à ailettes avaient une portée d'environ 280 km, était presque achevé lorsque les installations près de Calais tombèrent entre les mains des Alliés.*

La bombe volante Fieseler Fi. 103 ou V-1, surnommée « buzz bomb » *(bombe bourdonnante) ou* « doodlebug » *(ver luisant) par les Alliés, était un avion sans pilote propulsé par un pulsoréacteur à une vitesse maximale d'environ 650 km/h. Un compas magnétique préréglé et un auto-pilote gyroscopique fixaient et maintenaient le cap ; à l'avant, une petite hélice (absente de cet échantillon endommagé) enregistrait la distance parcourue, au moment voulu le système de guidage coupait le moteur et la bombe descendait en piqué. Muni d'une ogive explosive d'un peu plus de 800 kg, le V-1 avait un rayon maximum d'environ 320 km.* (UPI/Bettmann)

2

1

1 *La fusée V-1 n'était vraiment efficace que dans un rayon de 15 km. Elle était très vulnérable face à la DCA britannique qui défendait la côte sud de l'Angleterre et face aux chasseurs d'interception. Volant à côté d'un V-1, certains pilotes de chasseurs s'amusaient d'un coup d'aile à le faire basculer dans la Manche.*

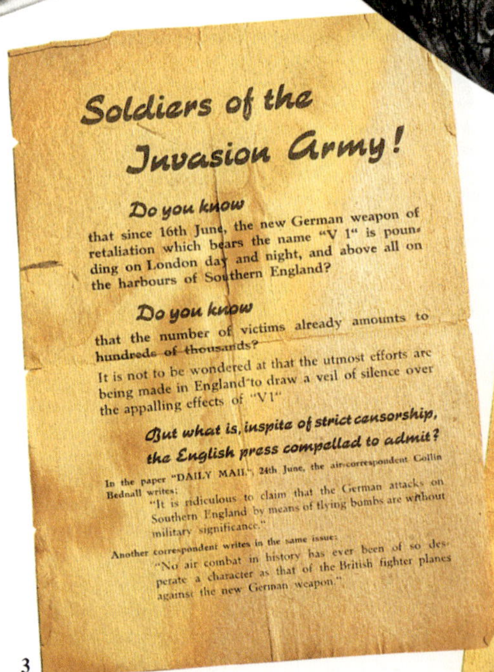

Soldiers of the Invasion Army!

Do you know

that since 16th June, the new German weapon of retaliation which bears the name "V 1" is pounding on London day and night, and above all on the harbours of Southern England?

Do you know

that the number of victims already amounts to hundreds of thousands?

It is not to be wondered at that the utmost efforts are being made in England to draw a veil of silence over the appalling effects of "V1"

But what is, inspite of strict censorship, the English press compelled to admit?

In the paper "DAILY MAIL", 24th June, the air-correspondent Collin Bednall writes:

"It is ridiculous to claim that the German attacks on Southern England by means of flying bombs are without military significance."

Another correspondent writes in the same issue:

"No air combat in history has ever been of so desperate a character as that of the British fighter planes against the new German weapon."

3

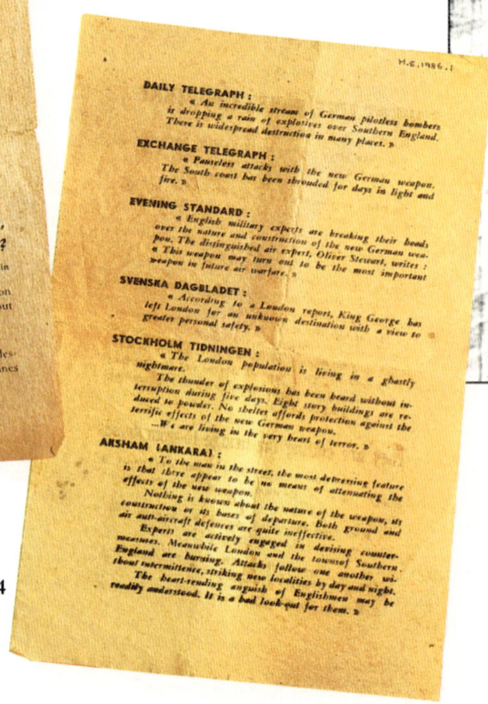

M.G.1986.1

DAILY TELEGRAPH :

« An incredible stream of German pilotless bombers is dropping a rain of explosives over Southern England. There is widespread destruction in many places. »

EXCHANGE TELEGRAPH :

« Pauseless attacks with the new German weapon. The South coast has been shrouded for days in light and fire. »

EVENING STANDARD :

« English military experts are breaking their heads over the nature and construction of the new German weapon. The distinguished air expert, Oliver Stewart, writes : « This weapon may turn out to be the most important weapon in future air warfare. »

SVENSKA DAGBLADET :

« According to a London report, King George has left London for an unknown destination with a view to greater personal safety. »

STOCKHOLM TIDNINGEN :

« The London population is living in a ghastly nightmare.

The thunder of explosions has been heard without interruption during five days. Eight story buildings are reduced to powder. No shelter affords protection against the terrific effects of the new German weapon.

...We are living in the very heart of terror. »

ARSHAM (ANKARA) :

« To the man in the street, the most depressing feature is that there appear to be no means of attenuating the effects of the new weapon.

Nothing is known about the nature of the weapon, its construction or its bases of departure. Both ground and air anti-aircraft defences are quite ineffective.

Experts are actively engaged in devising countermeasures. Meanwhile London and the towns of Southern England are burning. Attacks follow one another without intermittence, striking new localities by day and night.

The heart-rending anguish of Englishmen may be readily understood. It is a bad look-out for them. »

4

5

2, 3, 4 *En accompagnant ses menaces de citations fictives, la propagande allemande promet la destruction de Londres et des ports de la Manche par les V-1. La plupart visaient Londres ou les centres alliés de ravitaillement à Anvers et à Liège. Sur environ 9 000 V-1 lancés contre Londres, quelque 2 400 arrivent à destination tuant 6 184 personnes. On pouvait voir et entendre le V-1 approcher, mais il eut peu d'effet sur le moral de la population civile. La fusée V-2 était autrement terrifiante puisqu'elle arrivait sans bruit, terminant sa course à la vitesse de 3 832 km/h. Il en tombera 518 sur Londres, faisant 2 724 morts. Touché par 1 341 V-2, Anvers subira environ 30 000 pertes humaines.*

5 *Des ingénieurs de l'armée américaine examinent un énorme bunker en Normandie.* (UPI/Bettmann)

6

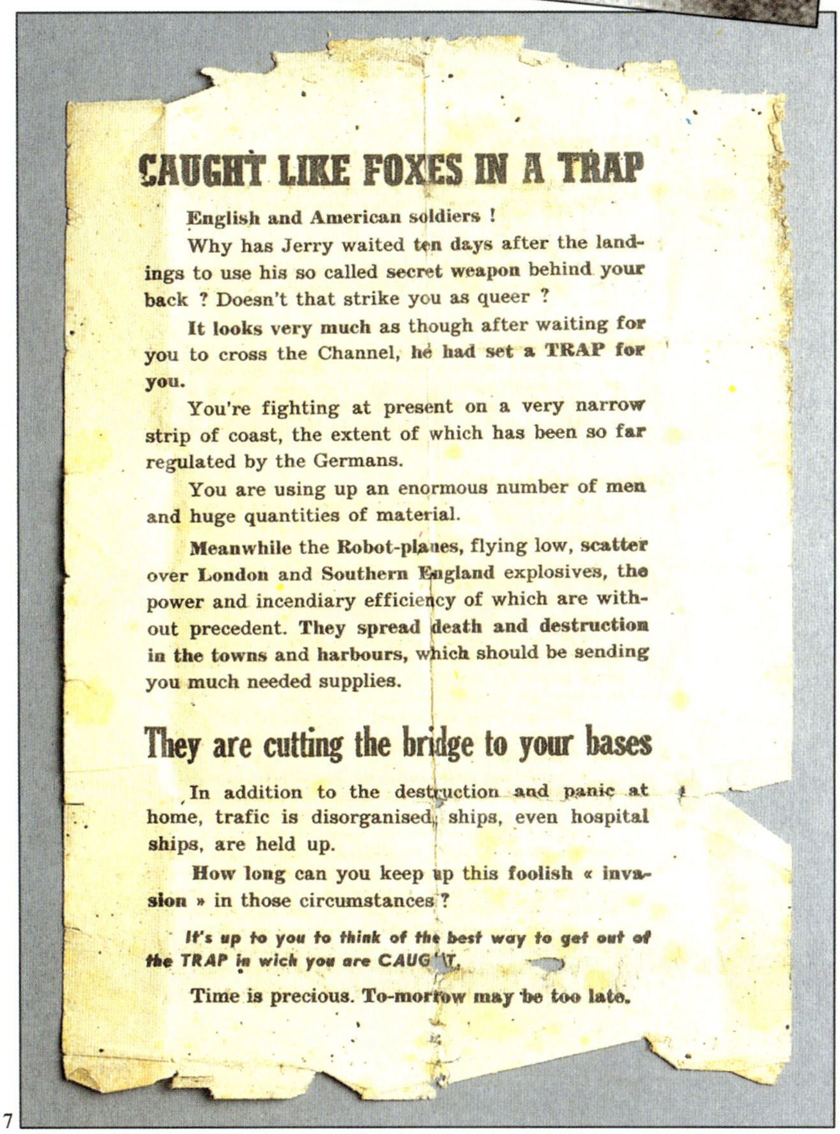

CAUGHT LIKE FOXES IN A TRAP

English and American soldiers !

Why has Jerry waited ten days after the landings to use his so called secret weapon behind your back ? Doesn't that strike you as queer ?

It looks very much as though after waiting for you to cross the Channel, he had set a TRAP for you.

You're fighting at present on a very narrow strip of coast, the extent of which has been so far regulated by the Germans.

You are using up an enormous number of men and huge quantities of material.

Meanwhile the Robot-planes, flying low, **scatter over London and Southern England** explosives, the power and incendiary efficiency of which are without precedent. **They spread death and destruction in the towns and harbours,** which should be sending you much needed supplies.

They are cutting the bridge to your bases

In addition to the destruction and panic at home, trafic is disorganised, ships, even hospital ships, are held up.

How long can you keep up this foolish « invasion » in those circumstances ?

It's up to you to think of the best way to get out of the TRAP in wich you are CAUG'T.

Time is precious. To-morrow may be too late.

7

6 *Un V-1 en vol. Cette menace cessa lorsque les rampes de lancement en « tremplin de ski » situées dans le Pas-de-Calais furent détruites après la percée alliée.* (UPI/Bettmann)

7 *Les armes V auraient pu avoir un effet plus dévastateur si elles avaient été envoyées davantage contre les lignes alliées de ravitaillement et moins contre Londres. Hitler aurait dû axer davantage la recherche sur le programme d'avions à réaction.*

1 *Le général Friedrich Dollmann fut si secoué par l'offensive de l'*Opération Epsom *qu'il se suicida en s'empoisonnant à son PC, aux alentours du 28 juin.* (Bundesarchiv)

2 *Le maréchal (Hans) Gunther von Kluge (à droite), vu ici avec le général Eberbach, fut surnommé « Hans le malin » après ses exploits en Russie. Il remplaça von Rundstedt le 2 juillet.* (Bundesarchiv)

3 *Rommel (assis) parle à son adjudant Hellmuth Lang tandis que les généraux Meindl et Hausser (veste de camouflage) regardent la scène.* (Bundesarchiv)

1

3

2

4

4 *Le général des* Panzertruppen, *Heinrich Eberbach, relèvera Geyr von Schweppenburg, commandant du* Panzergroupe-Ouest, *congédié en raison de son attitude « défaitiste ».* (Bundesarchiv)

volantes V-1 dont les attaques ont commencé le 16 juin contre Londres et les ports anglais de la Manche. Mais les doutes de Rommel sur la situation désespérée du groupe d'armées B vont s'amplifiant. Fin juin, les deux maréchaux retournent voir Hitler en Allemagne, sans résultat. C'est pendant leur absence qu'est lancée l'offensive *Epsom*. Convaincu qu'une percée est inévitable, le commandant de la VIIe armée, le général Friedrich Dollmann, se suicide. Entre-temps, dans un rapport, Geyr von Schweppenburg indique que le seul moyen d'empêcher ses forces de « s'évaporer » est d'évacuer Caen, rapport que von Rundstedt transmet à l'état-major des forces armées accompagné de son aval personnel. Peut-être Hitler a-t-il déjà décidé de se défaire du vieil aristocrate prussien qui n'a jamais su cacher son dédain envers les nazis, mais l'attitude de von Rundstedt rendra bientôt cette décision inévitable. Le 1er juillet, lors d'un long entretien téléphonique avec Keitel, il expose la situation en Normandie. « Que faire ? Que faire ? » demande plaintivement Keitel. « Que faire ? répondra von Rundstedt, faites la paix, imbécile ! » Le 2, von Rundstedt est relevé de son com-

5

6

6 Obergruppenführer *SS (général de corps d'armée) Josef « Sepp » Dietrich fut jusqu'au bout l'un des plus fidèles lieutenants d'Hitler.*

8 *Manchette de la 1*re SS-Panzerdivision *«* Leibstandarte Adolf Hitler *», l'unité des gardes du corps d'Hitler longtemps sous les ordres de Dietrich.*

9 *Tête de mort (*Totenkopf*), l'insigne des* Waffen-SS.

7

8

9

5 *Malgré l'opposition de Rommel, le général Paul Hausser devint le premier officier* Waffen-SS *à commander une armée.*

7 *Hitler accueille son vieux camarade « Sepp » Dietrich à son QG de la Tanière du loup à Rastenberg en Allemagne orientale.*
(US National Archives)

1 *Peut-être que ce soldat anxieux aurait été soulagé que la paix soit signée dès 1944.*

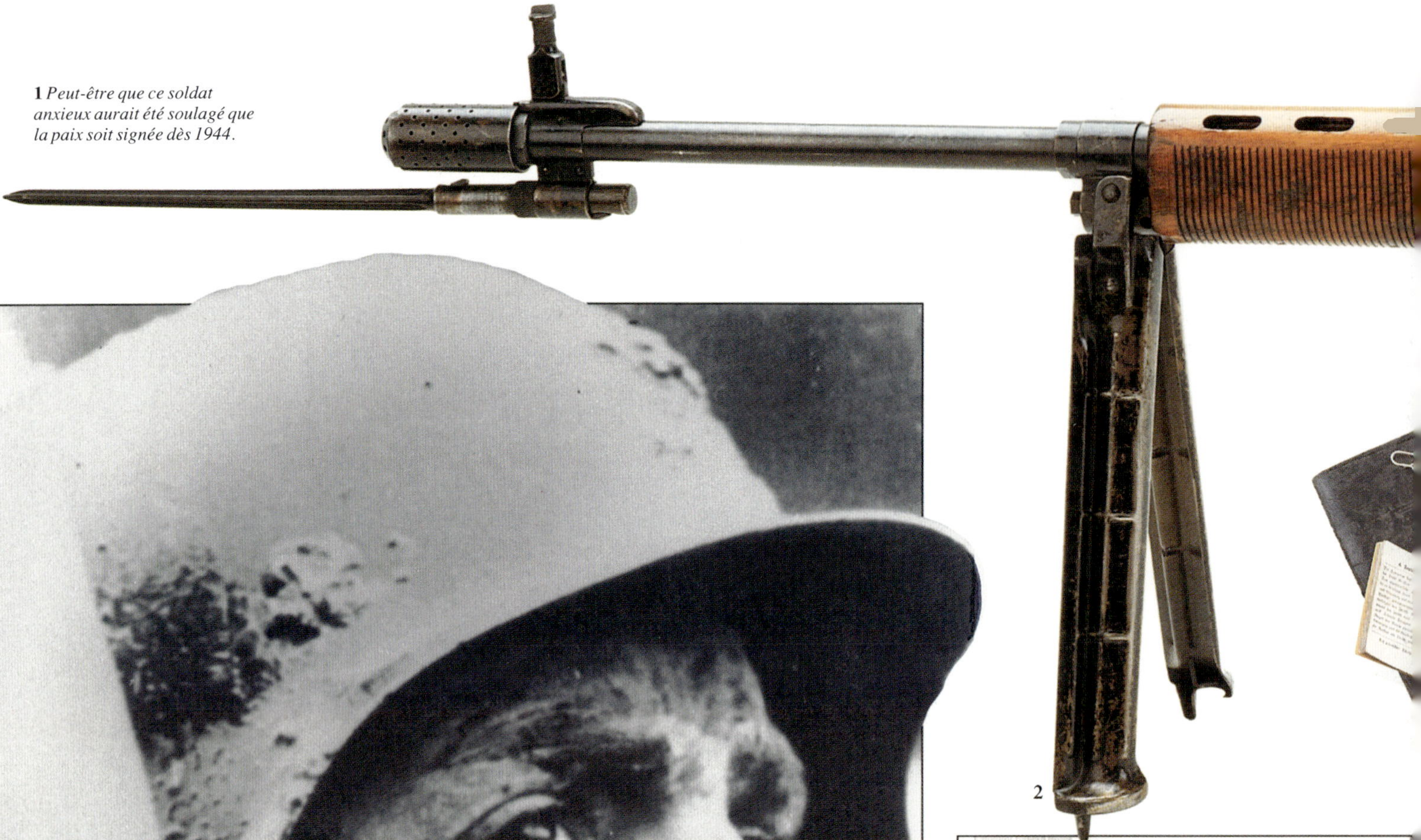

2

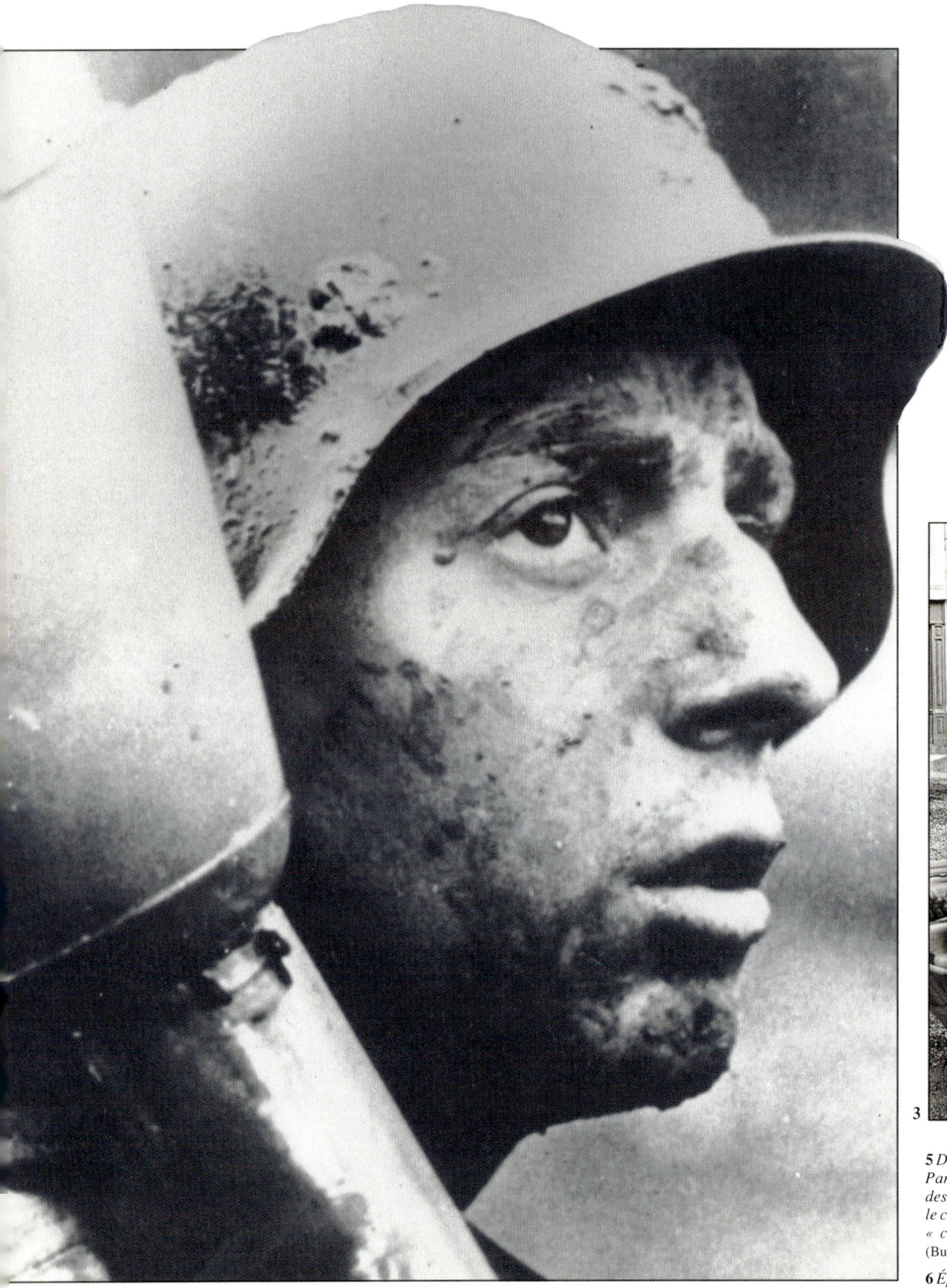

1

3

5 *Du haut de son char Panthère, un tankiste portant des lunettes de soleil scrute le ciel à la recherche d'avions « casseurs de chars ».* (Bundesarchiv)

6 *Éphéméride.*

2 *Le FG-42 de 7,62 mm (Fallschirmjägerwehr, fusil de parachutiste) sur son bipied léger, baïonnette au canon.*

3 *Un Tigre à la rencontre d'une voiture amphibie* Schwimmwagen *Kfz 1/20.* (Bundesarchiv)

4 *Carnet d'identité et éphémérides.*

4

7

mandement, officiellement pour des motifs d'âge et de santé, et remplacé par le maréchal Gunther von Kluge considéré sur le front de l'Est comme le spécialiste allemand en matière de défense contre la percée des blindés. Le 6 juillet, Geyr von Schweppenburg est congédié et remplacé par le général Heinrich Eberbach qui a la réputation d'un commandant de blindés compétent. Signe des temps, Dollmann est remplacé à la VIIe armée par le général Paul Hausser, l'officier des *Waffen-SS* qui le premier eut en charge le commandement d'une armée, et ce, en dépit des protestations de Rommel. De plus en plus affaibli, ayant perdu le peu d'espoir qu'il avait de stopper l'avance anglo-américaine, il écrit à von Kluge le 15 juillet : « Le combat inégal touche à sa fin ». Deux jours plus tard, vers 18 h, juste avant le début de l'*Opération Goodwood*, sa voiture est repérée sur la route près de Livarot par deux avions alliés et sévèrement mitraillée. Gravement blessé, Rommel est transporté au village le plus proche (nommé par une coïncidence qu'aucun écrivain de fiction ne se serait permise, Sainte-Foy-de-Montgomery). Von Kluge, au lieu de remplacer Rommel, reprend directement en main le groupe d'armées B. Le 20 juillet, les décisions que pourra prendre von Kluge pèseront peu dans la bataille et un événement beaucoup plus important a eu lieu : des officiers allemands ont tenté de tuer leur *Führer*.

7 *Des parachutistes allemands, combattant comme fantassins en Normandie. L'un d'eux porte un FG-42 en bandoulière. Comme son nom l'indique (voir en* **2***), ce « fusil d'assaut », ayant à la fois les caractéristiques du fusil et de la mitrailleuse légère, était destiné aux parachutistes.* (Bundesarchiv)

8 *Même les plus petits objets étaient frappés de la croix gammée.*

5

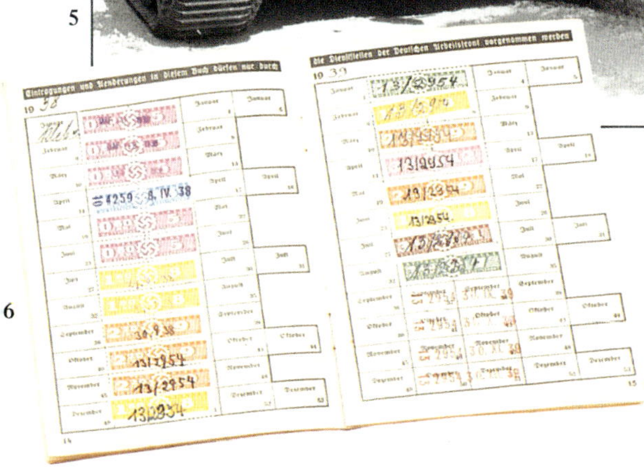

6

8

LE COMPLOT CONTRE HITLER

L'opposition au régime hitlérien a toujours existé en Allemagne, mais bien que de nombreux officiers supérieurs aient détesté Hitler et ses sbires, les forces armées ont toujours suivi les ordres de leur commandant en chef. Pour beaucoup de soldats, surtout les jeunes qui ont grandi sous le régime nazi, le *Führer* est « comme un dieu, dira l'un d'eux, notre foi en lui était absolue ». Malgré son entrée en guerre en 1939, le commandement suprême allemand ne croit pas en la réussite des projets de conquête d'Hitler. En 1943, plusieurs officiers supérieurs, dont von Kluge, seront impliqués dans l'un ou l'autre complot visant à se débarrasser d'Hitler. Le complot d'assassinat de ce dernier est fondé sur la croyance, généralement admise au sein du haut commandement allemand, que la guerre à l'Est est beaucoup plus dangereuse pour l'Allemagne que celle contre les Anglo-Américains. Si les Allemands persistent à lutter alors que la guerre est manifestement perdue, c'est par crainte de ce qui arrivera à une Allemagne conquise et occupée par les Soviétiques. À quoi s'ajoute l'espoir qu'après la guerre, et malgré leur exigence de reddition sans conditions, les Anglo-Américains auront besoin de l'Allemagne pour faire contrepoids face à l'Union soviétique. Au printemps 1944 un plan est établi qui prévoit, outre l'assassinat d'Hitler, l'arrestation de tous les chefs nazis et la mise en place d'un gouvernement mené par le général Ludwig Beck, ancien chef d'état-major de l'armée. En cas de succès, les conjurés espèrent pouvoir obtenir une paix négociée avec les Alliés occidentaux permettant d'éviter l'occupation de l'Allemagne.

L'homme choisi pour tuer Hitler est le comte et colonel Klaus Schenk von Stauffenberg, un jeune officier de l'état-major en service auprès d'Hitler à la Tanière du loup. Ayant perdu un bras et n'ayant plus que deux doigts à l'autre main, il ne peut tirer sur Hitler.

1

1 *En raison de la chaleur étouffante qui régnait en ce 20 juillet, Hitler choisit de tenir sa conférence dans ce bâtiment en bois, (salle des opérations ou salle des cartes) de la Tanière du loup et non dans l'un des bunkers. Explosant dans un local plus spacieux que celui très réduit d'un bunker, la bombe de von Stauffenberg n'eut pas l'effet escompté.* (US National Archives)

2

2 *Le ministre de la propagande Josef Goebbels. Le 20 juillet, il est à Berlin où il prendra des mesures très fermes à l'encontre des conspirateurs. Quelques jours plus tard, Hitler le nommera « plénipotentiaire du Reich pour la guerrre totale ».* (The Bettmann Archive)

3

3 *Le* Reichsmarshall *Hermann Goering (uniforme blanc), commandant en chef de la* Luftwaffe, *inspecte la salle des opérations en ruine. Goering, alors désigné officiellement à la succession d'Hitler en cas de décès de celui-ci (mais il tombera bientôt en disgrâce), se rend à Rastenberg aussitôt après l'attentat afin d'assurer le* Führer *de sa loyauté sans faille.* (Keystone)

4

4 *Peu après l'explosion, Hitler paraît indemne. En fait, il a le bras droit partiellement paralysé, la jambe gauche brûlée, son ouïe est atteinte et ses fesses si meurtries que, selon sa propre expression, il a « le derrière d'un babouin ».* (Keystone)

Le 20 juillet après trois tentatives ajournées, lors d'une réunion dans un chalet de la Tanière du loup, il place sa serviette contenant une bombe sous la table des cartes à côté d'Hitler et sort. La bombe explose, tuant 4 officiers, en blessant d'autres, mais Hitler s'en tirera en partie assourdi et grièvement blessé au bras droit.

À Berlin, les conspirateurs ont annoncé la mort d'Hitler par radio et télétypes. Von Kluge, qui n'est pas impliqué directement dans le complot, hésitera jusqu'à la réception de rapports confirmant qu'Hitler est en vie. Il conservera son commandement en Normandie, mais des soupçons planent sur lui. Bien d'autres ayant pris part au complot seront arrêtés et exécutés dans les mois qui suivent ; parmi eux le chef des renseignements allemands, Canaris, et plusieurs officiers de grade inférieur commandant en France. Le général Hans Speidel, chef d'état-major de Rommel au groupe d'armées B, est également suspecté mais échappe à l'arrestation. Rommel n'a eu que peu de contacts avec les comploteurs ; aussi la Gestapo lui proposera-t-elle de se donner la mort afin de sauver sa famille. Sa mort est annoncée comme résultant de ses blessures ; il aura des funérailles nationales.

Il n'est guère d'officier supérieur de l'armée allemande qui n'ait, avant le 20 juillet, exprimé sa consternation devant la conduite de la guerre par Hitler. Tandis que la Gestapo chasse les conspirateurs, les combats se poursuivent en Normandie dans une ambiance de désespoir, chacun est pris entre la défaite imminente sur le champ de bataille et la menace d'une arrestation par son propre camp. Le 25, Hitler nomme Josef Goebbels au nouveau poste de « plénipotentiaire du Reich pour la guerre totale » ; il doit mobiliser les ressources nationales en vue de la lutte finale. Mais il est trop tard et le jour même est lancée la grande offensive qui verra la percée alliée en Normandie.

5 *Sur les 24 hommes présents dans la salle des opérations au moment de l'explosion, 4 furent tués : le général Gunther Korten, chef d'état-major de la* Luftwaffe *; Rudolf Schmundt, adjudant-chef de l'état-major opérationnel de l'OKW auprès d'Hitler ; le colonel Heinz Brandt (lequel, en déplaçant le porte-documents contenant la bombe, a sauvé la vie d'Hitler sans le savoir) ; et un dénommé Berger, sténographe.* (Keystone)

6 *Vu ici pendant son procès, le docteur Joseph Wirmer, avocat berlinois, fut l'un des principaux conjurés civils. Il fut exécuté le 8 septembre.*

7 *Un buste d'Hitler domine le* Volksgericht *(juridiction populaire) lors du procès des conjurés ; entre 150 et 200 personnes seront exécutées à la suite du complot du 20 juillet. Certains seront pendus lentement avec de la corde à piano et les cadavres seront exposés, suspendus à des crochets de boucherie.* (Keystone)

6

7

5

8

8 *Le comte Ulrich-Wilhelm Schwerin von Schwanenfeld, adjudant du maréchal Erwin von Witzleben, servit d'officier de liaison entre le commandant en retraite et les comploteurs. Comme von Witzleben, von Schwanenfeld, vu ici lors de son procès, sera pendu.* (Keystone)

LA LUFTWAFFE

Le haut commandement allemand savait pertinemment qu'une offensive alliée se préparait sans pour autant en connaître le lieu. Les 600 appareils de la *Luftwaffe* basés en France représentaient une force capable de s'opposer efficacement à l'invasion, mais disséminés de manière à couvrir tous les secteurs de débarquement potentiels, moins de la moitié se trouve de fait à proximité des plages de Normandie. Le Jour-J, la riposte de la *Luftwaffe* aux débarquements sera à peine perceptible. La couverture aérienne alliée est telle qu'il n'est pas question d'utiliser les bombardiers allemands à long rayon d'action ni l'aviation antinavale. Le Jour-J, l'aviation allemande effectuera moins de 100 sorties, principalement des chasseurs monomoteurs. Lancés dans la bataille à la nuit tombée, les bombardiers subiront des pertes non seulement du fait des chasseurs de nuit alliés mais de leur propre DCA et pour de piètres résultats. À partir de J+1, des renforts arrivent d'Allemagne et d'Italie pour atteindre un millier d'appareils à la fin de la semaine. Toutefois, les réserves seront bientôt épuisées et la présence de la *Luftwaffe* sur le front ouest sera en baisse constante.

La suprématie aérienne alliée au-dessus des têtes de pont empêche les bombardiers allemands à long rayon d'action d'effectuer des attaques à basse altitude, seul moyen d'identifier et d'atteindre des cibles spécifiques. L'effort principal portera alors sur le minage de la Manche. Cela perturbera considérablement l'acheminement du ravitaillement et des renforts alliés sans compromettre pour autant l'issue finale.

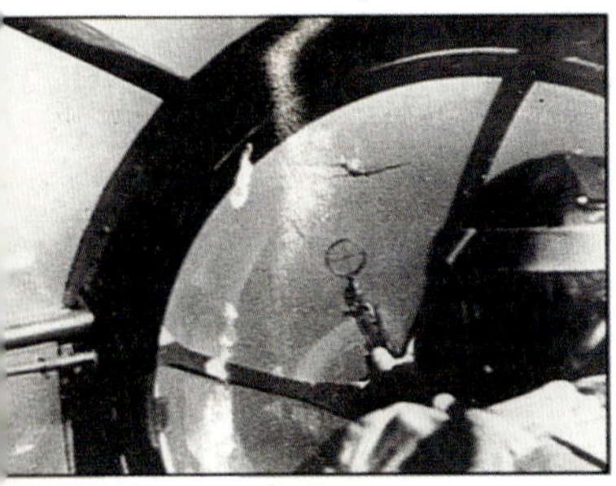

1

2

3

4

1 *Le mitrailleur avant d'un bombardier moyen Heinkel He 111 tente d'abattre un Spitfire.* (Keystone)

2 *Goering au faîte de sa gloire ; le chef médaillé de la* Luftwaffe *salue Hitler en 1938.* (Central Press Photos)

3 *Des Mosquito de la RAF bombardent à basse altitude un aérodrome allemand en Normandie en 1944.*

La suprématie des forces aériennes alliées empêchera toute tentative de la *Luftwaffe* d'apporter un soutien rapproché aux défenseurs au sol. Des chasseurs monomoteurs seront affectés à cette tâche sans grand résultat par manque d'équipages formés à ce type d'opération. Le 12 juin, ordre est donné aux unités d'en revenir à leur vocation primitive : le combat entre chasseurs.

Fin juin, les bombardements alliés et la progression des forces terrestres ont chassé la *Luftwaffe* de ses principales bases en zone opérationnelle. Leurs unités sont repoussées jusqu'à Paris. Ayant longtemps cru que la faiblesse de leurs effectifs serait compensée par la proximité de leurs bases, ils finissent par perdre ce simple avantage. Leurs bases se trouvent désormais aussi éloignées de la Normandie que les aérodromes alliés du sud de l'Angleterre.

Les bombardements alliés contre des cibles stratégiques en Allemagne se poursuivront au cours des semaines qui suivent le Jour-J. L'industrie pétrolière allemande qui représente la cible principale a été pilonnée avec une telle intensité que le 11 août une directive générale de la *Luftwaffe* impose d'importantes restrictions sur les vols en tout genre. Les chasseurs intervenant contre les bombardiers lourds alliés ne sont soumis à aucune restriction, mais tout autre vol doit faire l'objet d'une autorisation spéciale. C'est la première fois qu'interviennent de telles restrictions sur des vols opérationnels, désormais la *Luftwaffe* ne peut plus mordre et ne jouera plus aucun rôle significatif contre la progression des forces de libération.

5

6

4 The Luftwaffe nightmare *(le cauchemar de la* Luftwaffe*) : ces mitrailleurs de l'artillerie antiaérienne annoncent la couleur.*
(US National Archives)

5 *Étui à cartes et porte-jumelles réglementaires en acier de la* Luftwaffe.

6 *Bonnet de police de la* Luftwaffe *: la bande se déboutonnait pour servir de protège-oreilles.*

7 Waffenrock *(veste d'uniforme) d'un sous-officier supérieur de la* Luftwaffe.

7

LE COBRA FRAPPE

Le bilan des récents combats sur Caen et dans le bocage est lourd. Depuis le débarquement plus de 80 000 hommes, pour la plupart des fantassins, ont été tués, blessés ou faits prisonniers au sein du 21e groupe d'armées. Au nord, dans la brume qui se lève sur la crête de Bourguébus, les troupes alliées aperçoivent les plages du débarquement et la Manche qui scintille, les navires à l'ancre et les ballons de barrage qui flottent au large. Au nord-ouest, le port Mulberry d'Arromanches continue de recevoir les forces du 21e groupe d'armées et les forces aériennes de soutien. Les chiffres sont impressionnants à la fin juillet : 1,5 million d'hommes, 300 000 véhicules, 1,78 million de tonnes d'approvisionnement ont été débarqués. La moyenne passera ensuite à 16 000 hommes, 4 500 véhicules et 94 000 tonnes d'approvisionnement par jour jusqu'à la fin août.

La majeure partie de cette force est américaine, y compris l'état-major de la 3e armée américaine commandée par le général Patton. Arrivé en France au début du mois de juillet, Patton doit mener l'offensive comme assistant officieux de Bradley. À l'ouest de Saint-Lô, de part et d'autre de la route qui mène à Périers, 3 divisions d'infanterie du 7e corps américain, sous le commandement de Collins attendent le début de l'attaque. Derrière, en réserve sont massées la 2e, la 3e DB et la 1re DB qui prit part à tous les combats depuis *Omaha* et n'attend que cette opportunité.

2

1

Page précédente : *Un groupe de 13 GI'S pose devant un Panther allemand n°212 détruit à Fel, en tendant l'étandard allemand.*

1 *Ces jeunes prisonniers de guerre allemands ne semblent pas particulièrement malheureux de voir s'achever un combat inégal.* (US National Archives)

2 *Les généraux George Patton (à gauche) et Omar Bradley, à bord d'un avion de transport, en septembre 1944.* (Keystone)

Côté allemand, ayant perdu près de 100 000 hommes et n'en ayant reçu que 5 000 en remplacement, le groupe d'armées B est réduit à sa plus simple expression. Face au 7e corps, la *Panzerlehrdivision* n'a plus que 40 chars et 2 200 hommes, à peine la taille d'une brigade. La 12e *SS-Panzer* est réduite à un seul bataillon d'infanterie et à quelques chars. La plupart des formations allemandes se trouvent dans un état tout aussi désespéré, ayant de surcroît abandonné depuis longtemps tout espoir d'apercevoir des avions de la *Luftwaffe* dans le ciel. Grâce à *Ultra*, les Alliés savent qu'en face des troupes américaines, les Allemands sont trop faibles pour résister. La majeure partie des forces blindées allemandes, soit 645 chars sur 835 et 7 divisions sur 9, est immobilisée au sud de Caen prête à résister à un assaut britannique. Rommel avait parfaitement compris qu'à partir du moment où l'on avait laissé les Alliés débarquer, la défaite allemande était inéluctable.

3

4

3 *Port-Winston, port artificiel d'Arromanches.* (IWM : BU 1021)

4 *Écusson de la 2e DB américaine (« l'enfer roulant ») ; élément du 7e corps du général Collins lors de l'*Opération Cobra.

5 *Chasseur bombardier britannique Hawker Typhoon sur une piste d'atterrissage en Normandie.* (IWM : CL 472)

5

6

6 Écusson de la 1re DI américaine (« le gros Un rouge ») remontant à la Grande Guerre. À l'origine, le « 1 » avait été découpé dans le calot d'un soldat allemand.

7

7 La tête de pont à la mi-juillet : cette photo donne une idée de l'échelle à laquelle s'effectuait l'entreprise alliée. Fin juillet 2 millions de tonnes d'approvisionnement auront été débarquées. (Keystone)

Ce qui trouble les combattants en présence, c'est que l'autre, l'ennemi, soit presque totalement invisible. L'infanterie est retranchée derrière les haies ; en se déplaçant les chars, les Jeep et l'artillerie évitent de soulever la poussière. Le paysage semble désert. « Il régnait un silence total, se rappelle un observateur, pas même un chant d'oiseau, on avait l'impression de se trouver dans un monde irréel et sans vie ». Mais à l'arrière, la machine de guerre est en marche.

LE PLAN ALLIÉ

La victoire a de nombreux prétendants, mais la défaite est solitaire, aussi plusieurs généraux réclameront-ils la paternité de l'attaque américaine provoquant maintes controverses et polémiques après la guerre. Le simple soldat, quant à lui, a un jugement plus sain de la situation, « maintenant que ça démarre enfin, il faudrait être

1 *De gauche à droite, Eisenhower, Bradley et « Lightning Joe » (Joe l'éclair) Collins, surnom qu'il gagna dans le Pacifique en menant la 25e DI américaine (Éclair Tropical) à la victoire, à Guadalcanal.*
(US National Archives)

2 *Canon antiaérien allemand Flak 18 de 88 mm.*
(IWM : TC 15618)

fou pour vouloir en tirer un avantage personnel ». À l'origine, la stratégie de Montgomery, arrêtée à Londres avant le débarquement, prévoyait une percée de la 1re armée américaine en direction du sud puis vers l'ouest de manière à libérer la Bretagne et par là-même les ports de Brest, Lorient et Saint-Nazaire. Les Alliés pensent pouvoir utiliser ces ports, ainsi que Cherbourg, pour soutenir l'offensive sur la Seine et le nord de la France, offensive qui paraît cependant bien tardive.

Le 10 juillet, Bradley propose à Montgomery une attaque, baptisée *Cobra*, à travers le bocage en direction de la Bretagne transformant l'*Opération Goodwood* en une simple diversion. Certains iront jusqu'à dire, ce que Montgomery ne cessera de nier, que lui aussi avait prévu de prolonger l'*Opération Goodwood* au sud et au sud-est de Caen.

2

1

3

4

3 *Les officiers de la* Highland Light Infantry of Canada *rassemblés pour un briefing.*
(Archives Nationales du Canada)

4 *Montgomery étudie une carte avec Dempsey (vu de dos) de la 2e armée britannique et Bradley de la 1re armée américaine.*
(IWM : B 5322)

Élaboré le 13 juillet, le plan de Bradley utilise, comme les Anglais à *Charnwood* et à *Goodwood*, les bombardiers lourds pour se frayer un passage à travers les lignes allemandes. Ici, en l'occurrence, il souhaite concentrer l'attaque aérienne sur la seule *Panzerlehr-division* en chargeant ensuite les forces au sol d'enfoncer le coin et de se frayer un passage à travers les débris.

5

5 *Insigne du* Leicestershire Regiment *(les « Tigres »).*

6 *Écusson de la 1re armée américaine.*

6

7

L'*Opération Cobra*, y compris la couverture aérienne (8e et 9e *Air Force*), est une affaire qui ne concerne que les Américains. Bradley espère éviter ainsi les erreurs de *Charnwood*, le défoncement sauvage du terrain et le long temps mort entre les bombardements et l'attaque au sol en utilisant des bombes moins puissantes et en positionnant ses troupes d'assaut plus près de la ligne du front. Comme les Britanniques, il choisit d'attaquer sur un front étroit, mais à la différence de *Goodwood*, il dispose d'infanterie en quantité suffisante pour tirer le meilleur parti des bombardements aériens.

Toutefois la progression escomptée n'est guère supérieure à celle de l'*Opération Goodwood*, 15 ou 20 km seulement en direction de Granville pour encercler la demi-douzaine de divisions allemandes qui défendent une ligne de Saint-Lô à la côte. Mais il espère ainsi faire éclater les lignes ennemies, réduire ainsi la puissance allemande et s'engouffrer en Bretagne.

7 *Cette carte montre le déroulement de l'* Opération Cobra *lancée par la 1re armée américaine et la percée qui allait réussir au-delà de tous les espoirs. Réussite due en partie aux opérations* Charnwood *et* Goodwood *de la 2e armée britannique qui ont contribué à réduire la puissance allemande.*

LES CHASSEURS BOMBARDIERS ALLIÉS

Les chasseurs bombardiers alliés engagés dans l'*Opération Overlord* étaient contrôlés par les 9e et 19e commandements aériens tactiques de la 9e *Air Force* américaine, et par les 83e et 84e groupes de la 2e force aérienne tactique de la RAF. Les Américains alignent des P-38 Lightning, des P-47 Thunderbolt et des P-51 Mustang ; la RAF aligne également des P-51 ainsi que des Spitfire et des Typhoon.

Pour obtenir l'effet maximum des escadrons de chasseurs bombardiers, il faut, le plus tôt possible après le Jour-J, qu'ils puissent décoller de France d'aérodromes spécialement construits ou pris à l'ennemi. Entre-temps, au cours des opérations *Pointbank* et du débarquement lui-même, il leur faut opérer à partir des bases anglaises.

Avant l'*Opération Overlord*, ils excellaient dans des attaques d'objectifs précis : trains, convois, ponts… et dans des attaques contre les terrains d'aviation et les stations radars dont l'élimination n'aura lieu que dans les tout derniers jours qui précèdent le débarquement pour empêcher l'ennemi de les remettre en marche.

Le Jour-J, les chasseurs bombardiers sont principalement affectés au soutien rapproché, chaque escadron se voit désigner une plage et des cibles préalablement identifiées par les avions de reconnaissance et dont l'attaque doit démarrer dès l'Heure-H. Au préalable, ils doivent appeler le navire état-major de leur plage pour s'assurer qu'il n'y a pas d'objectif plus urgent. Au fil des heures, ils vont patrouiller au-dessus de leur secteur en attendant d'être dirigés selon les besoins vers telle ou telle cible par les officiers de liaison. D'autres escadrons, de plus en plus nombreux au fur et à mesure que les besoins diminuent au-dessus des plages, s'enfoncent davantage vers l'intérieur pour effectuer des patrouilles de reconnaissance armée.

Le Jour-J à midi, il est clair que l'aggravation des conditions météorologiques va empêcher les bombardiers lourds d'attaquer efficacement les villes, de couper les accès et de désordonner les mouvements de troupes ennemis. C'est aux chasseurs bombardiers qu'est confiée la mission d'attaquer tout véhicule de transport circulant sur une route dégagée. Ce travail de soutien va se poursuivre tout au long du débarquement et les chasseurs bombardiers seront comparés à « une artillerie aérienne rapide et de longue portée destinée à frapper tout ce qui bouge côté allemand ». Au cours de leurs déplacements, les commandants de blindés alliés portent chacun une identification fluorescente et sont accompagnés d'un officier de contrôle d'appui aérien qui appelle les chasseurs bombardiers en cas de besoin.

Fin juin, une quarantaine d'escadrons décollent régulièrement à partir d'une douzaine de terrains d'aviation ce qui est inférieur aux 81 escadrons et 27 aérodromes prévus. Certains aérodromes construits par des bataillons de sapeurs ne pourront être utilisés en raison de la proximité de l'ennemi.

1

1 *La Médaille d'honneur, la plus haute distinction militaire américaine, avec le pendentif de l'armée de l'air représentant la tête de la statue de la Liberté.*

2

3

2 *Avec 8 roquettes de 27,22 kg ou équipé comme ici de ses 4 canons de 20 mm, le Typhoon était un puissant casseur de chars.* (Fox Photos)

3 *Liaison armée-RAF lors des opérations d'attaque au sol. Centre de contrôle de groupes.*

4 *Les pilotes accourent en recevant l'ordre d'un centre de contrôle de groupes.* (Keystone)

4

5

6 *Comme cet écusson d'épaule du personnel de l'état-major de l'*US Air Force *à Washington, les insignes de l'armée de l'air étaient en principe bleu, or, blanc et rouge.*

6

7

8

5 *Pilotes de Mustang de l'armée de l'air américaine bavardant au retour d'une mission. Excellent comme escorteur à long rayon d'action, le Mustang était également utilisé pour l'attaque au sol.* (Keystone)

7 *L'équipe au sol remplace les bandes-chargeurs qui alimentent les 8 mitrailleuses de 12,7 mm du Republic P-47 Thunderbolt (surnommé «* Jug *» ou «* Juggernaut *», mastodonte) chasseur le plus gros et le plus lourd de la guerre.* (US National Archives)

9 *Appareil dérivé du Typhoon, équipé de bombes, canons ou roquettes, le Hawker Tempest avait du punch. Le Tempest V, vu ici, était surtout connu pour ses interceptions de bombes volantes V-1, dont 640 seront détruites en plein vol.* (Aviation Bookshop)

9

8 *Des Mustang P-51 dans le ciel anglais en 1944. Muni de réservoirs supplémentaires, le Mustang avait une autonomie d'environ 960 km. Dans le Pacifique, il escortait les Superforteresses B-29 lors de raids contre les îles du Japon.* (US Army)

1 *Écusson de la 30e DI américaine (« Old Hickory »).*

2 *Tankiste américain portant un casque en cuir muni d'écouteurs radio, un ceinturon avec étui à pistolet pour Colt M 1911 de 11,43, et un pistolet-mitrailleur M3A1 en sautoir.*

1

2

L'OPÉRATION COBRA

Bradley avait prévu de démarrer l'*Opération Cobra* le 19 juillet. La résistance acharnée des Allemands à Saint-Lô rendra la chose impossible. Le lendemain, malgré la prise de Saint-Lô, une pluie battante pro-

3

4

4 *Des motards escortent un convoi de troupes britanniques formé de Jeep, de camions et de chenillettes Carden-Loyd Universal.* (Keystone)

voque un nouveau retard et entraîne l'arrêt des combats pour la crête de Bourguébus. Le mauvais temps suscite les mêmes inquiétudes qu'avant le débarquement, mais la visibilité prévue pour le 24 juillet à 13h donne aux bombardiers 50% de chances d'apercevoir leur cible.

Le matin du 24 juillet, les premières vagues de bombardiers lourds ont déjà décollé lorsque les nuages se referment et que Bradley, frustré, doit annuler l'opération. Mais quelque 300 appareils qui ont décollé larguent 685 tonnes de bombes sur ce qu'ils croient être leurs cibles. À terre, incrédules et horrifiés, les soldats américains regardent venir leurs propres bombardiers longeant la ligne de front parallèlement à la route de Saint-Lô à Périers et larguant leurs bombes indifféremment sur les unités alliées ou ennemies tuant et blessant 156 hommes de la 30e DI américaine. Mis en alerte, les Allemands ripostent par un intensif tir

3 *Un lance-flammes monté sur un véhicule blindé allemand.* (Bundesarchiv)

5 *Nouvelle livrée pour ce char Sherman tombé aux mains des Allemands.* (Bundesarchiv)

6

7

d'artillerie qui accentue les pertes américaines. Ils pensent avoir réussi à stopper l'attaque. Le démarrage de l'*Opération Cobra* est reporté au lendemain. Volant à une altitude de 4 000 à 5 000 m, appuyés par des chasseurs bombardiers qui larguent des bombes de faible puissance au phosphore blanc (l'une des toutes premières utilisations de cette arme atroce) plus de 1 880 bombardiers déverseront l'équivalent de 4 000 tonnes de bombes sur la *Panzerlehrdivision*. Là encore de nombreuses bombes tombent au milieu des troupes américaines, tuant et blessant 601 soldats dont un officier supérieur américain, le général Lesley McNair qui avait été envoyé en Grande-Bretagne pour

6 *Obusier M1 américain de 203 qui appuie du poids de ses obus de 90,7 kg un bombardement allié.* (IWM : EA 29632)

7 *M1 américain de 155 mm au cours d'un bombardement nocturne. Surnommé « Long Tom » il envoie un projectile de 43,6 kg à une distance de 23,2 km.* (Keystone)

1 *Insigne du régiment écossais du Canada avec la croix de saint André.*

1

2

2 *Un message démoralisateur est lancé aux troupes du front allemand par un officier de l'unité de guerre psychologique.* (IWM : B 6354)

5 *Insigne des 17e* Duke of York's Royal Canadian Hussars *(7e régiment de reconnaissance de la 3e DI canadienne).*

remplacer Patton comme commandant du *FUSAG*. Commandant des forces au sol de l'armée américaine, McNair avait contribué plus que quiconque à forger cette magnifique armée américaine, impatiente de participer à l'*Opération Cobra*, et avait souhaité la voir en action. Il sera enterré en grand secret.

Traumatisées d'avoir été bombardées par leur propre aviation, les troupes du 7e corps qui se trouvent en première ligne sont paralysées. Pour la seule 30e division, on rapporte 164 cas de soldats en état de choc. Pendant ce temps, acculés, sans possibilité de retraite, les hommes de la *Panzerlehrdivision* combattent pied à pied presque jusqu'au dernier avec l'énergie du désespoir au milieu des cratères de bombes et des débris de leur division.

Le résultat de l'opération sera encore plus décevant que *Goodwood* ne l'avait été pour les Anglais. Le 7e corps réussit péniblement à gagner 3 km sur les lignes adverses. Les unités allemandes et américaines emmêlées se livrent à une tuerie sauvage qui se solde par de lourdes pertes de part et d'autre. Mais contrairement à ce qui s'était passé à Caen, les Allemands n'ont plus ni troupes, ni blindés en réserve. Le deuxième jour, Collins jettera dans la bataille les premiers éléments de ses divisions blindées, appuyant le lent effort américain.

Le même jour, le 26 juillet, le 8e corps américain commandé par le général Troy Middleton, tenant une ligne à l'ouest du 7e corps qui va jusqu'à la mer, attaque en direction de Périers. Bien que n'ayant progressé que d'une centaine de mètres, cette offensive provoque un retrait allemand dès le lendemain. Le 27, le 7e corps perce les défenses allemandes. Le soir même, à 20 km en avant de l'ancienne ligne de front, les premières colonnes de la 2e DB, « l'enfer roulant », sous les ordres de Patton en personne roulent sans rencontrer de notoire opposition sur les routes de France en direction de l'ouest et du sud. À l'ouest, face au 8e corps, les Allemands sont sur le point d'être acculés à la mer.

Après deux mois d'une guerre d'usure dans le bocage normand s'engage une guerre de mouvements, d'embuscades, de chars déferlant le long des petits chemins dans un nuage de poussière accompagnés par le rugissement des chasseurs bombardiers qui traversent le ciel au-dessus de leur tête.

LES CANADIENS ET LES BRITANNIQUES

La 1re armée canadienne naît officiellement le 23 juillet sous les ordres du général Henry Crerar. Elle regroupe le 2e corps canadien et le 1er corps britannique. Baptisée *Opération Spring*, sa première bataille en Normandie doit commencer deux jours plus tard par une attaque du 2e corps au sud de Caen (2 divisions canadiennes en fer de lance et 2 divisions britanniques en réserve). Les objectifs se trouvent à 5 km derrière les défenses allemandes composées de la 1re *SS-Panzerdivision.* Pure coïncidence, l'attaque a lieu le 25 juillet à 3h30, le même jour que l'*Opération Cobra*, ce qui fait dire que Montgomery envisage une percée sur le flanc est. C'est du moins ce que croient les Allemands qui prennent l'attaque canadienne pour l'offensive alliée principale.

3 *Des troupes des unités blindées britanniques avancent dans la vallée de la Somme où sont enterrés des milliers de leurs prédécesseurs tombés vingt-huit ans plus tôt lors de la grande offensive qui marqua la Première Guerre mondiale.*

4 *Un GI de la 2e DI américaine se dirige vers des canonniers antichars de la 3e DI britannique. Vue prise début août lors de la jonction entre les forces britanniques et américaines près de Vire.* (IWM : B 8985)

3

4

5

CRERAR

Henry Duncan Graham Crerar est né le 28 avril 1888 à Hamilton, Ontario. Après des études au Collège militaire royal de Kingston, il choisit une carrière d'ingénieur pétrolier tout en restant officier de réserve dans l'artillerie. Appelé en service actif au début de la Grande Guerre, il combat jusqu'au bout avec les corps canadiens sur le front occidental où il est décoré pour acte de bravoure. Il reste dans l'armée après la guerre et en 1938 devient commandant du Collège militaire royal. Au début de la Seconde Guerre mondiale, il est envoyé à Londres pour organiser les forces canadiennes. En 1941, de retour à Ottawa, il devient chef d'état-major de l'armée. En 1942 il revient en Europe et prend la tête de la 2e division. Nommé général, il commande les corps canadiens en Italie. En janvier 1944, il est nommé commandant de l'armée canadienne à Londres, future 1re armée canadienne en Normandie qu'il commandera jusqu'à la fin de la guerre. En 1946 il se retire de l'armée et de la vie publique ; il meurt à Ottawa le 1er avril 1965.

6

7

6 *Le général Crerar commande la 1re armée canadienne à partir du 23 juillet. Le 25, placés en fer de lance de l'*Opération Spring, *les Canadiens tentent une percée au sud de Caen. Stoppée en raison des lourdes pertes subies, cette attaque aura permis de détourner d'importantes forces allemandes de l'offensive* Cobra. (Archives Nationales du Canada)

7 *Opération de déminage devant un char Sherman.* (Keystone)

1

2

L'importance des pertes provoque l'arrêt de *Spring* dès le premier jour la reléguant au rang de simple attaque de diversion. Au sein de la 2e division, la *Black Watch* canadienne perd 317 hommes, du jamais vu au sein d'un bataillon canadien depuis Dieppe. Les *North Novia Scotia Highlanders* de la 3e division perdent 139 hommes dans une tentative manquée contre Tilly-la-Campagne. De nombreuses unités britanniques et américaines ayant participé à la campagne depuis le Jour-J sont en piètre état. La seule solution serait de mettre les hommes au repos ou d'envoyer une autre division.

Après l'échec de *Spring*, Montgomery fait passer les blindés des gardes et ceux de la 7e DB à l'autre extrémité de la ligne britannique, à côté des forces américaines, en appui à l'*Opération Cobra*. C'est un véritable exploit que d'avoir réussi à déplacer ces unités sur une distance de 80 km par des routes encombrées entre le 28 juillet au soir et le 30 au matin. Ce qui pourrait être considéré comme une banale opération est en réalité un véritable exploit de la police militaire de la 1re armée américaine et de la 2e armée britannique. Régler le trafic à l'arrière des lignes pour permettre d'acheminer les forces et leur ravitaillement a fortement contribué à la victoire des Alliés. Un des points de contrôle britannique a vu passer 18 836 véhicules en 24 heures soit 1 toutes les 4 secondes.

Menée par le 8e corps et baptisée *Bluecoat*, l'opération britannique débute le 30 juillet sous le commandement d'O'Connor. À travers le bocage, les troupes se dirigent vers Vire, dernier verrou de la résistance allemande. Marcher, combattre, interminablement, dans l'infanterie comme dans les blindés, l'enthousiasme a quitté les hommes de troupes épuisés, sonnés par la bataille. La cornemuse a fini de jouer, seule demeure la volonté d'aller jusqu'au bout. Peu se doutent, ce qui ne serait qu'une maigre consolation, que l'ennemi est dans une situation pire encore. Pour balayer les Allemands, il va cependant falloir se lever et marcher au combat.

Une fois encore, mais de manière moins intensive vu le caractère improvisé de l'*Opération Bluecoat*, l'artillerie et les bombardiers lourds ouvrent un chemin à l'infanterie. Les troupes du 30e corps attaquent vers Montpinçon mais ne progressent que de quelque 8 km en deux jours malgré une faible résistance. Dempsey prend la décision inhabituelle de remplacer le commandant du corps ainsi que celui de la 7e DB. Comme au cours des précédentes batailles, les Anglais ne parviennent qu'à user une résistance allemande toujours aussi habile dans les combats d'arrière-garde. La ligne de front progresse lentement à travers le bocage.

3 *Des camions transportant des fantassins canadiens passent derrière une batterie d'obusiers de 14 mm dont les tirs appuient l'opération manquée* Spring.
(Archives Nationales du Canada)

4 *Char à fléau Crabe : un des* Funnies *développés par la 79e DB britannique. Des chaînes autour du tambour en rotation fouettaient le sol pour faire sauter les mines dégageant un passage de 3 m de large.*
(IWM : B 7495)

3

4

1 Opération Bluecoat *: l'infanterie britannique équipée de chenillettes Carden-Loyd Universal (noter le char à fléau à l'arrière-plan, voir* **4***) descend de Caumont le 30 juillet.*

2 *La « guêpe » (Wasp) britannique, lance-flammes monté sur chenillette Universal, montre son dard.*

6

7

5

5 *Insigne des* Royal Northumberland Fusiliers *; en Normandie, les 4e RNF étaient équipés de mitrailleuses et de mortiers.*

6 *Au sud de Caumont le 31 juillet, des transports de fantassins anglais prêts à avancer. Les bombardements tenteront de dégager un passage pour l'*Opération Bluecoat, *mais la progression sera lente.*
(IWM : B 8308)

7 *Écusson d'épaule du* Royal Highland Regiment *canadien (*The Black Watch, *garde noire), sévèrement malmené lors de l'*Opération Spring.

Les premiers « canons à volées » à canons multiples datent du Moyen Âge ; le Gatling à manivelle de la guerre civile américaine ; et la mitrailleuse « moderne » remonte aux années 1880, lorsque Hiram Maxim conçoit une arme « automatique » où l'énergie générée par le recul d'une cartouche permet de tirer la suivante. La mitrailleuse dominera la guerre des tranchées de la Première Guerre mondiale, puis le fusil-mitrailleur léger (FML) fait son apparition comme arme collective. Lors de la Seconde Guerre mondiale, des armes telles que le MG-34 allemand, aussi léger que le FML et doté d'une puissance de feu approchant celle de l'arme lourde/moyenne, donnent naissance au fusil-mitrailleur universel.

1

1 *Le FM léger britannique Bren d'origine tchéco-britannique (Br : Brno, En : Enfield).*

1, 7 *Le Bren de 8,38, sur affût tripode (en* **7***), pesait 10,1 kg à vide et était alimenté par boîte-chargeur de 30 cartouches à une cadence maximale de 500 coups/mn.*

4 *Des bandes préchargées peuvent passer directement des boîtes à cartouches dans la mitrailleuse.*

5 *Avançant au pas de course, fantassin allemand (à droite) portant un MG-34.* (Bundesarchiv)

6 *Le fusil-mitrailleur allemand Mauser MG-34 fut (avec le MG-42) le premier FM universel moderne. Celui-ci, monté sur bipied intégré, est muni d'un chargeur tambour de 75 cartouches; le MG-42 refroidi par air était également alimenté par des bandes de 250 cartouches (maximum) de 7,92 mm, à une cadence de 800 à 900 coups/mn.*

2 *Ce GI porte sur son dos le FM moyen Browning modèle 1917 de 7,62 refroidi par eau et dont le poids à vide était de 15 kg.* (US National Archives)

3 *Fusil-mitrailleur hydroréfrigéré Vickers de 7,7 mm : arme moyenne britannique standard en service de 1912 à 1966.*

2

3

5

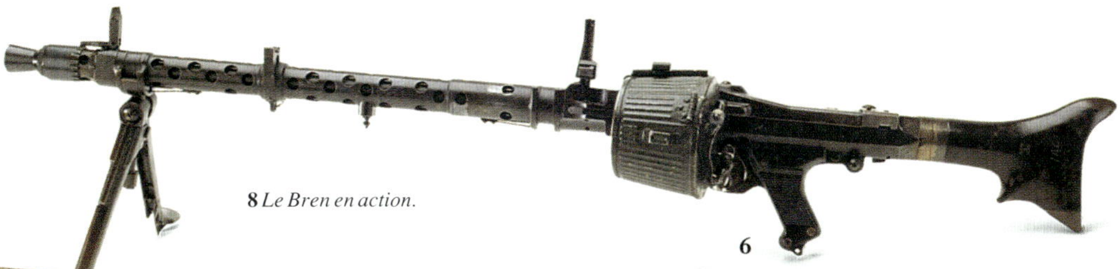

6

8 *Le Bren en action.*

4

7

8

1 *Un transport de troupes à chenilles mène un convoi de Jeep et de camions américains à travers une ville en ruine.* (US National Archives)

3 *À mesure que la progression alliée prend de la vitesse, le* New York Post *vante les mérites des armées américaines qui « nettoient la France ».*

1

2 *À Brest, échappant de justesse aux retombées d'un obus au phosphore blanc, les GIs cernent un poste de franc-tireur allemand.* (IWM : KY 52460)

L'ARMÉE DE PATTON

Patton a vécu une période de grande frustration depuis que Bradley a été nommé commandant de la 1re armée américaine en décembre 1943. Plus ou moins écarté de la préparation d'*Overlord* mais utilisé dans le plan d'intoxication du *FUSAG*, Patton ne fait pas confiance à la stratégie développée par Montgomery. D'éducation et de nationalité différentes, les deux hommes ont de nombreux points communs. Tous deux ont été à la tête d'une armée en Sicile et au mieux ils sont en concurrence amicale. Chacun est convaincu de son propre génie militaire et déteste perdre. Montgomery est critiqué pour sa prudence excessive, Patton pour son goût du risque qui lui a attiré de nombreux ennuis. Mais en risquant la vie de ses hommes, Patton a obtenu des résultats. De tous les commandants alliés en Normandie, son approche ressemble le plus à celle des commandants allemands et c'est celui qu'ils craignent le plus. Le moment semble venu pour Patton de redorer son blason. Le 28 juillet, comme les Allemands se retirent et que la voie s'ouvre devant *Cobra*, Bradley place immédiatement le 8e corps sous le commandement de la 3e armée américaine de Patton. Quatre jours sont nécessaires à la 3e armée pour être opérationnelle. Pendant ce temps, les troupes de Patton se seront enfoncées en Bretagne avec pour mission, selon les ordres même de Bradley, de maintenir implacablement la pression sur l'ennemi. Avec Patton gardant son flanc ouest, Bradley retrouve un front large et engage la 1re armée américaine dans une progression générale en liaison avec l'offensive britannique de *Bluecoat*.

Les Allemands se dérobant devant lui certains soldats diront cruellement de Patton qu'il ne perce pas mais qu'il se promène. Promenade cependant assez impressionnante et à une vitesse qui ne laisse pas le temps à l'ennemi de se reformer et de bloquer le front. Au sud, le 8e corps de Middleton avance ausi vite que le lui permet le déminage. Le 27 juillet Patton ordonne à la 4e et à la 6e DB de passer devant l'infanterie pour servir de fer de lance à la progression du 8e corps. Cette poussée des blindés a lieu au milieu d'un champ de mines, en plein cœur d'une bataille d'infanterie. Le soir du 28 juillet, les premiers blindés tiennent Coutances, avec les deux divisions alignées derrière leur fer de lance, mais la reconnaissance aérienne montre qu'il n'y a aucune position allemande face aux divisions avancées. Au cours des trois jours qui suivent, le 8e corps fait plus de 7 000 prisonniers. S'occuper des troupes allemandes désireuses de se rendre ralentira considérablement l'avance américaine. La première colonne de la 4e DB laissera presque derrière elle, sans le savoir, le QG avancé de la VIIe armée allemande. Au matin du 1er août, la 1re DB s'est rendue maîtresse de 3 ponts sur la Sée dont 2 à Avranches face au Mont-Saint-Michel. Désormais, les choses iront très vite. Les généraux et les soldats qui pendant des semaines ont

COMPLETE NEWS—MAGAZINE SECTION—COMIC FEATURES

5¢ New York Post 7

TWO SECTIONS — NEW YORK, THURSDAY, JULY 27, 1944 — 40 PAGES

Americans:

SWEEP ON IN FRANCE

Story on Page 2

Russians:

STORM OVER VISTULA

Story on Page 3

3

4

2

4 *Soldats américains l'arme au poing. Le soldat de droite tient un fusil Springfield modèle 1903 de 7,62 mm.* (US National Archives)

7 *Des sapeurs de l'armée américaine reconstruisent des ponts, en partie détruits par les Allemands lors de leur retraite, au-dessus de la rivière près de Coutances.*

8 *Le soir du 28 juillet, peu après la prise de la ville par les unités blindées de la 3e armée américaine, la fumée de la bataille flotte encore dans le ciel de Coutances dévasté.*

5 *Écusson de la 3e DB américaine, « Fer de lance ».*

6 *Impitoyable meneur d'hommes, le général George Patton est surnommé « Old Blood and Guts » (sang et tripes).*
(US National Archives)

5

PATTON

George Smith Patton est né le 11 novembre 1885. Fils d'une riche famille californienne, il fréquente l'institut militaire de Virginia et West Point d'où il sort en 1909 pour rejoindre le 15e régiment de cavalerie. Sportif passionné, il est le premier Américain à représenter son pays au

6

pentathlon moderne lors des JO de Stockholm de 1912. En 1916, lors de la guerre du Mexique, il devient le bras droit du général John (« Black Jack ») Pershing. Choisi pour commander la force expéditionnaire américaine en France au cours de la Première Guerre mondiale, Pershing emmène Patton avec lui. Nommé commandant en second du nouveau corps blindé, Patton finit la guerre comme colonel après avoir été blessé.

Ne croyant pas à l'avenir des chars, Patton rejoint la cavalerie et, en 1938, retrouve le grade de colonel. Vu sa fortune personnelle, il n'a pas besoin de rester dans l'armée, mais il croit en ses qualités de soldat. En 1940, le renforcement de l'armée l'amène à prendre le commandement de la 2e brigade blindée, et en 1942 celui du 1er corps blindé aux États-Unis. En 1942, lors de l'*Opération Torch* en Afrique du Nord, il commande le débarquement au Maroc sans rencontrer d'opposition notoire. Il se fait une réputation de chef exigeant et, en mars 1943, est promu général de corps d'armée et prend le commandement du 2e corps blindé en Tunisie après sa défaite au col de Kassarine puis commandant de la 7e armée américaine lors du débarquement en Sicile. Commandant efficace mais controversé, il sera congédié pour avoir giflé deux soldats américains commotionnés qu'il avait accusés de lâcheté.

Lorsque Bradley, son ancien adjoint au 2e corps blindé est nommé à la tête de la 1re armée en Normandie, sa carrière semble terminée. Mais on ne peut longtemps se passer de commandants de cette trempe, et en juillet, il est rappelé et prend le commandement de la 3e armée qu'il mène avec succès jusqu'à la fin de la guerre. Toujours fâché avec la politique il est congédié de la 3e armée en septembre 1945 pour indulgence envers d'anciens nazis et prend la tête de la 15e armée qui n'existe que sur le papier. Le 9 décembre 1945, Patton se brise la nuque dans un accident de voiture. Transporté à l'hôpital militaire d'Heidelberg, il meurt le 21 décembre.

7

8

1 *Surprise par un photographe allemand, alors que la fumée de la bataille s'élève au-dessus de sa maison, cette habitante a un air las et résigné qui montre bien ce qu'ont vécu les civils pris dans la bataille de Normandie.*
(Bundesarchiv)

2 *Chars, voitures de reconnaissance, transports de troupes semi-chenillés, et (à droite) une Jeep Willys MB portant un FM Browning de 7,62, labourent un chemin de village.*
(US National Archives)

3 *Ce char Tigre, apparemment en panne, se fait doubler par un chasseur de chars Brummbär 166 (« Grizzly ») SdKfz.*
(Bundesarchiv)

lutté pour quelques centaines de mètres doivent maintenant calculer leur progression en kilomètres. Nouveau venu sur le front, Patton, avec son style décontracté, encourageant ses subordonnés à presser l'adversaire, a un commandement parfaitement adapté à cette nouvelle phase. En 24 heures ses 2 divisions blindées et ses 2 divisions d'infanterie traversent Avranches sur un seul pont. Dans les jours qui suivent, il progresse à une moyenne de 15 km par jour, les 4e et 5e DB libèrent la Bretagne suivies par le reste du 8e corps. Cependant les garnisons allemandes continuent à tenir fermement les principaux ports. « Nous

2

1

3

nous y prenons mal pour gagner cette guerre, se plaint le général John Wood commandant la 4e DB, allons plutôt à Paris ! » Le 15 août, Bradley reconnaît que les Allemands qui tiennent les ports bretons ne se rendront pas spontanément et il dirige le 8e corps vers l'est. La création de la 3e armée étant officielle désormais, l'état-major de Bradley devient à son tour le 12e groupe d'armées et Bradley l'égal de Montgomery sous les ordres d'Eisenhower. Mais pour cette guerre de mouvements Eisenhower laisse Montgomery en tête. À l'origine le plan de *Cobra* prévoyait une lente avancée et donnait la priorité à la libération des ports bretons. Avec l'accord de Montgomery, Bradley ordonne à Patton d'envoyer le reste de la 3e armée à l'est en direction de la Seine. Avec le front allemand qui se disloque sous la poussée de la 1re armée américaine et de la 2e armée britannique, la position de von Kluge devient, selon sa propre expression, un véritable asile d'aliénés. Les Allemands savent depuis longtemps qu'ils ont perdu la bataille de Normandie, maintenant les Alliés le savent également.

4

Nettoyer une ville fraîchement capturée des francs-tireurs embusqués est une tâche qui exige une extrême prudence, et une certaine agilité comme le montre ce GI armé du « pistolet-graisseur » M3A1. Son camarade accroupi carabine M1 au poing et lui cherchent à débusquer d'éventuels ennemis terrés dans cette maison à Coutances. (UPI/Bettmann)

5 *Bivouac au milieu des ruines : des sapeurs américains font la pause pour consommer leurs rations froides.* (US National Archives)

5

6

6 *Le 1er août après la libération d'Avranches, les bras levés en signe de soumission, une longue ligne de prisonniers allemands se dirige vers l'arrière et croise un Sherman de Patton roulant à vive allure.* (UPI/Bettmann)

DERNIER COUP DE DÉS D'HITLER

S'il y en a un, côté allemand, qui n'est pas prêt à la défaite, c'est Adolf Hitler. Malgré les demandes répétées de von Kluge de se replier, Hitler, plongé dans ses cartes à la Tanière du loup, envisage une contre-attaque. Il échafaude ses plans sans tenir compte des événements de Normandie. Il déplace des épingles sur une carte comme si les divisions qu'elles représentaient étaient complètes, correctement approvisionnées en carburant et en munitions et libres de manœuvrer sans avoir à subir la puissance aérienne alliée à laquelle s'ajoutent l'artillerie et les chars de plus en plus nombreux. Le 2 août, tandis que les forces de Patton s'enfoncent vers l'est, Hitler ordonne à 5 divisions blindées d'attaquer à Mortain, petite ville située à la charnière entre la 1re et la 3e armées américaines. C'est ici, décrète Hitler, que les Allemands doivent effectuer leur percée jusqu'à la côte à Avranches pour couper Patton du reste des forces alliées et enfermer à nouveau la tête de pont en Normandie. Dans l'atmosphère de suspicion généralisée qui suit le récent attentat, les généraux d'Hitler ne sont pas vraiment prêts à argumenter avec lui, mais aucun ne croit à son idée.

Mortain n'est pas qu'un simple point sur une carte. Situé en plein cœur d'un des pires bocages, la Suisse normande, il interdit de déployer les blindés comme ce fut le cas sur le front de l'Est. La pénurie de carburant,

1 *Patrouille de* Feldgendarmerie *(police militaire de campagne) d'une unité de* Fallschirmjäger *(parachutiste). Noter le* Ringkraken *(hausse-col métallique) que l'on voit mieux en (***2***) autour du cou du sous-officier assis sur le capot du véhicule.* (Bundesarchiv)

2 Feldgendarmerie Ringkraken *: hausse-col porté comme signe distinctif par les membres de la police militaire de campagne de l'armée allemande en service. Sur le bouclier en argent mat, les bosses, l'aigle national, et les inscriptions en peinture lumineuse dorée permettent une meilleure lisibilité. Les gendarmes militaires sont traditionnellement peu populaires et reçoivent souvent un surnom. Dans l'armée allemande la* Feldgendarmerie *à cause de son* Ringkraken *portait le sobriquet de « chiens enchaînés ».*

4, 5 *Le* Ringkraken *de la* Feldgendarmerie *que porte ce mannequin (en* **4***) signale que c'est un policier militaire de campagne ; il tient un bâton (portant le message : « Stop : Police ») semblable à ceux montrés en (***5***) qui lui permet de diriger la circulation. Il porte un imperméable caoutchouté et un pistolet-mitrailleur MP-40* Schmeisser *avec triples cartouchières (ainsi qu'un étui à cartes/porte-documents étanche) à la ceinture.*

2

1

4

3

3 *Fantassins allemands faisant du stop sur un char. Dans les zones de combat, l'une des tâches importantes de la* Feldgendarmerie *consistait à ramener rapidement tous les isolés vers le front.* (Bundesarchiv)

5

6 *Ces isolés ont échappé à la* Feldgendarmerie *; les religieuses du couvent où ils s'étaient cachés ont négocié leur capitulation auprès des Américains.* (UPI/Bettmann)

les bombardements alliés sont tels qu'il faudra quatre jours pour rassembler les débris de 4 divisions blindées, soit environ 140 chars, en vue de l'attaque. En outre *Ultra* permet aux Alliés de prendre connaissance de l'attaque quelques heures à l'avance. Aussi le 7 août après minuit, lorsque les Allemands entament leur progression à travers les haies, se trouvent-ils face aux troupes de la 30e division qui, ayant gagné la ville quelques heures auparavant, préparent rapidement la défense. Mortain est investi par la 2e *SS-Panzer*, mais à l'est, une colline rocailleuse, la cote 317, est tenue par le 2/120e régiment d'infanterie. À l'aube, les bombes et les roquettes de l'aviation alliée anéantissent l'armée allemande. Le soutien aérien promis par la *Luftwaffe* sera intercepté par les Alliés et n'atteindra jamais la zone des combats. Au cours des 24 heures suivantes, le 7e corps américain aligne 7 divisions, suffisamment pour enrayer toute avance allemande et, en dépit d'une perte d'environ 300 hommes la 30e division tient bon. L'état-major de la 2/120e d'infanterie est aux mains des Allemands, mais les 700 hommes du bataillon du capitaine Reynold Ericksons tiennent toujours la cote 317 et la garderont, en dépit de pertes sévères, pendant cinq jours. Le bataillon reçoit une citation présidentielle ; Erickson et ses 4 commandants de compagnie reçoivent la *Distinguished Service Cross*.

L'attaque allemande sur la cote 317 cesse avant même que les hommes aient pu être relevés. Le 7 août au soir les Américains ont fait 350 prisonniers et les forces allemandes à Mortain ne comptent plus qu'une trentaine de chars. Le coup de poker d'Hitler a échoué. En jetant dans la bataille ses derniers blindés, il a condamné les troupes allemandes de Normandie. Le 8 août les premiers chars de Patton atteignent Le Mans à 80 km au sud-est de Mortain. « Voici une occasion qui ne se présente pas plus d'une fois par siècle à un commandant, fait remarquer Bradley, nous sommes sur le point de détruire une armée tout entière. »

7 *Prisonniers de guerre capturés par le 8e corps américain à Coutances.* (UPI/Bettmann)

8 *Le policier militaire américain en position avancée est reconnaissable à son casque à bande blanche marqué des lettres MP* (military police), *et d'un brassard au bras gauche.* (US National Archives)

9 *Matériel du MP américain : jambières en toile, brassard, ceinturon avec étui, et matraque. Le casque blanc auquel les MP devaient leur surnom le moins désobligeant (celui de « muguets ») n'était porté qu'à l'arrière du front.*

6

7

8

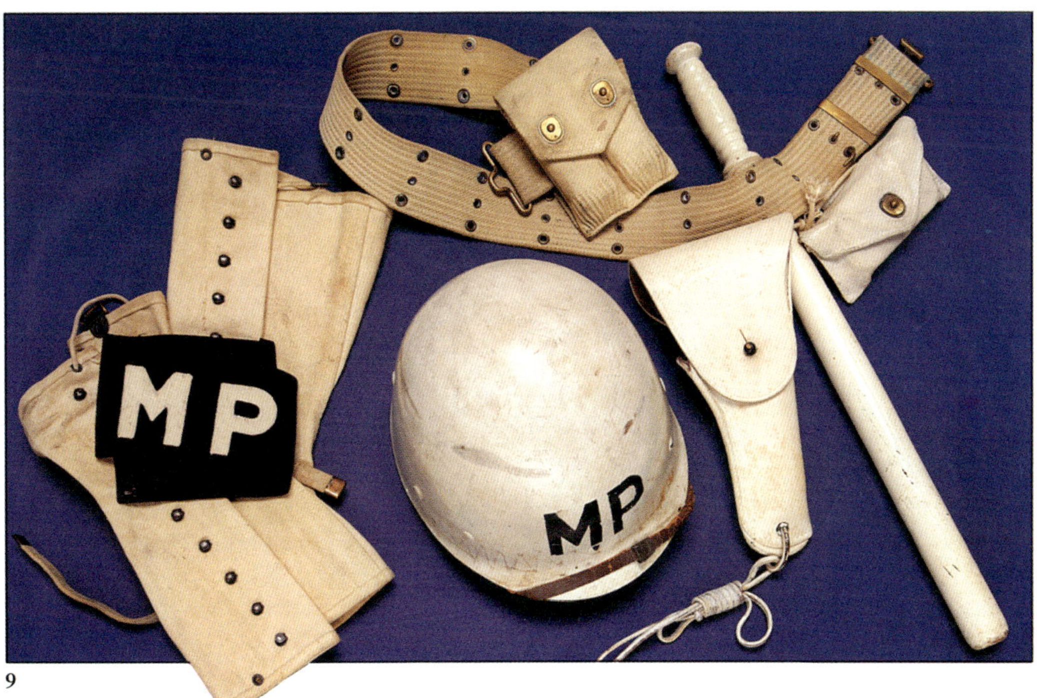

9

Début 1945 le nombre de prisonniers de guerre tous combattants confondus était estimé à environ 4 millions (y compris ceux détenus par l'URSS, les Soviétiques détenus par l'Allemagne, et les prisonniers chinois détenus par le Japon). L'Allemagne détenait approximativement 765 000 prisonniers français, 550 000 Italiens, 200 000 Britanniques et du Commonwealth, 125 000 Yougoslaves et 90 000 Américains. Le Japon détenait environ 108 000 prisonniers britanniques et du Commonwealth, 22 000 Hollandais et 15 000 Américains. Les Alliés (sauf l'URSS) détenaient environ 630 000 prisonniers allemands, 430 000 Italiens, et 11 600 Japonais (l'Italie ayant changé de camp avait perdu des hommes dans les deux camps). Les prisonniers de guerre alliés (autres que les Européens de l'Est) détenus par l'Allemagne, et ceux de l'Axe détenus par les Alliés (autres que Soviétiques), étaient généralement traités conformément aux accords de Genève de 1929, qui exigeaient un traitement humain sous contrôle de représentants de pays neutres.

2

SAFE CONDUCT

The German soldier who carries this safe-conduct is using it as a sign of his genuine wish to give himself up. He is to be disarmed, to be well looked after, to receive food and medical attention as required, and is to be removed from the danger zone as soon as possible.

PASSIERSCHEIN

An die britischen und amerikanischen Vorposten: Der deutsche Soldat, der diesen Passierschein vorzeigt, benutzt ihn als Zeichen seines ehrlichen Willens, sich zu ergeben. Er ist zu entwaffnen. Er muss gut behandelt werden. Er hat Anspruch auf Verpflegung und, wenn nötig, ärztliche Behandlung. Er wird so bald wie möglich aus der Gefahrenzone entfernt.

Auf Grund von Kapitel 2, Artikel 11, Vertragsnummer 846 der Genfer Konvention vom 27. Juli 1929 erhalten kriegsgefangene Soldaten* in amerikanischen oder britischen Händen die gleiche Verpflegung wie Soldaten des amerikanischen oder britischen Heeres. Ihr Essen wird von Köchen aus ihren eigenen Reihen auf die Art ihres Landes zubereitet.

In Amerika oder Kanada erhalten Kriegsgefangene für ihre Arbeit innerhalb oder außerhalb des Lagers pro Tag 80 cents. Die Hälfte davon wird für die Zeit nach dem Krieg auf einer Bank hinterlegt, die andere Hälfte in Gutscheinen ausgezahlt, mit denen sich der Gefangene Marketenderwaren wie Zigaretten, Süßigkeiten, alkoholfreie Getränke und dergleichen kaufen kann.

Den Kriegsgefangenen wird Gelegenheit geboten zur Abhaltung von Bildungs- und Lehrkursen, zur Ausübung von Sport und Spielen und zur Veranstaltung von Konzerten, Theateraufführungen und Vorträgen. Sie dürfen Zeitungen lesen und Rundfunk hören.

Postverbindung zwischen den Gefangenenlagern d der Heimat geht über das Rote Kreuz. Sie zuverlässig und verhältnismäßig schnell. Nach gsende werden die Gefangenen so bald möglich nach Hause zurückgeschickt.

s Soldaten werden auf Grund der Haager Konvention (IV. ngesehen: Alle bewaffneten Personen, die Uniform der ein Abzeichen, das von einer Entfernung aus erkannt nn.

ZG 37

1

1 *Les publications de la guerre psychologique alliée garantissent sauf-conduit et traitement équitable aux Allemands qui se rendront. Ce tract en langue allemande promet que les prisonniers transportés aux États-Unis et au Canada pourront gagner 80 cents par jour en travaillant au camp : de quoi acheter cigarettes, boissons non alcoolisées et bonbons.*

4

3

2 *Coutances, un jeune Allemand se rend. En août 1944, le problème posé par les prisonniers allemands de plus en plus nombreux menace de ralentir la progression alliée.*
(UPI/Bettmann)

3 *Les hommes d'une garnison allemande à Boulogne partent en captivité après leur capitulation devant les troupes canadiennes fin septembre 1944.*
(Associated Press)

4 *De nouveaux prisonniers de guerre ramenant un de leurs blessés.*
(US National Archives)

6

7

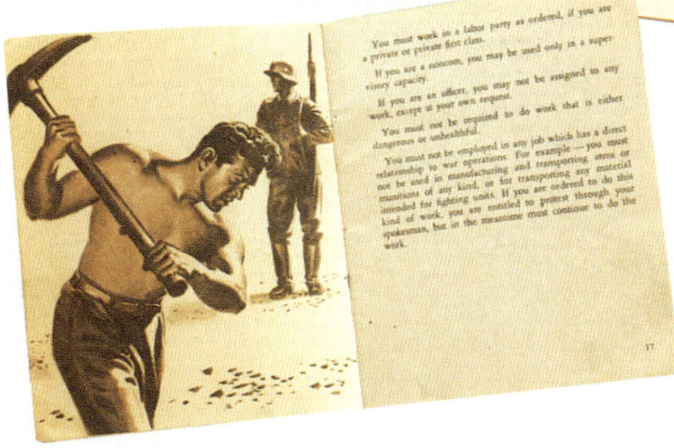

5 *Craignant que cette maison ne soit piégée, un GI envoie un prisonnier allemand à la recherche de dispositifs que ses camarades auraient pu laisser. Il s'agit là d'une infraction, certes un peu compréhensible, à la convention de Genève.*
(US National Archives)

6 *Selon les conventions de la guerre civilisée (trop souvent bafouées lors de la Seconde Guerre mondiale), un prisonnier n'est tenu d'indiquer à ceux qui l'ont capturé que ses numéro, grade et nom.*
(US National Archives)

7 *Un des nombreux livrets d'information distribués par le département américain de la Guerre aux militaires américains concernait les droits et devoirs du prisonnier de guerre.*

LA MORT D'UNE ARMÉE

Après l'échec de la contre-attaque allemande à Mortain, la VIIe armée d'Hausser se retrouve entièrement prise dans une poche qui se referme rapidement, avec la 1re armée américaine à l'ouest, la 3e armée américaine au sud, et la 1re armée britannique au nord. Le 6 août, sous les ordres du général Brian Horrocks qui vient d'arriver, le 30e corps britannique réussit à prendre Montpinçon. Le 8e corps d'O'Connor parvient aux portes de Vire, mais suite à une légère modification des zones attribuées à chaque armée, ce sont les Américains qui seront chargés de la ville. La progression est lente en Suisse normande et ne s'effectue qu'au prix de combats acharnés contre une résistance parfaitement déterminée sans commune mesure avec l'avancée fulgurante de la 3e armée de Patton. Par une attaque de nuit débutant le 6 août, la 29e DI américaine nettoie Vire, en ruine, des derniers défenseurs allemands. Cette attaque est menée par la 116e infanterie, (« *Stonewall brigade* »), qui a fait toute la bataille de Normandie d'*Omaha beach* jusqu'au bord du bocage. Les 30 km de Saint-Lô à Vire auront coûté près de 1 000 hommes à la 29e division.

Pour fermer le flanc nord-est de la poche, Montgomery ordonne à la 1re armée canadienne de lancer une attaque vers le sud, avec le 2e corps d'armée, en direction de Falaise dont la libération devrait mettre la Ve *Panzer* armée dans la même situation que la VIIe armée déjà prise au piège. Le 7 août, Crerar lance l'*Opération Totalize* en direction de Falaise. Le 2e corps canadien aligne plus de 5 divisions, dont la 4e DB canadienne et la 1re DB polonaise fraîchement débarquées. Le général Simmonds, commandant du 2e corps, pourra se vanter d'avoir inventé le véhicule blindé de transport de personnel puisque lors de cette attaque il emploie des Sherman sans tourelle nommés Kangourou et des plates-formes de mitrailleuses chenillées appelées « prêtres défroqués » (le *Priest* étant un type de canon automoteur) pour transporter une partie de son infanterie.

1 *Le général Brian Horrocks qui prend le commandement du 30e corps britannique en août.* (IWM : B 9302)

Les Canadiens ont appris que 2 divisions *Waffen-SS* qui se trouvaient devant leurs positions ont été retirées quatre jours auparavant pour participer à la contre-attaque décidée par Hitler. Le front n'est plus tenu que par une division d'infanterie affaiblie. Crerar pense effectuer une percée de 30 km jusqu'à Falaise. Appuyées par un bon millier de bombardiers de la RAF, les troupes polonaises doivent attaquer juste avant minuit sous un « clair de lune artificiel » grâce à de puissants projecteurs dont les faisceaux sont réfléchis par les nuages. En milieu de matinée, l'avance est déjà de 8 km. Mais la deuxième partie de l'opération qui prévoit de faire passer les deux divisions blindées devant l'infanterie est un véritable gâchis causé par l'inexpérience canadienne et la résistance acharnée de petites formations allemandes renforcées par l'arrivée d'éléments de la 12e *SS-Panzer* et d'un petit bataillon de chars Tigre. Les difficultés s'aggravent après midi, quand les bombardiers lourds de la 8e *Air Force* américaine larguent leurs bombes sur leurs propres troupes, atteignant plus de 300 hommes, la plupart polonais. Une unité canadienne ira jusqu'à ouvrir le feu sur les bombardiers américains.

Prêts à céder du terrain dans le Cotentin pour échapper au piège, les Allemands n'ignorent pas que tout recul entre Caen et Falaise signifie la mort du groupe d'armées B. Le redoutable Michael Wittmann, promu capitaine, lance son Tigre avec son agressivité habituelle, mais il trouvera la mort en relevant le défi seul en combat rapproché contre 5 Sherman canadiens. Membre des jeunesses hitlériennes, « *Panzer* » Meyer stoppe une retraite allemande en se mettant dans le chemin des fuyards à qui, le cigare entre les dents, il demande s'ils vont le laisser affronter l'ennemi seul.

Page précédente : *Troupes allemandes capturées par la B Company of the Argylland Sutherland Highlanders of Canada.*

2 *Transports de troupes et blindés canadiens en mouvement. Au premier plan, véhicule blindé semi-chenillé M3 de transport de personnel.*

3 *Vire, la gare de triage après la prise de la ville par la 29e DI américaine les 6 et 7 août.* (US National Archives)

4

5

6

7

4 *Insigne en tissu du 15e corps de la 3e armée américaine.*

5 *Brandissant le drapeau tricolore, ce vétéran de la Première Guerre mondiale accueille les Canadiens du* South Saskatchewan Regiment. (Archives Nationales du Canada)

6 *Le général Paul Hausser, commandant la VIIe armée allemande menacée d'encerclement après l'échec de la contre-offensive à Mortain. Ce tankiste vétéran avait déjà trente-trois ans de carrière dans l'armée allemande lorsque, dans les années 1930, il rejoignit les* Waffen-SS. *Il fut blessé à Falaise.* (Bundesarchiv)

7 *Kurt «* Panzer *» Meyer, l'impitoyable commandant de la 12e* SS-Panzerdivision *(«* Hitlerjugend *»), dont les chars stoppèrent provisoirement la progression canadienne sur la route de Falaise.* (Bundesarchiv)

LES POLONAIS

En septembre 1939, la Pologne s'effondre devant l'assaut allemand. En octobre, les forces soviétiques participent à l'occupation du pays. Déterminés à se battre, de nombreux Polonais échappent à l'occupation allemande. Certains empruntent l'itinéraire nord vers l'Écosse par la Scandinavie. D'autres se font interner dans un pays neutre voisin puis s'évadent ou partent vers le sud en passant par l'Europe centrale jusqu'aux Balkans. De nombreux volontaires polonais ou d'origine polonaise affluent du monde entier pour combattre. Les Polonais libres acquièrent une réputation de combattants impitoyables et parmi les meilleurs du camp allié.

Grâce à leur lien historique avec la France, une majorité de Polonais libres, environ 100 000 soldats et aviateurs, rejoignent les Français, l'équivalent de 3 divisions d'infanterie, 1 division de cavalerie et 1 brigade de montagne. Après l'effondrement de la France en 1940, seuls 18 000 rescapés partiront en Angleterre, bientôt rejoints par les Polonais de l'étranger. Rééquipés, ils sont réorganisés par les Anglais dans la 1re DB polonaise qui hérite des anciens titres de régiments de cavalerie s'étant battu en 1939, et la 1re brigade parachutiste qui se distinguera au combat au sein du 1er corps aéroporté britannique à Arnhem en septembre 1944. En 1942, dirigé par le général Sikorski, le gouvernement polonais en exil à Londres négocie avec l'Union soviétique la libération des Polonais capturés par les Soviétiques en 1939. Quittant l'Union soviétique via l'Iran, ils sont également rééquipés en Angleterre et combattent en Italie (2e corps polonais) où ils se distinguent en capturant le monastère de Monte Cassino.

Le général Wladislav Sikorski meurt dans un accident d'avion en juillet 1943. Comme ils ne peuvent pas rentrer en Pologne sous occupation soviétique après la guerre, les Polonais libres se dissémineront dans le monde entier. Le gouvernement en exil demeure en Grande-Bretagne jusqu'à l'effondrement du pouvoir communiste et la mise en place de la nouvelle constitution polonaise en 1990.

1

2

2 *L'aigle polonais (sur le béret des officiers en* **1***) était l'insigne des forces libres polonaises.*

1 *Le général Maczek et les officiers de la 1re DB polonaise en compagnie de Montgomery. Noter sur la tenue de combat de l'officier au tout premier plan, la croix potencée que portaient les Polonais ayant combattu au Moyen-Orient.* (IWM : B 8762)

3 *L'amiral Swirski, commandant en chef de la marine polonaise.*

4 *Des chars de la 1re DB polonaise prêts à partir.* (IWM : B 8826)

3

4

5

6

5 *Pour préparer l'avance canadienne, plus de 1 000 bombardiers lourds de la RAF préparent le terrain, lors d'une attaque de nuit, pour l'*Opération Totalize. *Les hommes du 2e corps canadien assistent aux bombardements depuis leurs positions.*
(Archives Nationales du Canada)

6 *Des GIs examinant un lance-roquettes* Nebelwerfer *(= lance-fumée ; il s'agit au départ d'un mortier chimique) à 6 tubes, abandonné par les Allemands (et peut-être, comme l'indique l'écriteau, piégé).*
(US National Archives)

7

7 *Après le bombardement aérien préliminaire de l'*Opération Totalize, *la fumée dissimule la route de Falaise.*
(IWM : HU 52367)

De telles actions désespérées vont permettre à une poignée de fantassins et de chars allemands retranchés dans les villages de la plaine de Falaise d'arrêter l'offensive canadienne en deux jours, comme ce fut déjà le cas pour les Britanniques lors de *Goodwood*. Ne voulant pas perdre son élan, le général Simmonds ordonne à ses blindés d'attaquer de nuit ce dont, à cette époque, ils sont parfaitement incapables ; aussi l'ordre restera-t-il pratiquement lettre morte. Le 28e blindé (*British Columbia Regiment*) avec 2 compagnies de l'*Algonquin Regiment* tente une offensive et se perd dans l'obscurité. Attaqué le lendemain par des Tigre, il donne une fausse position. Les unités envoyées en renfort ne parviennent pas à les rejoindre et les tirs de soutien se perdent dans la nature. Perdant 47 chars, ce qui représente la quasi totalité d'un régiment, et 240 hommes, la force canadienne est détruite. Le 10 août, la progression est stoppée à mi-chemin de Falaise.

PATTON À ARGENTAN

Montgomery avait prévu qu'après la libération de Falaise, la 1re armée canadienne devait pousser au sud jusqu'à Argentan, prenant ainsi le groupe d'armées B dans un vaste encerclement. Le 8 août, Bradley propose un nouveau plan, faisant opérer au 15e corps de Patton un mouvement tournant vers le nord jusqu'à Argentan, bien au-delà de ses positions pour encercler la VIIe armée allemande. Bien qu'enthousiaste, Eisenhower

8

8 *Cadavre d'un fantassin canadien sur la route entre Caen et Falaise. Après trois jours d'une progression ralentie par une résistance allemande farouche et des pertes tragiques dues aux bombardements amis, l'*Opération Totalize *est stoppée le 10 août, à mi-chemin de Falaise.*
(Archives Nationales du Canada)

1 *Photo aérienne prise à la mi-août montrant une colonne bien ordonnée de blindés alliés pénétrant dans un village près de Falaise. Un Mustang P-51 aux couleurs de la RAF (noter les rayures des forces du débarquement) patrouille dans le ciel. L'aviation tactique ne cesse de harceler la retraite allemande et protège les Alliés contre d'éventuelles attaques de la* Luftwaffe.
(Keystone)

reste peu disposé à interférer dans ce qui devient une bataille complexe sinon chaotique. Montgomery accueille la proposition avec reconnaissance. Lorsque l'*Opération Totalize* s'arrête, le 15e corps a déjà pris position au nord du Mans, à une centaine de kilomètres au sud des lignes canadiennes. Aux côtés des Américains, la 2e DB française participe à sa première opération sur le sol de France. La présence de cette division est révélatrice des problèmes que pose une guerre de coalition lorsque, soit par enthousiasme, soit pour s'adapter à la désinvolture de la 3e armée, les blindés français sortent de leurs limites en empruntant l'itinéraire réservé à la 5e DB américaine. L'embouteillage qui en résulte va retarder d'une demi-journée l'avancée sur Argentan, permettant aux Allemands de renforcer leurs positions au nord de la ville, et à une poignée de soldats d'échapper au piège allié. Sans tenir compte des craintes de Bradley qui juge ses

1

2 *Locomotives et wagons détruits en gare d'Argentan, l'un des principaux objectifs de la bataille pour fermer la poche de Falaise. Patton sera très amer lorsque Bradley lui ordonnera d'arrêter son 15e corps au sud de la ville.*
(US National Archives)

2

3 *Un GI avance, le 20 août, au milieu des ruines d'Argentan. Le lendemain la ville tombera aux mains de la 1re armée américaine.*
(US National Archives)

3

forces trop faibles pour refermer le piège sur les Allemands, Patton ordonne à ses commandants de ne pas s'arrêter, comme initialement prévu, au sud d'Argentan. Dans la nuit du 12 août, il fait savoir que les premières unités de la 5e DB ont pénétré dans la ville, toujours aux mains des Allemands, bien que certains éléments de la 5e DB, ayant dépassé les Français, se trouvent juste au nord. Sans tergiverser, Patton demande l'autorisation de remonter au nord pour « rejeter les Anglais à la mer comme à Dunkerque ». Comme Bradley refuse qu'il dépasse Argentan, Patton en voudra, à tort, à Montgomery d'avoir voulu lui couper l'herbe sous les pieds.

Le problème qui se pose aux généraux alliés dans ce qu'ils nomment désormais la poche de Falaise les dépasse. Fermer la poche est une entreprise excessivement périlleuse qui pose des problèmes de coordination, de coalition, nécessitant une grande prudence pour limiter les pertes contre des Allemands luttant avec l'énergie du désespoir. Eisenhower craint que la jonction entre Canadiens et Américains ne tourne en « bataille meurtrière entre Alliés ». La capacité de l'aviation alliée à atteindre les Allemands à l'intérieur de la poche sans dommages pour leurs propres troupes au sol doit également être prise en compte. La décision d'arrêter Patton à Argentan alimentera d'interminables controverses après la guerre. Pendant quelques jours, entre la percée réussie de *Cobra* et la prise d'Argentan, les généraux alliés ont eu la maîtrise totale de la bataille sans que l'ennemi n'y puisse rien. Désormais, dans les bois et dans le bocage autour de Falaise, comme dans le ciel au-dessus, la bataille retombe entre les mains des combattants.

L'OPÉRATION TRACTABLE

Après l'échec des opérations *Spring* et *Totalize*, les Canadiens décident qu'une nouvelle attaque en règle s'impose pour percer la ligne allemande. Plutôt que de viser directement Falaise, Montgomery ordonne à Crerar de contourner la ville par l'est, puis d'obliquer au sud vers Argentan pour effectuer la jonction avec la

5

3e armée américaine et fermer définitivement la poche. Montée en deux jours, l'attaque relance en fait *Totalize* ; Simmonds se passe d'ordres écrits, montrant ainsi l'expérience croissante de son 2e corps. D'abord retenu pour désigner l'opération, *Tallulah*, nom aussi difficile à écrire qu'à prononcer, deviendra *Tractable*. Le 14 août à midi, les 3e DI et 4e DB canadiennes attaquent derrière des écrans de fumée, appuyées par les *Funnies* de la 79e DB. « Il faut frapper les premiers, et frapper fort, encore et toujours », ordonne à ses hommes le général Crerar. Une nouvelle fois, un millier de bombardiers lourds britanniques soutiennent l'attaque sur les flancs de la poussée canadienne. Suite à une erreur d'identification, 77 avions vont bombarder leurs propres troupes : la plupart appartenant au 6e groupe (*Canadian Royal Air Force*). *Bomber Command* en accepte l'entière responsabilité ce qui n'empêchera pas les troupes bombardées de ne pas apprécier ce genre de plaisanterie et de riposter en tirant sur leurs propres avions. Néanmoins, dans les nuages de fumée et de poussière, l'attaque canadienne, brisant la mince ligne défensive allemande, parcourt les 12 km qui la sépare

4 *Char Panthère de la 116e* Panzerdivision *détruit à l'ombre de la cathédrale Saint-Germain à Argentan.* (IWM : B 9537)

5 *Franc-tireur britannique cherchant un abri près de l'épave d'un char Tigre d'une* Panzerdivision Waffen-SS. *Au premier plan, on distingue le cadavre d'un soldat* Waffen-SS *à proximité d'un mortier léger allemand de 50 mm.* (IWM : B 6154)

6

6 *Fantassins de la 1re armée américaine entrant dans la ville d'Argentan meurtrie par la bataille dont la prise le 21 août marque la fermeture de la poche de Falaise.* (US National Archives)

Les mortiers sont des armes lance-bombes à canon court tirant sous un angle supérieur à 45° et utilisés principalement par l'infanterie. Lorsque la bombe touche le sol, elle est presque à la verticale, la fragmentation mortelle qui en résulte part dans toutes les directions sur un vaste périmètre. Les Bazooka sont des lance-roquettes tout d'une pièce ; des tubes en acier léger qui allument électriquement des roquettes antichars à charge creuse. Américains et Allemands se disputent l'invention de cette arme. Le Bazooka fait son apparition en Afrique du Nord en 1942, tandis que son équivalent allemand, le Panzerschreck *(= terreur des tanks) est utilisé pour la première fois sur le front russe en 1943. Bazooka est le nom du trombone joué par un comédien radiophonique américain très populaire.*

3

3 *Mortier moyen britannique de 76 mm. Principalement utilisé pour appuyer une compagnie de fantassins, il lance un obus de près de 3 kg à 1 800 m environ.*

1

2

1 *Un fantassin américain pose avec un* Panzerschreck *RP54 allemand.*

2 *Obus de mortiers allemands de 81 mm dans leur mallette de transport.*

5 *De leur position enterrée, le 15 juin 1944, ces soldats britanniques servant un mortier lourd de 107 mm s'apprêtent à tirer.*

4 *Le mortier moyen allemand standard était le LgrW36 de 50 mm. Il avait une portée maximale de 520 m. Pour le transport, il se démonte en deux sections (plaque de base et canon). Il pèse 14 kg.*

4

5

6

6, 7 *Des troupes canadiennes examinent un* Panzerschreck *RP54 allemand pris. Ces armes, pesant 9,1 kg et d'une longueur de 1,63 m, étaient peu maniables. L'obus pesait environ 3,3 kg et les deux servants (chargeur et tireur) portaient 4 projectiles.*

7 *Le RP43 version antérieure, à peu près identique, du RP54, mais sans le masque protecteur intégré. Avec cette version, il était plus prudent de porter un casque et des lunettes de protection avant de tirer, ce qui est parfois difficile en plein combat.*

7

8 *Lance-roquettes ou Bazooka américain M1 de 60 mm. Sa portée utile était d'une centaine de mètres ; tout comme le* Panzerschreck, *la roquette pouvait percer jusqu'à 75 mm de blindage. Le lance-roquettes était chargé par l'arrière et le tir était déclenché par un courant électrique depuis la gâchette.*

8

*(***9***) Mortier allemand GrW34 de 81 mm et (***10***) mortier américain M1 de 81 mm. Mortiers d'infanterie moyens standards, de conception et de comportement presque identiques, équipant les deux armées. La portée maximale utile était de 2 300 m, le poids de 56,8 kg, et ces armes se démontaient en trois parties pour le transport.*

9

10

1 *Camion d'approvisionnement canadien roulant vers Falaise, un peu plus loin sur la route un autre camion est en feu, victime peut-être des chars de la 12ᵉ* SS-Panzerdivision *(«* Hitlerjugend *») dont la lutte désespérée maintiendra ouverte la brèche de la poche entre Falaise et Argentan assez longtemps pour permettre à une partie de la VIIᵉ armée allemande de s'échapper.* (UPI/Bettmann)

au petit matin. Après la bataille, les conducteurs de bulldozers canadiens qui tentent de dégager des passages à travers la ville auront du mal à retrouver l'emplacement des rues.

LES DÉCISIONS DU COMMANDEMENT

Pour les généraux des deux camps, essayer de diriger une bataille où les deux armées comptent plus d'un million d'hommes ne sera jamais une tâche facile ; contrôler la débâcle et les massacres de la poche de

2 *Les chars de la 4ᵉ DB canadienne lors de l'*Opération Tractable *(offensive jusqu'à Falaise réussie du 14 au 16 août). Noter que le char au premier plan et un autre au loin sont munis de fléaux de déminage.* (Archives Nationales du Canada)

de Falaise en deux jours. Au soir du 15 août, la 1ʳᵉ DB polonaise avait traversé la Dives à Jort à 13 km au nord-est de Falaise, coupant la principale issue de la poche. Le 16 août, au point 159 à 1,5 km au nord de Falaise, les troupes de la 12ᵉ *SS-Panzerdivision* vont résister jusqu'à midi avant d'être repoussées. Les Canadiens pénètrent dans la ville bombardée l'après-midi même, mais des îlots de résistance tenus par des jeunesses hitlériennes refusent de se rendre, en particulier 60 hommes retranchés dans les bâtiments du lycée qui, luttant à mort, combattront jusqu'au 18 août

Falaise est totalement impossible. Au cœur de la bataille il n'y a plus aucune place pour des décisions mûrement réfléchies, mûries pendant des jours voire des semaines. Elles sont remplacées par l'improvisation après un rapide coup d'œil à la carte et un bref coup de téléphone. Il n'est pas surprenant, à l'heure des bilans d'après-guerre, que les versions des faits données par les généraux divergent si souvent. Les grandes lignes en sont toutefois assez claires. Côté allié, la fermeture de la poche de Falaise est laissée aux Canadiens, tandis que les Américains continuent

3 *Opérateur radio à bord d'un Tigre. La majeure partie de ces chars redoutables équiperont les unités de* Waffen-SS.
(Bundesarchiv)

4 *Tigre Mk I détruit au cours de la bataille de Falaise-Argentan. Les blindés lourds allemands infligèrent de lourdes pertes aux blindés alliés, mais furent souvent détruits par les roquettes des chasseurs bombardiers Typhoon.*
(US National Archives)

5 *Le commandant David Currie à gauche, armé d'un pistolet, avec le* South Alberta Regiment *peu après la défense héroïque de Saint-Lambert-sur-Dives pour laquelle il recevra la* Victoria Cross.
(Archives Nationales du Canada)

3

4

5

6

d'avancer vers la Seine. Le 14 août, Patton envoie une partie du 15e corps à l'est rejoindre le reste de la 3e armée et remet le 16 août le reste de ses divisions à la 1re armée à Argentan. Pendant ce temps, persuadé que de nombreux Allemands s'échappent de la poche, Bradley décide de poursuivre son attaque au nord d'Argentan. En raison du changement de commandement, l'attaque américaine destinée à opérer la jonction avec les Canadiens près de Chambois et de Trun à l'est de Falaise ne doit débuter que le 18 août. Rencontrant une résistance allemande acharnée, les Américains arrivent à mi-chemin de Chambois, mettant ainsi les derniers accès de la poche à portée de l'artillerie que seuls les plus désespérés chercheront à quitter. Entre-temps, attaquant par les régions boisées, la 2e armée britannique et le reste de la 1re armée américaine viennent à bout des dernières résistances allemandes.

Quant aux généraux allemands, il ne leur reste plus qu'à éviter un désastre complet. À la Tanière du loup, Hitler espère encore « rejeter les Alliés à la mer ». Le 9 août, il ordonne la création d'une force

6 *Des fantassins canadiens se rafraîchissant les pieds après l'offensive de Falaise regardent deux estafettes traverser à gué une cour de ferme inondée par les eaux d'une rivière des environs barrée pour permettre le passage des blindés.*
(UPI/Bettmann)

1

2 *Le maréchal Walther Model prit le commandement d'OB-Ouest et du groupe d'armées B le 18 août.* (Bundesarchiv)

blindée encore plus forte que celle de Mortain en vue de répéter l'opération. Cette fantaisie militaire soulagera partiellement les Allemands qui combattent dans la poche, car le « *Panzergroupe* Eberbach » qui regroupe la plupart des blindés allemands restants bloque l'avance américaine au nord d'Argentan. Le 15 août, von Kluge pris dans un embouteillage de camions, de chars et de charrettes à l'intérieur de la poche subira un sort voisin de celui de Rommel lorsque son camion-radio et sa voiture sont attaqués par l'aviation alliée et que sa radio est détruite. Von Kluge est coupé de son état-major jusqu'au lendemain. Après une nouvelle journée de discussions et de demandes répétées au téléphone et par télétype, l'après-midi du 16 août, Hitler consent à écouter von Kluge et ordonne le retrait du groupe d'armées B, dont il autorise le redéploiement à l'est de la Dives. Mais les soupçons au sein de l'état-major qui pèsent sur von Kluge et son éventuelle participation à l'attentat du 20 juillet, renforcés par sa mystérieuse disparition et ses nombreuses demandes de mise à la retraite, provoquent son limogeage. Le 17 août, le maréchal Walther Model vient prendre le commandement d'OB-Ouest et du

3

1 *À gauche : blouson M1944 de fantassin allemand avec insigne d'assaut d'infanterie ; au-dessus, fanion et casquette M1943. Au milieu, veste de cuir d'*Untersturmführer *(sous-lieutenant) d'une unité* Waffen-SS Panzer *; au-dessus, casquette. À droite : veste de campagne d'*Unteroffizier *(brigadier-chef) d'un* Panzerregiment *; au-dessus, calot.*

3 *De gauche à droite : insigne de bataille de chars, croix de fer première classe, insigne de blessé en or (pour 5 blessures ou plus).*

4

5

6

groupe d'armées B. Von Kluge explique la situation désespérée à Model, écrit à Hitler, puis part vers l'est. Il se donne la mort en cours de route laissant à Hitler une lettre où il lui dit franchement : « Vous avez combattu avec honneur et grandeur… Sachez à présent faire preuve de la même grandeur en mettant fin à un combat désespéré. »

SAINT-LAMBERT

La 4ᵉ DB canadienne et la 1ʳᵉ DB polonaise doivent, le 17 août après-midi, pousser en direction du sud-est à partir de la Dives et occuper Chambois, distant de 15 km, pour fermer la poche sur laquelle appuient de tous côtés les Anglo-Américains. Dans la confusion des combats rapprochés, même les chasseurs bombardiers alliés sont incapables d'identifier correctement leurs cibles. À portée de Chambois, les Polonais sont immobilisés par les bombardements alliés qui privent par ailleurs les chars canadiens de carburant et de bien d'autre ravitaillement. Les deux divisions poursuivent néanmoins, soutenues par ce qui reste du 2ᵉ corps canadien.

4 *La croix gammée est un porte-bonheur antique : la doctrine nazie en fait un symbole de la « suprématie aryenne ».*

5 *Uniforme d'un général de l'armée du troisième Reich. Sous les rubans de distinctions, une croix de fer première classe et un insigne de bataille de chars. Ci-dessus, de gauche à droite :* Feldmütze *(calot),* Schirmmütze *(casquette d'uniforme) avec cordons dorés indiquant le grade de général,* Einheitsfeldmütze *(casquette de campagne).*

6 *Veste de lieutenant,* Panzerlehrdivision. *Sur le côté droit, la* Deutsche Kreuz, *(croix allemande) en or, remise pour une action d'éclat. Le ruban de la croix de fer deuxième classe se porte à la boutonnière.*

1 *Réduire en flamme la résistance : un char Churchill Crocodile utilise son lance-flammes contre des immeubles pouvant abriter des francs-tireurs allemands.* (IWM : B 9691)

2 *Opérations de nettoyage à Falaise : des fantassins canadiens inspectent le dépôt ferroviaire.* (UPI/Bettmann)

2

1

3 *Ce soldat est l'un des 10 000 qui trouvèrent la mort dans la poche de Falaise.* (Keystone)

3

4 *La guerre s'arrête ici pour ces soldats allemands qui tentaient d'échapper à la destruction du groupe d'armées B dans la poche de Falaise. Parmi les rescapés environ 50 000 furent faits prisonniers.* (US National Archives)

Dans les combats confus qui suivent, les unités sont séparées ou dispersées et le poids de la bataille reposera parfois sur de simples officiers subalternes. Le 19 août au matin, un seul escadron de chars du *South Alberta Regiment* et une compagnie des *Argyll* et *Sutherland Highlanders* du Canada sous le commandement de David Currie se frayent un passage jusqu'au petit village de Saint-Lambert-sur-Dives juste en-dessous de Chambois ; ils seront rejoints par une autre compagnie des *Argylls* et une du *Lincoln* et *Welland Regiment* qui l'aident à nettoyer le village. Attaqué pendant quatre jours par les assauts désespérés de l'armée allemande qui viennent s'y briser, Saint-Lambert se trouve au cœur de l'effort désespéré de la VIIe armée allemande pour sortir de la nasse, la force du commandant Currie y perd tous ses officiers, tués au combat.

Lorsqu'au matin du 22 août les renforts arrivent jusqu'à Currie, le petit village est entouré d'Allemands morts, « des centaines de morts, entassés presque les uns contre les autres », de chars, de voitures et de véhicules détruits ou abandonnés, et de chevaux de

4

transport morts ou mourants. Le commandant Currie recevra la *Victoria Cross* pour sa défense de Saint-Lambert.

Ironie du sort, l'attaque de la 1re DB polonaise coïncide exactement avec l'écrasement définitif par les Allemands du soulèvement de Varsovie qui avait débuté fin juillet. L'ordre d'attaquer donné par le commandant de division, le général Stanislav Maczek, est accueilli avec enthousiasme ; il ne sera pas fait de quartier. Le 19 août les Polonais traversent Chambois et s'emparent des hauteurs au nord du village. En début de soirée, les Polonais de la 10e brigade

5

de cavalerie pénètrent dans Chambois, en même temps que des Américains du 359e régiment d'infanterie venant du sud. Les deux vont réclamer la prise du village.

La poche de Falaise est fermée. Mais le 2e corps *SS-Panzer* prévoit d'attaquer le lendemain du nord-est pour rejoindre la VIIe armée qui cherche à sortir de la poche. Le 20 août, attaquée des deux côtés, la division polonaise est coupée du reste du 2e corps canadien. Elle va se trouver fractionnée en 3 groupes principaux dont le plus fort (environ 80 chars et 1 500 soldats commandés par le lieutenant-colonel Stanislav Koszutski), malgré des blessés de plus en plus nombreux et manquant de nourriture, de carburant et de munitions depuis le début des attaques allemandes, continue de verrouiller la position, maintenant les Allemands dans le piège. « Notre brigade est coupée, dit Koszutski à ses officiers, pas question de se rendre. Parole de Polonais. » Les Canadiens n'atteindront la position polonaise que le lendemain parmi d'innombrables véhicules détruits et parmi des soldats morts appartenant aux deux camps. « C'est l'image la plus sinistre à laquelle le régiment ait été confrontée jusqu'ici, rapporte la relève, les Polonais ont pleuré de joie en nous voyant arriver. »

La résistance polonaise a permis de fermer définitivement la poche de Falaise et scellé le sort des Allemands en Normandie.

6

5 *Canon britannique de 140 mm : l'artillerie alliée pilonnait sans merci les colonnes allemandes qui se repliaient.* (IWM : B 7414)

6 *Les Allemands en fuite s'emparaient de tout ce qui roulait, jusqu'aux charrettes attelées des fermiers.* (US National Archives)

La nomenclature portée sur cette carte est traduite à la fin de l'ouvrage dans l'encadré sur les forces en présence.

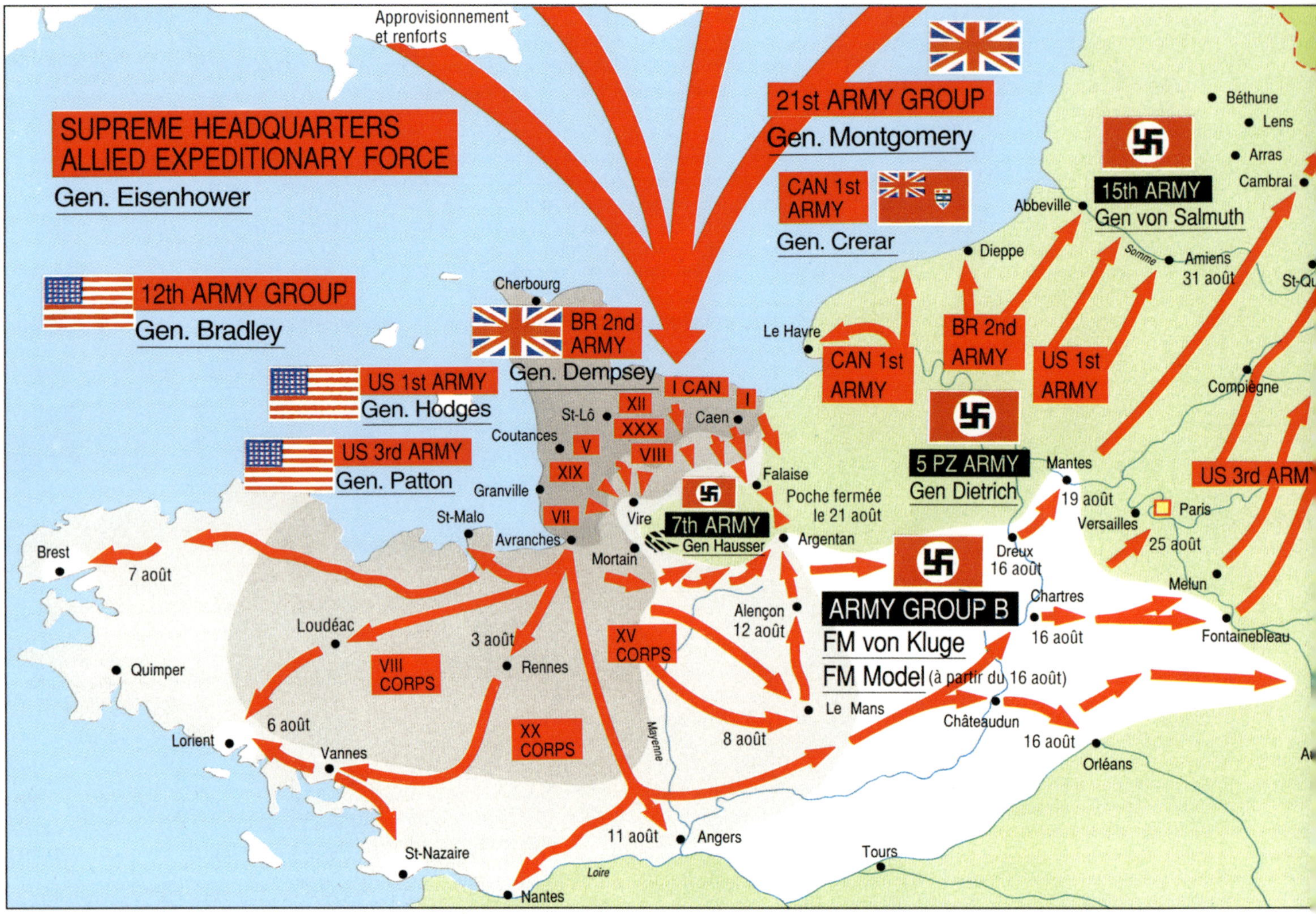

1

2

2 *Sans doute soulagés d'avoir vu la fin des massacres, ces soldats allemands partent en captivité sous le regard des unités d'infanterie et de blindés britanniques.*

À L'INTÉRIEUR DE LA POCHE

Les survivants garderont le souvenir de l'horreur que l'expérience des derniers jours transformera en cauchemar informe. « Je n'ai jamais connu une telle fatigue, raconte un survivant allemand, j'en ai eu des hallucinations et un sentiment total de non-être. » Manquant de munitions et de carburant, artilleurs et chauffeurs relayent l'infanterie en première ligne pour qu'ils puissent dormir. « Nous aurions pu dormir pendant des jours. Le lendemain matin c'était encore pire. » Sur les petits chemins encombrés, les pannes et la lenteur des véhicules provoquent des embouteillages et des arrêts. Impossible de dépasser ou de faire demi-tour en cas d'attaque de chasseurs bombardiers. Les Allemands craignent plus particulièrement les avions de reconnaissance qui guident le feu de l'artillerie. « Nous maudissions ces petits avions vert foncé aux ailes hautes, avoue un Allemand, nous les appelions les anges de la mort. » Alors que les forces allemandes se désagrègent dans la poche, l'artillerie et l'aviation s'en donnent à cœur joie. Hommes à pied, cyclistes, charrettes hippomobiles, chars et camions se ruant vers la sortie sont des cibles rêvées.

Les Allemands sont convaincus qu'un Tigre, un Panthère ou un canon de 88 mm suffisent à stopper une offensive alliée et à leur laisser le temps de se replier. Une équipe de casseurs de chars de deux hommes munie d'un *Panzerfaust* permet de bloquer une attaque importante dans le bocage et les Allemands sont sûrs de pouvoir tenir face à la plupart des troupes alliées. Ne se rendant compte qu'après coup qu'ils sont

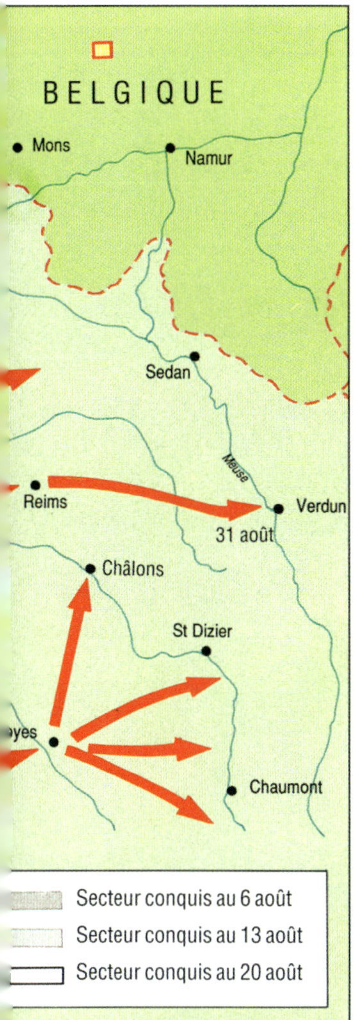

1 *La carte montre la percée alliée dans le nord-ouest de la France en août 1944. Après l'anéantissement quasi total du groupe d'armées B dans la poche d'Argentan-Falaise, les armées alliées poussent vers l'est sur un front très large. À la fin du mois, Paris est libéré et les Alliés traversent la Meuse et la Somme.*

4

5

3

6

7

piégés à l'intérieur de la poche, certains poursuivent le combat. « Il paraît que notre division est encerclée par l'ennemi, dit le commandant de la 3e division parachutiste à ses hommes le 14 août, il n'existe pas d'armée, anglaise ou américaine, capable d'encercler ou de capturer notre division. » D'autres se voient contraints de combattre par des escouades de *Waffen-SS* qui patrouillent à l'arrière de la poche et menacent de fusiller ou de pendre ceux qui reculent. « Il fallait tirer droit, explique un volontaire polonais capturé, sinon vous receviez une balle dans le dos. » Lors des derniers combats, la plupart de ces volontaires feront preuve d'un enthousiasme modéré pour la cause allemande à l'exception du cosaque de « *Panzer* » Meyer qui luttera avec lui pour traverser la Dives avec le reste de sa division. Lui-même blessé et la tête entourée de pansements, Meyer rapporte qu'un cinquième seulement de son infanterie et de ses chars purent s'échapper. Impossible de dresser le bilan exact des pertes allemandes. Sur les 80 000 hommes pris dans la poche, on estime le nombre des tués à 10 000 et 50 000 furent faits prisonniers. Eisenhower rapporte que les morts y étaient parfois si serrés qu'on aurait pu parcourir des centaines de mètres en marchant sur les cadavres. Il y aurait eu 5 000 à 9 000 chars allemands et autres véhicules détruits, sans compter les véhicules hippomobiles.

Mais cette victoire n'entame en rien le pessimisme et la prudence des Alliés. Certains commandants, dont Bradley, sont persuadés qu'un très grand nombre d'Allemands ont réussi à s'échapper ; il faudra du temps aux Alliés pour comprendre où en sont les Allemands. Le groupe d'armées B n'existe plus en tant que force combattante et moins de 30 000 hommes et 120 chars atteindront la Seine (et dans quel état) ; les divisions qui n'ont pas été anéanties sont réduites à la taille d'un bataillon. Grièvement blessé, la mâchoire inférieure emportée, Hausser, de la VIIe armée, fait partie des rescapés. Le 25 août, les effectifs d'Eberbach, qui a pris le commandement des troupes d'Hausser en plus du sien propre, se montent à moins de 18 000 fantassins, 314 pièces d'artillerie et 42 chars, l'équivalent d'une division alliée. La bataille de Normandie aura été un désastre pire que celui de Stalingrad. Plus rien ne pourra arrêter les Alliés.

3 *Sinistre graffiti : ce soldat canadien regarde une* Hakenkreuz *(= croix crochue, ou croix gammée) gravée par une main allemande sur une ancienne fortification à Falaise. Celle-ci sera sans doute facile à effacer, mais les cicatrices laissées en Europe par l'agression nazie seront plus durables.* (UPI/Bettmann)

4 *Insigne du 2e corps canadien, malmené lors de l'*Opération Totalize *en direction de Falaise.*

5 *Insigne du 5e corps de la 1re armée américaine.*

6 *GI muni d'une mitrailleuse Browning gardant un camp bondé de prisonniers de guerre. Commandant les troupes allemandes lors des derniers jours à Falaise, le maréchal Model devait se suicider dans la Ruhr en avril 1945.*

7 *À Falaise, un antique seigneur de la guerre contemple ses modernes successeurs à ses pieds : des soldats canadiens se détendent à l'ombre de Guillaume le Conquérant, qui conquit l'Angleterre au XIe siècle.* (UPI/Bettmann)

L'OPÉRATION DRAGOON

Le 15 août, jour qu'Hitler décrira comme « le pire de sa vie », alors que le maréchal von Kluge est porté disparu au fond de la poche de Falaise, un débarquement amphibie de 30 000 hommes est lancé par les Alliés près de Toulon. L'idée de ce second débarquement, d'abord baptisé *Opération Anvil*, vient des Américains en août 1943. Il a pour but d'effectuer une diversion avec les troupes d'Italie et de la Méditerranée le même jour que le débarquement en Normandie, voire un mois plus tôt. Les Anglais sont réticents, pour eux ces forces seraient mieux employées en Italie. Mais en novembre 1943, à la conférence de Téhéran, les Alliés occidentaux avaient promis à l'Union soviétique de lancer *Anvil* en plus d'*Overlord*. Le manque de navires et de péniches de débarquement repousse le débarquement au sud de la France qui n'aura lieu qu'après celui en Normandie. Fixé pour le 15 août, il interviendra trop tard pour influencer l'issue de la bataille de Normandie. Churchill, qui ne parvient pas à faire annuler ou reporter l'opération par Roosevelt, ne cache guère son sentiment en rebaptisant tardivement l'offensive *Dragoon*. La force d'assaut se compose de 1 370 péniches de débarquement et de 880 navires, protégés par 7 porte-avions britanniques et 2 américains. L'assaut principal est précédé du débarquement dans la nuit du 14 août de commandos britanniques et français et d'une force spéciale de service américano-canadienne. Suit un parachutage des brigades aéroportées américaine et britannique. À 8h le 15 août, le débarquement principal apporte 3 divisions américaines et 1 groupe blindé français. Le groupe d'armées G allemand, couvrant le sud de la France, est déjà bien dégarni par la bataille de Normandie. À la suite de l'effondrement du groupe d'armées B, il se replie vers le nord. Marseille tombe le 23 août ; les Alliés remontent la vallée du Rhône pour effectuer la jonction avec les troupes venant de Normandie. En septembre 1944, les forces de *Dragoon* deviennent le 6e groupe d'armées sous le commandement du général Jacob Devers, réunissant la 7e armée américaine et la 1re armée française. Jusqu'à la fin de la guerre, Devers restera à l'ombre de Montgomery et de Bradley comme troisième commandant de groupe d'armées d'Eisenhower.

5

2 *Des défenses anti-débarquement près de Cavalaire, l'un des secteurs de débarquement du 6e corps américain.* (US National Archives)

3 *Le général Jacob Devers du 6e groupe d'armées.* (IWM : IA 13766)

2

3

1

1 *Avant les débarquements de l'*Opération Dragoon*, l'aviation tactique alliée bombarde avec précision les voies de communication allemandes. Ici des Marauders B-26 font sauter le pont de chemin de fer sur le Rhône à Arles.* (UPI/Bettmann)

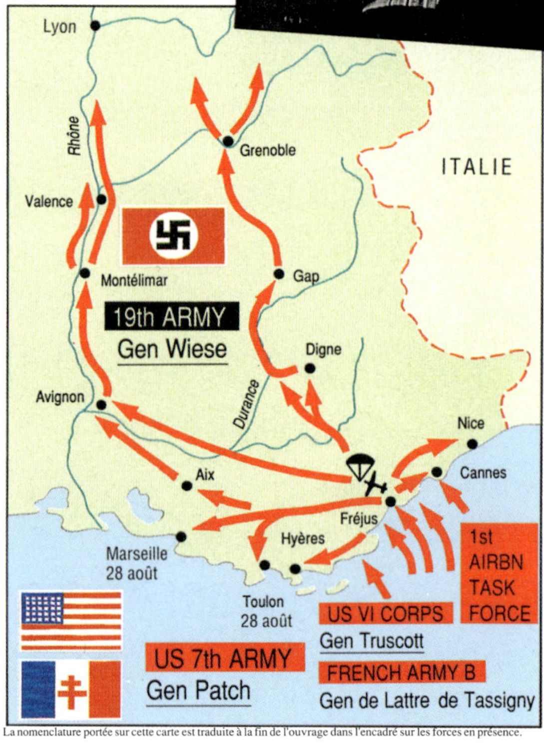

4

La nomenclature portée sur cette carte est traduite à la fin de l'ouvrage dans l'encadré sur les forces en présence.

4 Opération Dragoon. *Assauts aéroportés et opérations de commando précèdent le gros du débarquement des forces américaines et françaises entre Cannes et Hyères, le 15 août.*

6

5 *Des parachutistes britanniques et américains sautent pour appuyer les débarquements de l'*Opération Dragoon.
(US National Archives)

6 *LCT (*landing craft tank, *chalands de débarquement de chars) le long de la plage à Saint-Raphaël, près de Fréjus. Environ 94 000 hommes et 11 000 véhicules vont débarquer le 15 août ; il y aura peu de résistance et les pertes ne seront que de 200 hommes.*
(US National Archives)

7

8

9

7 *Les ingénieurs de l'armée américaine posent une chaussée métallique le long d'une plage. Aussitôt après les débarquements, les forces américaines partent en direction de Cannes et de Nice, les blindés français se dirigeant vers Toulon et Marseille.*

8 *Fin août quelque 15 000 hommes de la XIXe armée allemande ont été faits prisonniers.*

9 *Emplacement de tourelle allemande.*
(US National Archives, toutes)

Outre la nécessité de survivre, les sujets les plus intéressants pour le combattant semblent être le sexe, l'alcool (et, pendant la Seconde Guerre mondiale, les cigarettes), le courrier, les permissions et la nourriture. Jusqu'à la fin du XIXe siècle, les soldats mobilisés devaient généralement préparer leurs propres rations. En Crimée, les soldats britanniques recevaient viande crue, farine et grains de café, et mouraient de faim faute de bois. Les armées vivaient souvent de ce qu'elles trouvaient sur place : pendant la guerre civile américaine, les pillards de Sherman nettoyèrent le sud telle une nuée de sauterelles. Lors de la Première Guerre mondiale, des cuisines de campagne mobiles servaient des repas chauds juste à l'arrière des lignes, tandis que les progrès de la conservation permettaient de fournir une grande variété de vivres transportables aux hommes du front. Ceux-ci maudissaient souvent les chefs de cuisine ou leurs rations froides ; les GIs désignaient la médaille qui leur était remise pour la campagne en Europe du nom d'une marque de viande en boîte dont ils étaient saturés. Les soldats alliés de la Seconde Guerre mondiale étaient généralement des guerriers bien nourris sinon toujours contents.

1

2

1 *Sélection des vivres de réserve (« C », « K », et « 10-en-1 ») des Américains en campagne.* *Noter le réchaud de secours pour réchauffer la nourriture.*

3

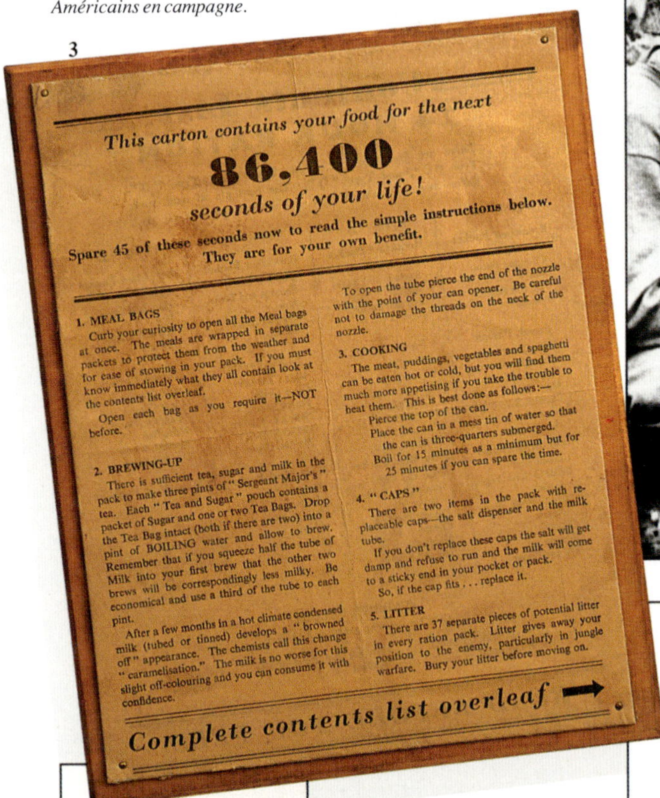

This carton contains your food for the next

86,400

seconds of your life!

Spare 45 of these seconds now to read the simple instructions below. They are for your own benefit.

1. MEAL BAGS

Curb your curiosity to open all the Meal bags at once. The meals are wrapped in separate packets to protect them from the weather and for ease of stowing in your pack. If you must know immediately what they all contain look at the contents list overleaf.

Open each bag as you require it—NOT before.

2. BREWING-UP

There is sufficient tea, sugar and milk in the pack to make three pints of "Sergeant Major's" tea. Each "Tea and Sugar" pouch contains a packet of Sugar and one or two Tea Bags. Drop the Tea Bag intact (both if there are two) into a pint of BOILING water and allow to brew. Remember that if you squeeze half the tube of Milk into your first brew that the other two brews will be correspondingly less milky. Be economical and use a third of the tube to each pint.

After a few months in a hot climate condensed milk (tubed or tinned) develops a "browned off" appearance. The chemists call this change "caramelisation." The milk is no worse for this slight off-colouring and you can consume it with confidence.

To open the tube pierce the end of the nozzle with the point of your can opener. Be careful not to damage the threads on the neck of the nozzle.

3. COOKING

The meat, puddings, vegetables and spaghetti can be eaten hot or cold, but you will find them much more appetising if you take the trouble to heat them. This is best done as follows:—

Pierce the top of the can.

Place the can in a mess tin of water so that the can is three-quarters submerged.

Boil for 15 minutes as a minimum but for 25 minutes if you can spare the time.

4. "CAPS"

There are two items in the pack with replaceable caps—the salt dispenser and the milk tube.

If you don't replace these caps the salt will get damp and refuse to run and the milk will come to a sticky end in your pocket or pack.

So, if the cap fits . . . replace it.

5. LITTER

There are 37 separate pieces of potential litter in every ration pack. Litter gives away your position to the enemy, particularly in jungle warfare. Bury your litter before moving on.

Complete contents list overleaf →

5

4

3 *Cette notice accompagnant les vivres de réserve britanniques explique notamment comment faire du thé sur le front.*

2, 4 *L'emblème nazi figure même sur le manche d'un ouvre-boîte ; vu également en (**4**) avec le couvert que recevait le soldat allemand.*

6

5 *Un soldat canadien muni d'un mini-réchaud prépare des œufs brouillés « libérés » d'une ferme normande.* (UPI/Bettmann)

7 *Gamelles britanniques comprenant : couvert, réchaud et vivres de réserve, y compris cigarettes, allumettes et papier hygiénique.*

9

10

6 *Ustensiles de cuisine allemands dont un bidon à eau et une « boîte à foin » ; ce récipient permettait de garder la nourriture au chaud pendant le transport de la cuisine au gourbi.*

8 *Poubelles en acier galvanisé servant d'éviers à ces soldats américains qui font leur vaisselle.* (US National Archives)

9 *La terre nourricière : ces parachutistes allemands ont trouvé une « crèmerie mobile »...*

10 *... tandis que leurs camarades, servants d'un canon léger de la DCA, mangent un peu.* (Bundesarchiv)

« PARIS NE DOIT PAS TOMBER »

La fermeture de la poche de Falaise met fin à la bataille de Normandie. Le groupe d'armées B allemand, le plus important et le plus fort, a été écrasé et pratiquement anéanti. Seules 3 divisions assurant le flanc nord de la position allemande sont encore aptes à combattre. Sur les 38 divisions allemandes engagées dans la bataille, 25 ont été définitivement détruites. Deux divisions blindées seront reformées avec les débris, et les 9 autres sont réduites à l'état de squelettes.

Une défaite importante entraîne souvent une poursuite qui s'avère plus meurtrière pour les vaincus que la bataille elle-même. Mais ici, comme pour la bataille de Normandie, face à une arrière-garde allemande très habile, les Alliés font preuve de prudence et manquent d'agressivité. Leur premier problème après l'élimination de la poche de Falaise consiste à démêler les forces canadiennes, britanniques et américaines. Alors que la bataille fait encore rage, la 3e armée de Patton établit un front large qui s'enfonce vers l'est pour occuper le maximum de territoire possible et empêcher les Allemands de reconstituer une ligne de défense. Le 19 août, tandis que les Polonais et les Canadiens combattent à l'est de Falaise, une *Task Force* de la 79e DI américaine atteint la Seine à Mantes-Gassicourt, à 30 km environ de Paris, qu'elle traverse dans la nuit sans rencontrer d'opposition. Elles seront les premières troupes alliées à le faire. Le même jour, d'autres forces de Patton atteignent Melun au sud de Paris. La 1re armée américaine, placée désormais sous les ordres de l'ancien adjoint de Bradley, le général Courtney Hodges, passe au nord de Paris avec les Anglo-Canadiens et ne se heurte guère à une opposition.

Page précédente : *Deux soldats américains sont accroupis auprès d'un mortier. L'un d'eux tient dans sa main un obus.*

1 *Un véhicule amphibie chenillé Weasel (= belette) M29C transporte des soldats britanniques à travers une zone inondée.* (Keystone)

Les Allemands s'aperçoivent que les Alliés s'arrêtent tous les soirs pour se regrouper au lieu de poursuivre leur avantage, ce qui favorise leur fuite. À l'ouest de Paris, tous les ponts sur la Seine ont été détruits depuis longtemps par les bombardements alliés. Mais à partir du 20 août, trois jours de mauvais temps sur la France et le brouillard anglais qui empêche les chasseurs et les bombardiers de nuit de décoller permettent aux Allemands de construire, de nuit, un ponton sur la Seine et de mobiliser 23 bacs. Outre une poignée de chars, ce sont quelque 2 500 véhicules divers qui échappent aux Alliés. Les forces aériennes alliées continuent cependant à provoquer de lourdes pertes parmi les formations allemandes qui s'enfuient vers l'est.

2

3

1

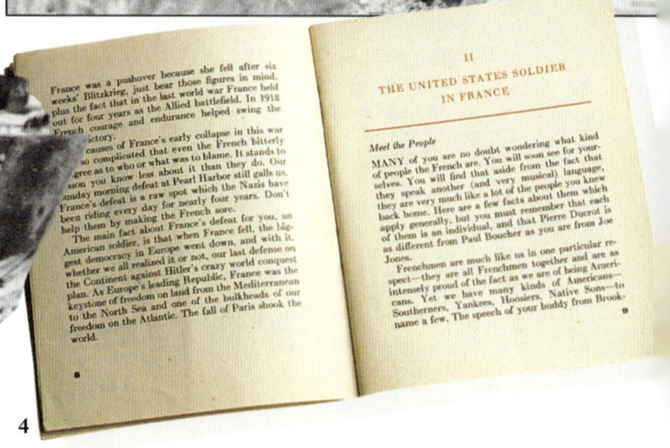
France was a pushover because she fell after six weeks' Blitzkrieg, just bear those figures in mind, plus the fact that in the last world war France held out for four years as the Allied battlefield. In 1918 French courage and endurance helped swing the victory.

causes of France's early collapse in this war so complicated that even the French bitterly gree as to who or what was to blame. It stands to son you know less about it than they do. Our unday morning defeat at Pearl Harbor still galls us. France's defeat is a raw spot which the Nazis have been riding every day for nearly four years. Don't help them by making the French sore.

The main fact about France's defeat for you, an American soldier, is that when France fell, the biggest democracy in Europe went down, and with it, whether we all realized it or not, our last defense on the Continent against Hitler's crazy world conquest plan. As Europe's leading Republic, France was the keystone of freedom on land from the Mediterranean to the North Sea and one of the bulkheads of our freedom on the Atlantic. The fall of Paris shook the world.

8

II

THE UNITED STATES SOLDIER IN FRANCE

Meet the People

MANY of you are no doubt wondering what kind of people the French are. You will soon see for yourselves. You will find that aside from the fact that they speak another (and very musical) language, they are very much like a lot of the people you knew back home. Here are a few facts about them which apply generally, but you must remember that each of them is an individual, and that Pierre Ducrot is as different from Paul Boucher as you are from Joe Jones.

Frenchmen are much like us in one particular respect—they are all Frenchmen together and are as intensely proud of the fact as we are of being Americans. Yet we have many kinds of Americans—Southerners, Yankees, Hoosiers, Native Sons—to name a few. The speech of your buddy from Brook-

9
4

5

L'OCCUPATION DE PARIS PAR LES ALLEMANDS

En 1940 tandis que la France s'effondre, Paris est déclaré ville ouverte. Suite à un accord entre Allemands et Français, la ville est occupée le 14 juin dans le calme. Le 22 juin, la France signe un armistice. La population de la région parisienne qui était de 3 millions environ, avoisine les 700 000 à l'arrivée des Allemands puis redevient peu à peu normale avec le retour de tous ceux qui ont fui la capitale. Dans le cadre de l'accord d'armistice, Paris et le nord de la France restent sous contrôle militaire allemand. La police parisienne continue de fonctionner sous les ordres du préfet de police, mais cette fonction difficile change de mains quatre fois en quatre ans.

Les services administratifs et les officiers allemands investissent la plupart des hôtels du centre de Paris où la Gestapo établit aussi son QG. Journaux et théâtres passent sous contrôle allemand, et les cabarets et restaurants restent ouverts pour le divertissement des Allemands et des collaborateurs français. Les premières agressions contre les familles juives de Paris par des fascistes français inspirés par les Allemands remontent à 1940. En mai 1941, les Allemands rassemblent 5 000 Juifs parisiens. En juin 1942, tout Juif doit porter l'étoile jaune, et en juillet 1942, lors de la rafle du Vél' d'Hiv', quelque 30 000 Juifs parisiens sont expédiés dans des camps de concentration. S'il est extrêmement difficile de résister aux Allemands, le quartier Latin devient néanmoins un centre d'opposition à l'occupant. Les premiers journaux de la Résistance paraissent en décembre 1940, lorsque les premiers Parisiens sont fusillés pour actions de résistance. En août 1941, le premier soldat allemand est abattu par la résistance parisienne. En représailles, les Allemands fusillent des otages et annoncent que tous les Parisiens sont désormais considérés comme des otages. Le haut fonctionnaire nazi Julius Ritter est l'Allemand le plus haut placé exécuté, en septembre 1943, par la résistance parisienne. En 1944, tous les Français sont théoriquement engagés comme manœuvres pour l'effort de guerre allemand ; une section de 3 km du métro est fermée et transformée en usine souterraine fabriquant des pièces d'avion. Les statues ont été démontées et fondues pour récupérer le métal et de nombreux monuments détruits, dont l'un consacré à la grande actrice Sarah Bernhardt (la Divine Sarah) qui était juive. À Paris la pénurie augmente et la résistance aux Allemands s'intensifie dès l'annonce du débarquement jusqu'au soulèvement qui précède la libération.

7

6

2 *Eisenhower en compagnie du général Jean-Marie de Lattre de Tassigny, de la 1re armée française.*
(Keystone)

3 *Des GIs conduisent des bateaux à fond plat sur la Seine près de Mantes, le 20 août.*
(US National Archives)

4 *Comment se tenir en France : surtout ne faire aucune allusion à la débâcle de 1940 !*

5 *Montgomery en compagnie du général Marie Pierre Kœnig des FFI.*
(IWM : B 6930)

6, 7 *Le 23 juin 1940, quelques jours seulement après que fut hissé le drapeau nazi sur Paris, Hitler effectue une visite éclair des monuments culturels de la capitale en compagnie des « intellectuels » nazis tels que l'architecte Albert Speer (à la droite d'Hitler sur cette photo). Malgré une répression sauvage, à laquelle participent sans honte des collaborateurs français, la Résistance sera active à Paris.*
(Keystone)

1 *En compagnie du général de Lattre de Tassigny (au centre), commandant de la 1re armée française au sein du 6e groupe d'armées et du général américain Jacob Devers, le général George Marshall (à gauche), chef d'état-major de l'armée américaine pendant toute la Seconde Guerre mondiale (et, à partir de décembre 1944, général d'armée 5 étoiles), en visite sur le théâtre français des opérations.* (Keystone)

2 *Une jeune Française et des enfants fraternisent avec les GIs qui viennent de libérer leur village.* (US National Archives)

3 *Pendant quatre ans, tracé à la craie, il narguait l'occupant allemand, aujourd'hui on fait ouvertement le V de la victoire pour encourager les troupes alliées qui marchent sur Paris.* (UPI/Bettmann)

4 *De Gaulle rallie à lui les Français libres, mais ses rapports avec les autres chefs alliés seront parfois orageux.* (IWM : B 5490)

L'augmentation des effectifs américains donne à Bradley une liberté de manœuvre accrue par rapport au commandement de Montgomery. La création du 12e groupe d'armées et le développement de la poche de Falaise diminuent l'autorité de Montgomery sur les Américains à un point tel que, par la suite, Bradley lui déniera pratiquement toute contribution à la victoire. Eisenhower fixe au 1er septembre la date où il doit prendre officiellement le commandement de l'ensemble des forces terrestres du *SHAEF*, ne laissant à Montgomery que celui du 21e groupe d'armées. Pendant les deux dernières semaines d'août, Eisenhower s'engage plus activement dans la bataille. Il est passé maître dans le jeu des alliances militaires et de la politique et il reste une décision politique majeure à prendre avant la fin de la bataille : la libération de Paris.

La défaite de Normandie entraîne la désagrégation de l'occupation allemande, mais le sort de Paris demeure incertain. Pour les Alliés, Paris ne présente aucun intérêt stratégique. Après l'échec de la contre-attaque de Mortain, il est possible aux troupes américaines d'atteindre la capitale à tout moment. Mais les Alliés n'ont aucune envie de répéter l'expérience de Caen à une plus grande échelle et de détruire chaque rue de Paris afin d'en chasser l'occupant. Par ailleurs, si les bombardements alliés ont épargné Paris, il n'en est pas de même du réseau ferroviaire et routier desservant la capitale ce qui signifie que celui qui prendra la ville devra se charger de son ravitaillement en vivres et en carburant. Or, les stratèges alliés ont calculé que, dès sa libération, Paris aura besoin d'au moins 4 000 tonnes d'approvisionnement, de quoi entretenir 8 divisions ou l'équivalent des forces lancées contre l'Allemagne pendant trois jours. C'est pourquoi la décision est prise de contourner Paris au nord et au sud, se débarrassant de ce problème sur la garnison allemande. Le sort de Paris dépend également de l'attitude qu'adopteront les Allemands lorsque les Alliés auront traversé la Seine. Libérée le 4 juin, Rome est déclarée ville ouverte et change de mains sans combats. Mais, après une révolte manquée, Varsovie sera systématiquement détruite par les Allemands. Quelle que soit la solution adoptée par les Alliés, Paris risque d'être détruit ou transformé en forteresse allemande, comme ces ports de la Manche dont beaucoup continuent de résister.

Le contexte politique est également compliqué puisque les hommes du général de Gaulle, chef du gouvernement français en exil, combattent aux côtés des Américains à quelques kilomètres à peine de Paris. Ce n'est pas qu'un froid calcul. Après quatre années d'occupation allemande, les Parisiens voient la liberté à portée de main. Bravant ouvertement les Allemands, pour la première fois en quatre ans, Paris fêtera le 14 juillet en accrochant le drapeau tricolore aux immeubles. La libération de la capitale sera l'un des actes politiques les plus importants de la guerre.

Enfin, se pose le problème de la 2e DB française, équipée et organisée par les Américains, et placée par de Gaulle sous l'autorité d'Eisenhower comme élément des forces du *SHAEF*. La raison principale du rattachement des blindés français aux forces de Normandie et non à la 1re armée française dans le cadre de l'*Opération Dragoon*, était sa participation en tant que formation française à la libération de Paris. Les hommes en sont conscients et dès le 14 août leur commandant fait pression sur Eisenhower pour qu'il libère la division et l'envoie vers Paris. Mais le 21 août, l'offensive britannique met sur la touche le 5e corps américain qui a perdu tout contact avec l'ennemi. C'est de lui dont relève la 2e DB. Entretemps, de nouveaux événements survenus à Paris ont déterminé les Français à agir.

LE SOULÈVEMENT DE PARIS

Le général Dietrich von Choltitz, commandant malheureux du secteur où eut lieu l'*Opération Cobra* le 25 juillet, limogé par von Kluge pour son échec, reçoit le commandement militaire de Paris et l'ordre d'y organiser la défense. Son prédécesseur, le général gouverneur de Paris l'aristocrate Hans Freiherr von Boineburg-Lengsfeld, est soupçonné d'avoir obéi aux premiers ordres transmis de Berlin par les auteurs de l'attentat du 20 juillet d'arrêter tous les membres de la Gestapo de la ville. Il tente, avec l'aide de Speidel, encore chef d'état-major au groupe d'armées B, lui-même soupçonné, de convaincre les autorités nazies qu'il s'agit d'une innocente erreur.

De tous les officiers supérieurs allemands, von Choltitz est le mieux placé pour reconnaître la puissance alliée et savoir que la guerre est perdue. Mais il est également sans illusions sur ce qui l'attend, lui et sa famille restée en Allemagne, s'il refuse d'obéir aux ordres. Comme il le confirmera par la suite, il n'a nullement envie d'être l'homme qui a détruit Paris. Von Kluge lui rend visite à Paris peu avant le 15 août, et les deux généraux conviennent qu'il vaut mieux conserver les ponts de Paris pour les troupes allemandes plutôt que de les détruire. Von Choltitz adopte alors une attitude prudente. Il renforce les défenses mais ne fait rien qui puisse entraîner la destruction d'une partie de la ville pour des raisons militaires.

Point central de l'activité des services de police et de sécurité allemande, Paris n'a volontairement jamais été un centre de la Résistance, organisation regroupant de nombreuses factions. Chacun sait que le contrôle de Paris et du siège du gouvernement français est essentiel au rétablissement du pouvoir politique en France après la guerre. Bien qu'étant toujours chef d'état-major du général de Gaulle, sa position au sein du *SHAEF* place Kœnig, en tant que commandant des FFI, sous les ordres d'Eisenhower. Aussi a-t-il du mal à s'imposer auprès de certains groupes de résistants. Le 16 août, prenant en compte ces différents facteurs, de Gaulle charge Kœnig d'interdire aux FFI de Paris de se révolter et d'attendre tranquillement que les troupes alliées qui approchent libèrent Paris.

Mais c'est trop demander aux Parisiens qui se sont toujours révoltés contre l'oppression. Le 16 août les Allemands exécutent 35 jeunes Français pour provocations envers les forces d'Occupation. Le 18 août, apparemment spontanément et contrairement aux directives du général de Gaulle, le métro parisien se met en grève et la police parisienne quitte discrètement les rues. Beaucoup reparaîtront armés, à la tête de rassemblements de foules. Le lendemain, les désordres se transforment en révolte contre les Allemands. L'Hôtel de Ville, les postes de police et les bâtiments municipaux passent aux mains des FFI. On arrache les pavés pour construire des barricades ou pour s'en servir comme projectiles. Avec ou sans uniforme, les FFI descendent dans la rue affronter les Allemands dans une bataille rangée. Les « chefs » des diverses factions FFI n'ont d'autre choix que de les suivre.

4

5

6

5 *« Aux armes, citoyens ! » ; des FFI au sommet d'une barricade à Paris.* (Central Press)

6 *Plus de 1 000 Français, sans compter de nombreux Allemands, trouveront la mort au cours des combats de rues lors du soulèvement de Paris.* (US National Archives)

LA LIBÉRATION

La Normandie est une région agricole paisible et autonome depuis des générations. L'occupation allemande n'y rencontre aucune résistance ; aucun des deux camps n'a intérêt à causer des problèmes à l'autre. Les fermiers normands s'enrichissent en expédiant à Paris des œufs, des légumes et de la viande destinés au marché noir, tandis que les troupes allemandes se trouvent dans une zone tranquille où ils peuvent se reposer et s'entraîner. Une division allemande tout entière occupera jusqu'à la fin de la guerre les îles anglo-normandes (seule partie de la Grande-Bretagne occupée par les Allemands durant le conflit). Après la défaite de 1940, plus de 1,8 million de soldats français se trouvent dans les camps allemands. En 1942, le plan de « travail volontaire » qui prévoit la libération d'un prisonnier de guerre français pour trois volontaires allant travailler en Allemagne est un échec puisqu'il n'attire que 7 000 volontaires. En 1943, pour traquer la Résistance, les Allemands créent la Milice à laquelle adhèrent 30 000 Français, mais la majorité de la population ne s'occupe ni de la Résistance ni de la Milice. Inévitablement, des amitiés se nouent et même des mariages avec des soldats allemands. Le Jour-J près d'Ouistreham, les Anglais tuent un franc-tireur qui s'avère être une jeune Française dont le fiancé, un soldat allemand, a été tué le matin même, et qu'elle avait juré de venger. Les troupes alliées seront surprises et déçues par l'accueil souvent prudent et hostile même de la population normande. Après l'expérience de Dieppe, les Français ignorent combien de temps les Alliés vont rester. Beaucoup en veulent aux Anglais d'avoir déserté la France en 1940 ou bien ont souffert des bombardements alliés. Les officiers américains rapporteront que les habitants de Saint-Lô semblaient anxieux de comprendre pourquoi les bombardiers alliés avaient détruit leur ville. Ce n'est qu'avec le développement de l'offensive alliée en Normandie que de nombreux Français prennent conscience de la réalité de la Libération. Certains en profitent pour exercer des représailles contre les collaborateurs, ils tondent les filles accusées d'avoir fréquenté des Allemands. La majorité fera la fête et pour la première fois les Alliés vont ressentir la joie d'un peuple libéré. Mais dans la suite des opérations, les foules couvrant les armées de fleurs, de nourriture et de boisson poseront un sérieux problème.

4

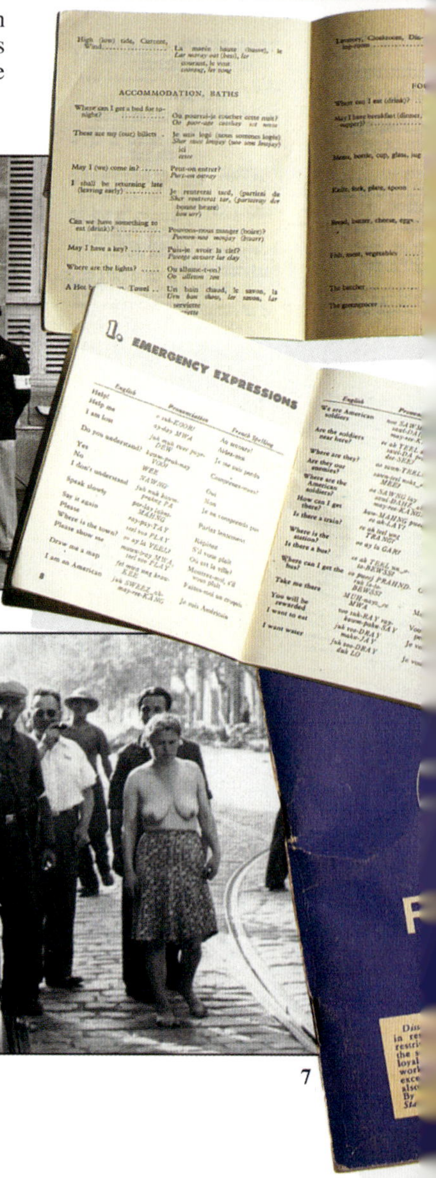

7

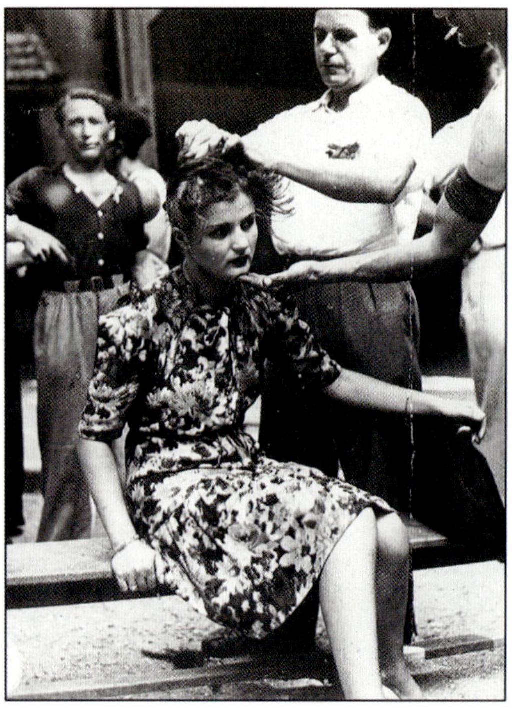

1

2

3

1, 3 *Pour quelques Français, la Libération est synonyme de châtiment. Des hommes accusés de collaboration seront sommairement exécutés et de nombreuses femmes accusées d'avoir eu des rapports sexuels avec des soldats allemands sont humiliées publiquement. L'une d'elles (ci-dessus) est tondue ; une autre (ci-contre) est promenée torse nu dans les rues sous la menace des armes.* (US National Archives)

5

Pour rester maître de Paris et en assurer la défense contre les Alliés qui continuent d'approcher, von Choltitz dispose d'environ 5 000 hommes. Les Alliés en arrêteront deux fois plus avant que la ville ne soit définitivement libérée. Au début, le nombre de FFI qui participent au soulèvement ne dépasse pas 3 000. Par la suite, ce nombre sera amplifié par les récits successifs qui en seront faits. Après la guerre, 23 000 Parisiens se réclameront des FFI et demanderont que leur participation aux combats soit reconnue. Les FFI n'ont d'autres armes que celles prises aux Allemands ; les combats de rues feront plus de 1 000 morts et 1 500 blessés dans les rangs français. La situation risque à tout moment de dégénérer en guerre totale et d'entraîner la destruction de la ville et de lourdes pertes.

À l'issue de la première journée de soulèvement, von Choltitz reçoit la visite du consul général suédois à Paris, Raoul Nordling, porteur d'une proposition inhabituelle. Par l'intermédiaire de Nordling, von Choltitz conclut ce qu'il appelle « une entente » avec les dirigeants des FFI. En échange de la cessation des combats, von Choltitz reconnaît aux FFI, même sans uniforme, le statut de soldats alliés en opération. Ils seront traités conformément aux termes de la convention de Genève et garderont le contrôle de certains secteurs de la ville. Le 20 août, Allemands et FFI patrouillent ensemble dans les rues pour faire respecter le cessez-le-feu. Mais cet accord est extrêmement vague car il ne délimite pas réellement les zones et ne fixe aucun délai pour la fin de la trêve. Comme toute tentative visant, de part et d'autre, à établir un contrôle, le cessez-le-feu ne sera jamais réellement efficace et les combats continueront sporadiquement ici et là pendant plusieurs jours.

6, 7 *Les autorités américaines et britanniques étaient soucieuses du bon comportement de leurs troupes en Europe libérée ; elles firent imprimer des brochures concernant l'étiquette ainsi qu'un recueil de locutions. On peut constater sur ces quelques pages ouvertes que parmi les « besoins personnels », les autorités privilégient la nourriture et que les « formules d'urgence » concernent le soldat désespéré de ne pas retrouver son cantonnement. Les hommes avaient sans doute souvent d'autres priorités…*

2 *Des résistants arborent le drapeau tricolore et la bannière étoilée pour fêter le 14 juillet en 1944.*
(US National Archives)

4 *Des soldats britanniques font la queue pour changer leur argent en « monnaie d'invasion ».*
(IWM : B 5149)

5 *Ces billets seront rapidement imprimés en remplacement de ceux utilisés pendant l'Occupation.*

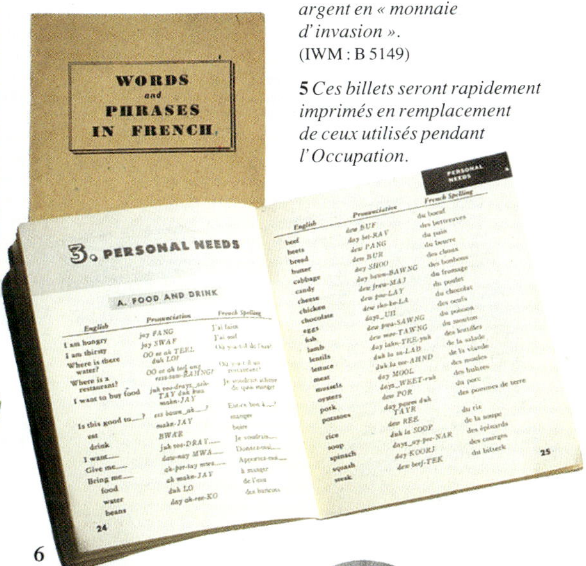

6

8

9

8 *Un membre de la police militaire de la 2e DI américaine semble avoir du mal à prononcer les phrases du livret (visible également en* **7***).*
(US National Archives)

9 *Mais ce geste, lui, est parfaitement compréhensible dans n'importe quelle langue : un isolé allemand se rend aux résistants parisiens.*

1 *Écusson porté à l'épaule par certains Français combattants servant auprès des armées alliées.*

2 *Les hommes de la 2e DB française cherchent à s'abriter à l'ombre de l'Arc de triomphe pendant les combats pour la libération de Paris, tandis que les cadavres jonchent la place de l'Étoile.*
(IWM : EA 37079)

1

2

l'ennemi. » Von Choltitz téléphone aussitôt à Speidel pour en discuter. Les FFI contrôlent les principaux bâtiments administratifs, la ville est au bord du chaos et ne peut être défendue, et il ne lui reste plus que deux jours de vivres. Von Choltitz et Speidel savent qu'ils peuvent être sur écoute et que ça risque de leur coûter cher ainsi qu'à leur famille. Parlant selon un code privé, von Choltitz dit à Speidel qu'il n'a pas de quoi détruire les quelque 70 ponts parisiens, mais qu'il a placé des explosifs dans les principaux monuments, dont Notre-Dame, qu'il est prêt à raser l'Arc de triomphe pour dégager le champ de feu et à faire un barrage sur la Seine avec la tour Eiffel, informations toutes fausses.

LA LIBÉRATION DE PARIS

Pendant ce temps, la 2e DB française attend tout près de Paris. Son commandant, le général Jacques-Philippe de Hautecloque, un vicomte ayant pris le

3

4

4 *Des épaves de véhicules dont un char léger allemand (un Renault FT-17 français capturé en 1940) jonchent la cour du palais du Luxembourg après le soulèvement de Paris.*
(US National Archives)

3 *Des FFI traquent les Allemands dans Paris tout juste libéré. Le risque de débordement posé par ces combats irréguliers est tel que de Gaulle va dissoudre les FFI parisiens.*
(Associated Press)

De Paris, von Choltitz justifie sa décision auprès de von Kluge. Elle s'impose pour arrêter ce qu'il voit comme une émeute largement inspirée par les communistes pour garder les ponts de Paris ouverts et pour renforcer les défenses extérieures de la ville contre l'avance des Alliés. Quand Hitler apprend la nouvelle de la trêve, il donne des ordres parfaitement clairs : tenir Paris contre l'avance alliée et réprimer avec la dernière énergie tout acte anti-allemand. Il ordonne de miner les ponts de la Seine pour qu'ils soient prêts à sauter. « Paris ne doit tomber qu'en ruine aux mains de

nom de Leclerc pour protéger sa famille restée en France, ronge son frein. Le 20 août, de Gaulle arrive en France. Le lendemain, Leclerc envoie symboliquement une petite patrouille de reconnaissance de chars légers et de voitures armées avec 150 hommes vers Paris. Voulant rétablir son autorité sur Leclerc, Gerow, commandant le 5e corps, annule l'ordre, contraint Leclerc à rappeler ses hommes et proteste auprès de Hodges. De Gaulle à son tour riposte et informe Eisenhower que si Leclerc ne reçoit pas immédiatement l'ordre de marcher sur Paris, il en donnera l'ordre de son propre chef. Au milieu de cet imbroglio politique, une délégation des FFI parisiens conduite par son chef d'état-major Roger Gallois se rend, le 22 août, au QG de Patton. Elle l'informe, ce qui sera transmis à Bradley, que la ville est sous le contrôle de la Résistance, que la trêve se termine le lendemain, ce qui entraînera un véritable bain de sang, mais que von Choltitz se retirera s'il est confronté aux troupes alliées. Selon les délégués, les Alliés doivent absolument atteindre Paris le 23 août avant midi. Rien de tout cela n'est rigoureusement vrai, mais si Paris est aux mains des FFI qui dépendent du *SHAEF*, Eisenhower peut leur envoyer la 2e DB française en renfort. Ce raisonnement tiré par les cheveux permet à Eisenhower de prendre une décision qui soulage tout le monde. Le 22 août dans l'après-midi, il ordonne à Leclerc de marcher sur Paris.

Eisenhower est néanmoins décidé à en faire une opération militaire alliée sous le 5e corps de Gerow. Leclerc se voit adjoindre la 4e DI américaine et il est demandé aux Britanniques de fournir une force symbolique pour prendre part à la libération. Pour des raisons demeurées obscures, elle ne se manifestera jamais. Plus pratiquement, Américains et Britanniques organisent un pont aérien qui apporte des milliers de tonnes de vivres et de carburant vers la ville. L'entrée dans Paris de la 2e DB française se transforme en marche triomphale au fur et à mesure qu'elle s'approche de la ville. Une fois de plus, enthousiasme ou manque d'égard pour leurs Alliés, les Français empruntent les routes réservées à la division américaine, provoquant ainsi un nouvel embouteillage. Mais les défenseurs allemands refusent de se retirer sans combattre, et Leclerc qui approche par le sud-ouest souhaite tout faire pour épargner les bâtiments historiques de Versailles. Le soir du 24 août, sa division qui a perdu plus de 300 hommes se trouve encore dans la banlieue. « Au diable la préséance, dit Bradley à Gerow, dites à la 4e de foncer dedans et de se charger de la libération. »

5 *Le général Dietrich von Choltitz, commandant militaire allemand de la région parisienne, signe sa reddition au gouvernement provisoire de la République française le 25 août. Dépourvu des moyens nécessaires à la défense de la ville, von Choltitz agira avec bon sens et modération : il accepte une « trêve » avec les FFI et retarde, jusqu'à ce qu'il soit trop tard, l'exécution de l'ordre donné par Hitler qui exige que Paris soit réduit en « champ de ruines ».*
(Central Press)

5

No. 11,009 ★★

The Daily Sketch

SATURDAY, AUGUST 26, 1944

NEWS AND PICTURES

ONE PENNY

FRENCH GO WILD AS GERMANS SURRENDER PARIS

This was the joyous scene in Clamart, only two miles from Paris, when an Allied column passed through with difficulty to the relief of the French fighting in the capital.

'Only Dead Nazis Are Left'

De Gaulle Is Back In Triumph

PARIS is clear of Germans—except dead ones. The German commander surrendered unconditionally yesterday.

Last night General de Gaulle, Fighting French leader, re-entered his capital, which went wild with joy.

A commentary by liberated Paris radio was made against a roaring background of shrieking crowds, the thumpings of a military band and bursts of gunfire.

The crowds roared a welcome first to General Leclerc and then to de Gaulle. When de Gaulle arrived the Marseillaise was played and the crowd burst into a deafening roar.

So terrific was the noise that the radio commentator had to scream at General de Gaulle when he asked him to say a word in the microphone.

"Just a word General," he cried. All General de Gaulle was able to say was: "I have only one word to say: "Vive Paris. Vive La France!"

All day long dishevelled Germans, their arms held high, many of them in civilian clothes, looking completely demoralised, had been routed out and herded together under the bitter taunts of the people.

Screams—And Kisses

An old lady, speaking in broken English, told Robert Reuben, Reuter's correspondent: "My stomach is empty but my heart is breaking with happiness to-day."

These scenes were the climax to the greatest day Paris can remember—to one of the most memorable spectacles in military history.

To Gen. Leclerc, Commander of the 2nd French Armoured Division, had been given the honour, by the Supreme Allied Commander, of first entering Paris in the morning. Later yesterday morning an American infantry column drove to Notre Dame.

As they fought their way towards the centre of the city people screamed wildly. Women kissed them and cried.

News of their arrival spread like wildfire. The bells of Notre ... rang out, and ...

MASSACRE IN SEINE POCKET

THE Allied armies in France have had their greatest day. In the past 24 hours they have:

Fought their way into Paris;
Broken through the last defence line in the German "pocket" west of the Seine;
Penetrated to Troyes, 130 miles from the German frontier;
Extended the bridgehead in the Riviera, where 30,000 prisoners have now been captured.

It is probable that we are across the ...ne south of Paris on a broad front. ...e have liberated both Montereau ... Montargis, and the enemy are in ...eat north-east from Montargis. ...are across the river in the area of ...un.

...hile world interest centred on the ... into Paris, General Patton's ...ols in their "hush-hush" sweep ...-east of the capital pushed on ... Sens to the great road junction ...oyes, on the Seine.

...s advance to 70 miles east of ...is probably the most significant ...of the day.

'Rheims Reached'

... German report that the Allies ... reached Rheims, 80 miles ...-east of Paris and 15 miles ... of the ...

Rumania Declares War On Germany

RUMANIA'S declaration of war against Germany yesterday has thrown the whole of the enemy forces in the country into a state of chaos.

Twelve German divisions are surrounded in a new Russian encirclement trap south-west of Kishinev.

More than 13,000 Germans have already surrendered, and the Moscow communiqué said that fighting was going on for the liquidation of the forces.

Bucharest Liberated

Yesterday the Russians occupied 580 towns and villages in their sweeping drive on to the Galatz approaches and the roads to Ploesti and Bucharest.

In five days' fighting on the Rumanian front the Russians have taken more than 105,000 prisoners and the enemy lost more than 100,000 men killed.

Within a few ...

Here is the text of the Rumanian Government's proclamation:

"On the basis of His Majesty's proclamation the new Government informed the German Legation and the German Army Command in Rumania that our country desired to liquidate in good understanding her relations with Germany, and that the Rumanian Army was determined to defend itself and would not undertake on its own initiative any hostile act against the German Army.

Machine-Gunned People

"The Rumanian Government announced at the same time that it would allow an orderly withdrawal of German troops which were ready voluntarily to leave our territory.

"After assurances, as solemn as they were perfidious, given by the commanders of the German army to the effect that no hostile action would be taken against our troops, German units attacked and tried to disarm Rumanian units. They even machine-gunned the peaceful populations of villages ...

occurred simultaneously in various parts of the country. Germany has placed herself in a state of war with Rumania.

"The Government therefore orders the Rumanian Army to begin the struggle against all German military forces on Rumanian territory for the liberation of the country from German usurpation."

The collapse of the German front in Rumania was admitted by von Olberg, Berlin radio commentator.

Tension is rising throughout the Balkans following Rumania's withdrawal. Here is a survey, according to reliable reports received in London from Cairo and Ankara:

BULGARIA: The Bulgarian Cabinet have been in almost continuous session, and observers in Sofia believe that the fast-moving situation throughout the Balkans will come to a head, possibly within 24 hours, with the collapse of the entire satellite system.

Hungary Tension

HUNGARY: General mobilisation has been ordered throughout Hungary and all leave for public employees in Budapest has been cancelled. ... new Government ...

6

6 *En rendant compte de l'allégresse qui règne dans Paris libéré, ce journal anglais relate le retour triomphal du général de Gaulle le 25 août. Le défilé de la victoire qu'il impose dès le lendemain provoquera une forte tension avec les autres commandants alliés.*

7

7 *Commandant de la 2e DB française, le général Leclerc porte un casque de tankiste et tient à la main sa canne légendaire.*
(US National Archives)

1 *Le général de Gaulle accepte les acclamations de ses compatriotes.* (US National Archives)

2 *Le monument élevé aux victoires napoléoniennes domine ce char Sherman* Auvergne *de la 2e DB française, symbole d'un nouveau triomphe français.* (Planet News)

3 *Pendant l'Occupation, parallèlement à un marché noir de l'alimentation florissant, de nombreux citoyens souffraient de la faim. Ce sont eux qui fêtent l'arrivée des camions de ravitaillement britanniques.*

1

2

3

Mais un nouveau geste symbolique de Leclerc va contrecarrer cette décision. À la tombée de la nuit, le 24 août, il ordonne à une petite patrouille de blindés légers d'avancer. Tard dans la nuit 1 section d'infanterie et 3 chars légers commandés par le capitaine Raymond Dronne du régiment de marche du Tchad, à bord de son char *Romilly*, atteint le QG des FFI à l'Hôtel de Ville. Le QG de von Choltitz n'est qu'à quelques centaines de mètres. Celui-ci téléphone à Speidel, le laisse écouter la foule en délire, et demande avant de raccrocher s'il a un ordre à lui transmettre. Le dernier geste de von Choltitz sera d'ordonner une retraite générale derrière la ligne de la Seine. Le lendemain matin, 25 août, la 2e DB et le 12e régiment d'infanterie américain menés par le 102e groupe de cavalerie entrent dans Paris. Les forces se rencontrent vers midi entre l'Hôtel de Ville et la place de la Concorde. Von Choltitz se laisse capturer sans résister et Leclerc provoque une petite tempête en acceptant la reddition de Paris au nom du gouvernement provisoire de la République française plutôt qu'en tant que représentant d'Eisenhower. En apprenant que des troupes alliées sont entrées dans la ville, Hitler demande « Paris brûle-t-il ? » Lorsqu'on lui répond que rien n'a été détruit, il ordonne à l'aviation, aux bombes volantes V-1 et à l'artillerie de longue portée de bombarder la ville, ce qui n'aura pas lieu. Mais les combats se poursuivent après le cessez-le-feu et la red-

4

Beaucoup de Parisiens qui se sont soulevés depuis le 18 août ne sont pas des partisans du général de Gaulle et le danger existe d'une poursuite des combats contre les Allemands ou même entre les factions des FFI. Le 28 août, de Gaulle annonce la dissolution des FFI parisiens qui prendra effet dès le lendemain. Ils sont remplacés par les militaires en uniforme. Pour prévenir tout atermoiement, de Gaulle prépare une démonstration de force et de solidarité et demande à Eisenhower d'envoyer une division américaine pour recommencer le défilé de libération dont les Américains avaient été exclus quelques jours auparavant. À nouveau invités à participer, les Britanniques seront une nouvelle fois absents. Le 29 août, une division américaine défile sur les Champs-Élysées devant une tribune où sont réunis de Gaulle, Leclerc, Bradley et Gérow. Poursuivant son offensive à travers la Seine, Bradley ne peut fournir qu'une seule division et encore en faisant passer par le centre-ville une formation en route vers le front.

4 *À mesure que les Alliés approchent de Paris et une fois dissipée la peur de voir repousser leurs libérateurs, l'accueil qui leur est réservé par les civils est de plus en plus chaleureux.*

5 *En juin 1940, les Allemands victorieux avaient affirmé l'assujettissement des Français en organisant un défilé qui passait par l'Arc de triomphe. Ici les troupes alliées proclament de la même manière la libération de la France.*
(US National Archives)

5

6

dition. Des soldats français, américains, allemands et de nombreux civils français meurent encore dans les rues jusqu'au 29 août.

De Gaulle arrive à Paris tard le 25 août accueilli par une foule enthousiaste. Il fait son entrée officielle le lendemain en défilant sur les Champs-Élysées bordés des troupes de la division Leclerc. Gerow est invité à y prendre part accompagné d'un officier, de 20 soldats américains et d'autant de Britanniques. Mais comme les combats continuent, Gerow ordonne à Leclerc d'annuler le défilé. Celui-ci refuse, Gerow demande à Hodges et à Bradley : « Qui diable donne les ordres à Paris ? » On aboutit à un compromis : Gerow est confirmé comme commandant allié à Paris, mais de Gaulle peut garder la division Leclerc qu'il ne rendra à Eisenhower que le 4 septembre. Le défilé a donc lieu malgré les tirs et les coups de feu sporadiques de francs-tireurs tout proches et qui représentent un certain danger pour de Gaulle. Le dernier contingent important d'Allemands, qui compte environ 2 600 hommes cantonnés dans le bois de Boulogne finit par se rendre au cours de l'après-midi.

7

Eisenhower affirmera par la suite que c'est le seul exemple de troupes passées en revue au cours de leur traversée d'une grande ville avant de se lancer dans la bataille le jour même. Il s'agit des troupes de la 28e DI américaine, conduites par leur nouveau commandant, le général Cota, qui débarqua le Jour-J à *Omaha beach* avec les hommes de la 29e division.

6 *Seules des troupes françaises prennent part au premier défilé de la victoire du 26 août, mais le 29 août, les troupes de la 28e DI américaine défilent sur les Champs-Élysées, de l'Arc de triomphe à la place de la Concorde, avant de monter dans les camions qui vont les conduire directement aux combats.*
(US National Archives)

7 *Le général de Gaulle sur les Champs-Élysées pendant le défilé du 26 août. Tous les Français ne l'accueillent pas avec le même enthousiasme. Les résistants communistes voient en lui le représentant de l'ancien système corrompu.*
(Central Press)

La Première Guerre mondiale voit la première utilisation du moteur à explosion et l'application d'autres progrès en matière de transport individuel. En 1914, le nouveau corps de service de l'armée britannique possède 100 véhicules à traction mécanique et environ 120 000 en 1919. Les véhicules à moteur sont utilisés jusqu'à la première ligne du front. Tous ne sont pas conçus pour un usage militaire : en 1914, une division française est transportée hâtivement jusqu'à la bataille de la Marne par des taxis parisiens ; les bus de Londres transportaient parfois les troupes britanniques jusqu'au front. Les deux camps constituent des bataillons « cyclistes » (peu efficaces) ; les messages sont portés par estafette à motocyclette. Bien que les animaux constituent encore une partie essentielle de certaines opérations de la Seconde Guerre mondiale (la guerre éclair allemande en 1940-1941 utilisera beaucoup de chevaux de trait), les fantassins sont conduits au combat en camions ou en véhicules de transport chenillés. Des véhicules compacts, allant de la bicyclette pliante au camion utilitaire, seront développés pour les troupes aéroportées et autres forces spéciales.

1 *Les hommes du* Royal Warwickshire Regiment, *en Normandie en juillet 1944, ne semblent guère tirer profit de leurs vélos !* (IWM : B 6333)

2 *Des bicyclettes pliantes étaient parfois larguées avec les troupes aéroportées.*

3 *Des chevaux de trait allemands abandonnés permettent aux GIs de se transformer temporairement en cavaliers (1944).* (UPI/Bettmann)

4 *Des Allemands capturés improvisent un moyen de transport pour un camarade incapable de marcher.* (US National Archives)

2

1

3

4

5

6

7

5 *Héros méconnus de la percée de Normandie, les chauffeurs de camions (majoritairement noirs) du «* Red Ball Express *» roulaient à toute vitesse. Ils acheminaient les approvisionnements des dépôts jusqu'au front.* (US National Archives)

6, 8, 9 *Une curiosité parmi les transports militaires : le SdKfz* 2 Kleine Kettenkraftrad *(= petit tracteur) de l'armée allemande, une motocyclette semi-chenillée. Utilisé principalement par les troupes aéroportées, il était conçu pour être transporté dans un avion de transport de troupes Junkers Ju 52. Il mesurait environ 3 m de long, 1 m de large et pesait 1 570 kg. Muni d'un moteur de voiture Opel de 1,5 litre, il atteignait la vitesse maximale de 80 km/h, possédait 6 vitesses avant et 2 vitesses arrière. Il transportait 1 chauffeur et 2 passagers.*

7 *« Ben, c'est mieux qu'à pied ! » Les GIs ont apposé des marques américaines sur un SdKfz 2 « libéré ».* (US National Archives)

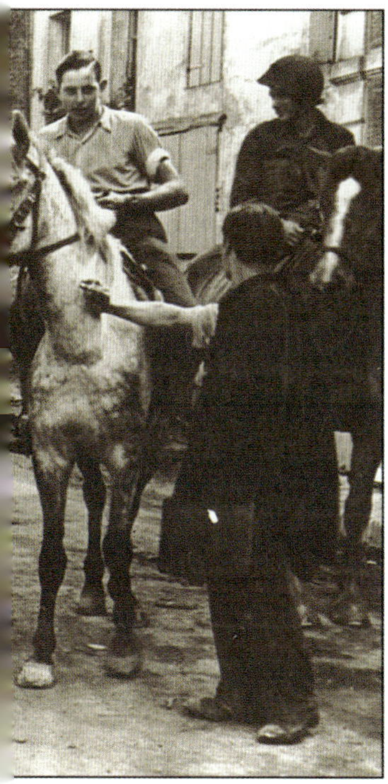

8

10

10 *Même les transports à une roue déchargent le fantassin : les défenseurs allemands en Normandie transportent leur équipement dans des brouettes.* (Bundesarchiv)

9

1 *Le prix indiqué en monnaie anglaise (1 shilling) ajoute à la vraisemblance de ce tract de propagande allemande. Les seuls moyens infaillibles pour survivre consistent à se rendre, (est-il écrit), ou à s'infliger une blessure volontaire pour se faire hospitaliser.*

2 *Le règlement américain impose à tout instant le port autour du cou d'une etiquette où figurent les nom, numéro, date du dernier vaccin antitétanique, groupe sanguin, nom et adresse du plus proche parent (jusqu'en 1944), et religion.*

GÉNÉRAUX ET SOLDATS

Un défilé est une bonne manière de terminer une bataille. Cota a eu la chance de survivre jusqu'à la fin de la bataille de Normandie. Beaucoup, même dans le camp des vainqueurs, auront moins de chance, ce que traduisent mal les statistiques et les froides estimations qui ignorent la quantité de souffrance humaine endurée et la véritable dimension de l'opération. Au 30 août, les Alliés ont débarqué plus de 2 millions d'hommes (et de femmes, y compris les infirmières militaires) en Normandie, 209 672 seront blessés et 36 976 tués. Il faut ajouter à ce dernier chiffre 16 714 aviateurs alliés disparus au-dessus de la Normandie ou au cours de vols de soutien. Pour ceux qui s'en sortiront indemnes, il reste huit mois de durs combats avant la fin de la guerre en Europe. On oublie souvent les civils français qui mourront lorsque la riche et belle campagne normande, en paix depuis des siècles, se transformera en champ de bataille. Leur nombre est incalculable, mais cela laisse rêveur aujourd'hui de se trouver au cœur du bocage dans un petit village normand et de se rendre compte qu'aucun bâtiment n'a plus de quarante ans. Si c'est le prix à payer pour gagner une bataille, quel est le prix d'une défaite ? On ne peut chiffrer exactement les pertes des forces armées allemandes en Normandie du Jour-J à la libération de Paris. Un million de soldats allemands environ (ou portant l'uniforme allemand) ont pris part à la bataille de Normandie. On dénombre plus de 240 000 tués ou blessés, et plus de 200 000 prisonniers. Proportionnellement au nombre de combattants engagés, les pertes sont comparables à celles de la plupart des batailles qui, à travers l'Histoire, se sont terminées par une déroute. Mais ce qui rend les choses plus horribles c'est l'échelle à laquelle fut opérée la destruction, et le nombre total de morts. Pour les généraux aussi il est plus facile de sauver sa peau en étant vainqueurs et cela procure quelques avantages. Pour compenser en partie la perte de son commandement sur les forces terrestres alliées, Montgomery est promu maréchal. Eisenhower, Bradley et les commandants d'armée sont également promus avant la fin de la guerre dont ils sortiront couverts de gloire. Pour l'ensemble des Britanniques, la victoire en Normandie est la preuve que Montgomery est bien le génie militaire qu'il prétend être. Pour la plupart des Américains, son incapacité à enlever Caen met fin à sa réputation et il demeure suspect jusqu'à la fin de la guerre. Peut-être fallait-il un Eisenhower pour résoudre les tensions suscitées au sein des forces du *SHAEF* par la campagne de Normandie. Après la guerre, les positions vont se

4

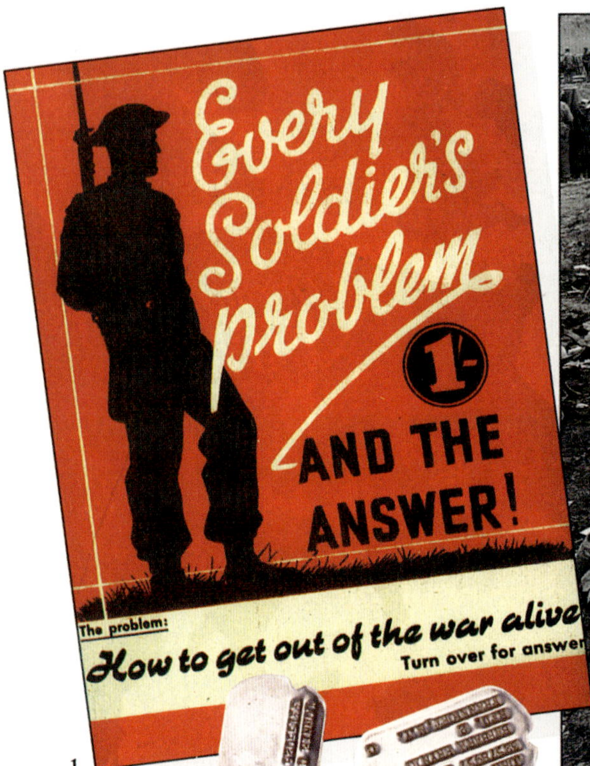

1

2

3

5

5 *Ces casques allemands capturés racontent le chemin parcouru par ces GIs qui ont combattu de la Normandie jusqu'au cœur du troisième Reich.*

6 *Dernière faveur pour un copain : ce GI marque un linceul du nom d'un camarade mort.* (US National Archives)

7 *Obélisque à* Omaha beach *élevé à la mémoire des hommes de la 1re DI américaine.*

8 *Le cimetière national américain de Normandie domine* Omaha beach, *9 286 hommes sont enterrés ici ; la tombe de 307 d'entre eux porte l'inscription « Ci-gît dans l'honneur et la gloire un frère d'armes connu de Dieu seul ».*

9 *Parmi les 2 049 tombes du cimetière militaire canadien de Bény-sur-Mer se trouvent celles de 335 hommes de la 3e division canadienne tués le Jour-J.*

6

7

3 *Tous égaux devant la mort : les corps recouverts d'un linceul de GIs et de soldats allemands tués lors d'une bataille pour la tête de pont en Normandie gisent côte à côte avant d'être enterrés.* (UPI/Bettmann)

4 *Des soldats américains blessés sont transportés jusqu'à un hôpital de campagne en Normandie où 209 672 membres des forces alliées seront blessés entre le 6 juin et le 30 août 1944.* (US National Archives)

8

9

1

1 *« J'avais un camarade… » commence une vieille complainte allemande d'avant le troisième Reich. Ici, un soldat allemand cherche parmi les tombes des morts anonymes celle d'un ami perdu.* (US National Archives)

2 *Les armées sont parties, il reste aux civils de tenter de reconstruire leur existence parmi les ruines. Ces villageois normands récupèrent des biens domestiques.* (IWM : 6593)

2

3

4

5

6

durcir à un point tel que l'histoire des décisions prises en Normandie par les commandants alliés devient inséparable des revendications de chacun. Pour les généraux, la gloire militaire n'est pas un vain mot.

Pour les autres, y compris pour de nombreux soldats ayant combattu en Normandie, il semble parfaitement incongru de se poser la question de savoir quel général a donné quel ordre. Dès le premier jour, la Normandie est le théâtre d'un combat très dur où chaque jour suffit à sa peine. Même au repos, les troupes savent qu'elles « sont engraissées dans un but précis et relâchées comme les faisans d'avant guerre en septembre. » Tout ce que demandent les soldats alliés à leurs supérieurs c'est de ne pas exposer inutilement leur vie et d'obtenir la victoire. Or, d'Eisenhower jusqu'au moindre commandant, ils vont obtenir cette victoire au moindre coût en termes de vies humaines. Il en va tout autrement du côté allemand. Les principaux généraux exerçant un commandement supérieur, à commencer par Rommel et von Rundstedt, sont tués, blessés ou remplacés par Hitler avant la fin de la bataille. Peu verront la fin de la guerre et beaucoup d'entre eux seront condamnés pour crimes de guerre : massacres de prisonniers, tortures ou meurtres de civils, recours au travail forcé. En Normandie, ils ont gaspillé la vie de leurs troupes dans des opérations qu'ils savaient sans espoir. La plupart du temps, ils diront avoir simplement obéi aux ordres.

On aimerait connaître les raisons de la qualité de la défense allemande en Normandie face à la puissance de feu alliée et savoir pourquoi les troupes allemandes n'ont pas abandonné un combat désespéré. La barrière défensive naturelle du bocage normand y contribua certainement beaucoup. Quelques troupes allemandes combattent parce que, même en 1944, ils croient dans l'État nazi. « Vous entendrez beaucoup de choses contre Adolf Hitler dans ce camp, mais jamais rien de ma bouche, dira « *Panzer* » Meyer après la capitulation de l'Allemagne ; en ce qui me concerne il reste ce que l'Allemagne a connu de mieux. » Meyer proposera sérieusement de lever une nouvelle « *SS-Division Europa* » parmi les Allemands ayant capitulé afin de combattre pour les Alliés contre les Japonais. La plupart des Allemands combattront parce que, comme leurs généraux, ils sentent que la capitulation sans condition imposée par les Alliés ne leur laisse d'autre choix que de défendre leur pays jusqu'au bout. « Notre avenir paraît sans espoir, écrira aux siens un soldat allemand pris dans la poche de Falaise le 18 août ; je pense devoir vous informer que nous serons vraisemblablement capturés. » Il aura beaucoup de chance de pouvoir se rendre sain et sauf. Nul doute que la réussite du débarquement dès le Jour-J n'ait rendu la victoire en Normandie quasi certaine. Malgré sa petite échelle, si on la compare aux combats sur le front de l'Est, la bataille de Normandie fut la plus grande bataille livrée par les Alliés occidentaux contre l'Allemagne hitlérienne au cours de la Seconde Guerre mondiale ; ce sera également la plus grande opération militaire amphibie jamais entreprise. En brisant l'armée allemande et l'État nazi au moment où tous deux sont sérieusement malmenés, elle compte parmi les batailles décisives de la Seconde Guerre mondiale, celle qui aura rendu la victoire alliée et la défaite de l'Allemagne nazie certaines et indiscutables. Plus que la victoire, avec la libération de la France l'espoir se concrétise d'obtenir la libération de l'Europe et la paix finale.

3 *Cette vieille Française à la recheche de nourriture ne le sait que trop : la faim marche dans le sillage de la guerre.* (US National Archives)

4 *Cette tombe d'un parachutiste britannique est entretenue avec amour au cimetière de Bréville où se trouve également un mémorial en souvenir des hommes de la 6e division aéroportée britannique.*

7

5 *Femme et enfant parmi les débris de Mortain, en Bretagne, théâtre d'une violente contre-attaque allemande lors de batailles pour la percée au mois d'août.* (UPI/Bettmann)

6 *Pierre marquant la tombe d'un* Obergefreiter *(caporal) tué une semaine après le Jour-J, au cimetière allemand de La Cambe, l'un des 6 cimetières en Normandie où sont enterrés 21 160 militaires allemands.*

7 *Couronne tressée à la mémoire de la batterie de Merville en souvenir des hommes du 9e bataillon,* The Parachute Regiment, *qui y ont laissé leur vie le matin du 6 juin.*

ANNEXES

BIBLIOGRAPHIE

Stephan Ambrose, *Pegasus Bridge, 6 juin 1944*, France-Horizon, 1987.

Marcel Baudot, *Libération de la Normandie*, Hachette, 1994.

François Bedarida (sous la direction de), *Normandie 44 : du Débarquement à la Libération*, Albin Michel, 1987.

Eversley Belfield et Hubert Essane, *Normandie, été 1944*, Presses de la Cité, 1966.

Jean-Pierre Benamou, *Normandie 1944 : guide du champ de bataille, 7 juin au 22 août 1944*, Heimdal, 1982.

Georges Bernage et Jean-Pierre Benamou, *Normandie. Album Mémorial, 6 juin-22 août 1944*, Heimdal, 1983.

Georges Blond, *Le Débarquement : 6 juin 1944*, Fayard, 1951.

1

1 *Carabine n° 4, Mk I, calibre 7,7 (T), munie d'un télescope de type n° 32, l'arme standard des francs-tireurs britanniques du début de 1942 jusqu'à la fin de la guerre.*

Martin Blumenson, *Duel pour la France*, Denoël, 1963.

Paul Carell, *Ils arrivent*, Robert Laffont, 1961.

Anthony Cave Brown, *La Guerre secrète*, vol. 2 *Le Jour « J » et la fin du troisième Reich*, Pygmalion, 1981.

Michel Clemençon, *Omaha beach, juin 1944*, chez l'auteur, 1984.

Jean Compagnon, *6 juin 1944. Débarquement en Normandie. Victoire stratégique de la guerre*, Ouest-France, 1984.

Rémy Desquesnes, *6 juin 1944 : Gold beach, Asnelles*, Ouest-France/Mémorial de Caen, 1989.

Id., *6 juin 1944 : Juno beach, Courseulles*, Ouest-France/Mémorial de Caen, 1989.

Id., *6 juin 1944 : les plages du Débarquement*, Ouest-France/Mémorial de Caen, 1989.

Id., *6 juin 1944 : Omaha beach*, Ouest-France/Mémorial de Caen, 1989.

Id., *6 juin 1944 : Sword beach, Ouistreham*, Ouest-France/Mémorial de Caen, 1989.

Id., *6 juin 1944 : Utah beach*, Ouest-France/Mémorial de Caen, 1989.

Id., *La Préparation du débarquement en Normandie*, Ouest-France/Mémorial de Caen, 1990.

Id., *Les Ports artificiels, Arromanches-Omaha*, Ouest-France/Mémorial de Caen, 1990.

Id., *Normandie 1944*, Ouest-France/Mémorial de Caen, 1993.

Kenneth Edwards, *L'Opération Neptune*, La Jeune Parque, 1947.

L. F. Ellis, *Victory in the West*, vol. 1 *The Battle of Normandy*, United Kingdom military series, 1962.

Eddy Florentin, *Les Cinq Plages du 6 juin*, Tallandier, 1988.

Id., *Stalingrad en Normandie*, Presses de la Cité, 1964.

André Gosset et Paul Lecomte, *Caen pendant la bataille*, Ozanne, 1946.

Jeanne Grall, *Le Calvados dans la guerre 1939-1945*, Horvath, 1986.

Albert Grandais, *La Bataille du Calvados*, Presses de la Cité, 1973.

Max Hastings, *Overlord D. Day and the Battle of Normandy*, Michael Joseph Ltd., 1984.

Norbert Hugede, *Le Commando du pont Pégase*, France-Empire, 1985.

John Keegan, *Six armées en Normandie*, Albin Michel, 1984.

Jean Lechevrel, *Les Dés sont sur le tapis*, SEBN Caen, 1984.

Gilles Perrault, *Le Secret du jour « J »*, Fayard, 1964.

Albert Pipet, *La Trouée de Normandie*, Presses de la Cité, 1966.

Id., *Parachutés sur Sainte-Mère-Église*, Presses de la Cité, 1984.

Jean Quellien, *La Normandie au cœur de la guerre*, Ouest-France/Mémorial de Caen, 1992.

Éric Rondel, *Les Ire et IIIe armées US : Bradley, Hodges, Patton en Normandie*, éditions Club 35, 1994.

Cornelius Ryan, *Le Jour le plus long*, Robert Laffont, 1960.

C. P. Stacey, *La Campagne de la victoire, histoire officielle de l'armée canadienne dans la Seconde Guerre mondiale*, 1966.

Joël Tanter, *Une ville trop loin*, Ch. Corlet, 1990.

2

PRINCIPAUX MUSÉES DE NORMANDIE
consacrés à l'histoire du Débarquement et de la Libération

CALVADOS
Arromanches-les-Bains : Musée du Débarquement, place du 6-Juin
Bayeux : Musée de la bataille de Normandie, 2, boulevard Fabian-Ware
Bénouville : Musée des troupes aéroportées, pont de Bénouville
Caen : Mémorial Musée pour la paix, esplanade du Général-Eisenhower
Falaise : Musée Août 1944, chemin des Roches
Grandcamp-Maisy : Musée des rangers, 30, quai Crampon
Merville-Franceville : Musée de la batterie de Merville
Ouistreham : Musée n°4 Commando, place Alfred-Thomas
Port-en-Bessin : Musée des épaves sous-marines du Débarquement
Surrain : Musée de la libération de Normandie
Tilly-sur-Seulles : Musée de la bataille de Tilly
Vierville-sur-Mer : Musée Omaha, 6 Juin 1944

MANCHE
Cherbourg : Musée de la Libération, fort du Roule
Sainte-Marie-du-Mont : Musée du Débarquement Utah beach, place de la Madeleine
Sainte-Mère-Église : Musée des troupes aéroportées, place du 6-Juin

ORNE
L'Aigle : Musée Juin 1944, place Fulbert-de-Beina

2 Stielhandgranaten *(grenades à manche) allemandes Model 1924. Le manche en bois permettait, pensait-on, de la lancer plus loin que l'« œuf » allemand Model 1939 ou que les grenades ovales utilisées par les troupes alliées.*

3 *Le fusil-mitrailleur léger américain Browning Model 1919A4 refroidi par air, calibre 7,62, vu ici sur affût tripode standard M2, fut une arme solide et fiable.*

4 *Un membre de la* Felddivision *de la* Luftwaffe *muni d'une mitrailleuse universelle MG-42.* (Bundesarchiv)

5 *Ce cadavre rappelle les quelque 246 000 soldats alliés et les 240 000 soldats allemands qui ont péri quelque part entre les plages normandes et la Seine.* (US National Archives)

3

5

4

INDEX

les chiffres en *italique* renvoient aux légendes des illustrations ; les chiffres en **gras** renvoient à un encadré sur la personnalité. Les noms de lieu sont en minuscules et les noms patronymiques en majuscules.

Les forces en présence/côté des Alliés

1 Div	1re division
1 SS Bde	1re brigade de service spécial
1st Airbn Task Force	1re *Task Force* aéroportée
1st Army	1re armée
2 Cdn Armd Bde	2e brigade blindée canadienne
2 Amd Div	2e division blindée (DB)
2nd Army	2e armée
2 Div	2e division
3 Can Div	3e division canadienne
3 Cdn Inf Div	3e division d'infanterie canadienne (DI)
3 Div	3e division
3 Para Bde	3e brigade parachutiste
4 Cmdos	4e commando
4 Div	4e division
4 SS Bde	4e brigade de service spécial
5 Para Bde	5e brigade parachutiste
6 Abn Div	6e division aéroportée
7 Amd Div	7e division blindée (DB)
7 Cdn Bde	7e brigade canadienne
8 Bde	8e brigade
8 Cdn Bde	8e brigade blindée canadienne
9 Bde	9e brigade
9 Cdn Bde	9e brigade blindée canadienne
9 Div	9e division
12th Army Group	12e groupe d'armées
16 Rgt	16e régiment
18 Rgt	18e régiment
21st Army Group	21e groupe d'armées
29 Div	29e division
30 Div	30e division
41 Rm Cmdos	41e commando des *Royal Marines*
47 Rm Cmdos	47e commando des *Royal Marines*
48 Rm Cmdos	48e commando des *Royal Marines*
49 Div	49e division
50 Div	50e division
51 Div	51e division
56 Bde	56e brigade
69 Bde	69e brigade
79 Div	79e division
82 Abn Div	82e division aéroportée
90 Div	90e division
101 Abn Div	101e division aéroportée
115 Rct	115e régiment (*sic*)
116 Rct	116e régiment (*sic*)
151 Bde	151e brigade
185 Bde	185e brigade
231 Bde	231e brigade
Br 2nd Army (ou Br Second Army)	2e armée britannique
Br 3 Inf Div	3e division d'infanterie britannique (DI)
Br 6 Airborne (ou Abn) Div	6e division aéroportée britannique
Br 8 Armd Bde	8e brigade blindée britannique
Br 27 Armd Bde	27e brigade blindée britannique
Br 50 Inf Div	50e division d'infanterie britannique (DI)
Br I Corps Gen Crocker	1er corps britannique, général Crocker
Br XXX Corps Gen Bucknall	30e corps britannique, général Bucknall
Br XXX Corps	30e corps britannique
Can 1st Army	1re armée canadienne
Can 3 Div	3e division canadienne
Can I Corps	1er corps canadien
French Army B	armée française B
Gen Bradley	général Bradley
Gen Bucknall	général Bucknall
Gen Collins	général Collins
Gen Crerar	général Crerar
Gen Crocker	général Crocker
Gen Dempsey	général Dempsey
Gen Eisenhower	général Eisenhower
Gen Gerow	général Gerow
Gen Hodges	général Hodges
Gen de Lattre de Tassigny	général de Lattre de Tassigny
Gen Montgomery	général Montgomery
Gen Patch	général Patch
Gen Patton	général Patton
Gen Truscott	général Truscott
SUPREME HEADQUARTERS ALLIED EXPEDITIONARY FORCE	commandement suprême des forces expéditionnaires alliées
Target line	objectif prévu
US 1 Inf Div	1re division d'infanterie américaine (DI)
US 1st Army	1re armée américaine
US 2 Ranger Bn	2e bataillon de rangers américains
US 3rd Army	3e armée américaine
US 4 Inf Div	4e division d'infanterie américaine (DI)
US 7th Army	7e armée américaine
US 8 Regt	8e régiment américain
US 12 Regt	12e régiment américain
US 22 Regt	22e régiment américain
US 82 Airborne Div	82e division aéroportée américaine
US 101 Airborne Div	101e division aéroportée américaine
US V Corps Gen Gerow	5e corps américain, général Gerow
US VI Corps	6e corps américain
US VII Corps Gen Collins	7e corps américain, général Collins
I Corps (ou I)	1er corps
V Corps (ou V)	5e corps
VII Corps (ou VII)	7e corps
VIII Corps (ou VIII)	8e corps
XII Corps (ou XII)	12e corps
XV Corps	15e corps
XIX Corps (ou XIX)	19e corps
XX Corps	20e corps
XXX Corps (ou XXX)	30e corps

Les forces en présence/côté des Allemands

1 SS Pz Div	1re division blindée SS (*SS-Panzerdivision*)
2 Panzer (ou Pz) div	2e division blindée (*Panzerdivision*)
2 SS Panzer (ou Pz) Div	2e division blindée SS (*SS-Panzerdivision*)
3 Para Div	3e division parachutiste
5 Pz Army	Ve armée blindée (*Panzerarmee*)
6 Para Regt	6e régiment parachutiste
7th Army	VIIe armée
9 Pz Div	9e division blindée (*Panzerdivision*)
12 SS Panzer (ou Pz) Div	12e division blindée SS (*SS-Panzerdivision*)
15th Army	XVe armée
17 Div	17e division
17 SS Panzer (ou Pz) Di	17e division blindée SS (*SS-Panzerdivision*)
19th Army	XIXe armée
21 Panzer (ou Pz) Div	21e division blindée (*Panzerdivision*)
21 Pz Div	21e division blindée (*Panzerdivision*)
attacks during afternoon	attaque dans l'après-midi
30 Regt	30e régiment
47 Div	47e division
49 Div	49e division
77 Div	77e division
84 Div	84e division
85 Div	85e division
91 Div	91e division
91 Inf Div	91e division d'infanterie
116 Panzer Div	116e division blindée (*Panzerdivision*)
243 Div	243e division
245 Div	245e division
253 Div	253e division
265 Div	265e division
266 Div	266e division
275 Div	275e division
344 Div	344e division
346 Div	346e division
348 Div	348e division
352 Div	352e division
352 Inf Div	352e division d'infanterie
353 Div	353e division
709 Div	709e division
709 Inf Div	709e division d'infanterie
711 Div	711e division
711 Inf Div	711e division d'infanterie
716 Div	716e division
716 Inf Div	716e division d'infanterie
726 Regt	726e régiment
915 Regt	915e régiment
916 Regt	916e régiment
919 Regt	919e régiment
1057 Regt	1057e régiment
1058 Regt	1058e régiment
Army Group B	groupe d'armées B
CinC West	commandant en chef Ouest
FM Model	maréchal Model
FM Rommel	maréchal Rommel
FM von Kluge	maréchal von Kluge
FM von Rundstedt	maréchal von Rundstedt
Gen Dietrich	général Dietrich
Gen Dollmann	général Dollmann
Gen Hausser	général Hausser
Gen von Salmuth	général von Salmuth
Gen von Schweppenburg	général von Schweppenburg
Gen Wiese	général Wiese
Panzer Group West	commandement blindé Ouest (*Panzergroupwest*)
Panzer Lehr Div	division blindée (*Panzerlehrdivision*)
Part 736 Regt	partie du 736e régiment
Part 914 Regt	partie du 914e régiment
I SS Panzer Corps	1er corps blindé SS (*SS-Panzerkorps*)
II Para Corps	2e corps parachutiste
II SS Panzer Corps	2e corps blindé SS (*SS-Panzerkorps*)
XLVII Panzer Corps	47e corps blindé (*Panzerkorps*)
LXXXIV Corps	84e corps
LXXXV Corps	85e corps
LXXXVI Corps	86e corps

REMERCIEMENTS

SOURCES PHOTOGRAPHIQUES
US National Archives, Washington, DC
Bettmann Archive, New York
Bundesarchiv, Coblence
Imperial War Museum, Londres
Keystone Press, Central Press, Fox Photos
RC Nesbit, Londres
National Air and Space Museum, Washington, DC
Archives Nationales du Canada, Ottawa

CRÉDITS PHOTOGRAPHIQUES NON PORTÉS SUR LES PAGES CORRESPONDANTES :
US National Archives, Washington (page 48, légende 2 ; page 89, légende 9 ;
page 91, légende 4 ; page 100, légende 4 ; page 171, légende 6 ; page 195, légende 3 ; page 230, légende 7)
Bundesarchiv, Coblence (page 148, légende 2)
Imperial War Museum, Londres (page 151, légende 7 : CL 193 ;
page 183, légendes 8 : B 6680 et 9 : B 6801 ; page 229, légende 8 : B 5382)
Archives de Guerres / National Archives USA - National Archives Canada :
(pages 14-15, pages 26-27, pages 50-51, pages 68-69, pages 96-97, pages 116-117, pages 134-135,
pages 164-165, pages 192-193, pages 214-215, pages 238-239, pages 260-261).

LES ÉDITEURS SOUHAITENT REMERCIER TOUS CEUX QUI ONT PERMIS LA RÉALISATION DE CE PROJET
QU'ILS AIENT AGI EN LEUR NOM PROPRE OU EN TANT QUE REPRÉSENTANTS D'ASSOCIATIONS.
NOUS TENONS À REMERCIER PLUS PARTICULIÈREMENT :

M. M. Leveel - Exposition Omaha 6 Juin 1944 (Vierville-sur-Mer)
Docteur J.P. Benamov - Musée Mémorial de la Bataille de Normandie (Bayeux)
M. M. Leloup - Musée Août 1944 (Falaise)
Major M.J. Fogwell (retd.) - Weapons Museum School of Infantry (Warminster)
Colonel S.M.W. Hickey (retd.) - Museum of Army Flying (Middle Wallop)
M. S. Brooks - D-Day Museum (Portsmouth)
M. S.J. Anglim - Airborne Forces Museum (Aldershot)
M. G. Gerber
Major John Oldfield (retd.) - Weapons Museum, School of Infantry, Warminster ;
Hilary Roberts, Mike Hibberd et Peter Simkins - Imperial War Museum
Smithsonian Institution - The American Battle Monuments Commission,
Brereton Greenhous ; Lynne Good ; Roy C. Nesbit ; Louise Richardson ;
Colin McIntyre ; Mike Tagg, Dagmar Buchka, M. et Mme Marcel Leveel ;
Stephen Brooks